Rüdiger Nehberg · Die letzte Jagd

Rüdiger Nehberg

DIE LETZTE JAGD

Die programmierte Ausrottung
der Yanomami-Indianer und die
Vernichtung des Regenwaldes

Kabel

Inhalt

66°   64°

†

†

SERRA DO SURUCUCU

BAI...
FO...

SÜD-AMERIKA

Karten-
auschnitt

··· Der Weg des Goldsuchers
     Adalberto
--- Ursprünglich versprochener
     Yanomami-Park

⬤ Die 19 Inseln – der klägliche
     Rest des Versprechens

174 Straße
† Mission

|———— 100 km ————|

YANOMAMI-LAND

Orinoco

2°

Wasserfall
Tamanduá

Tootot...

†

VENEZUELA

†

YANOM...

†

210

†

†

YANOM...

†

Maiá

Maracu...

Cauaburi

AMAZO...

0°

Paḍauri

Rio Negro

66°   64°

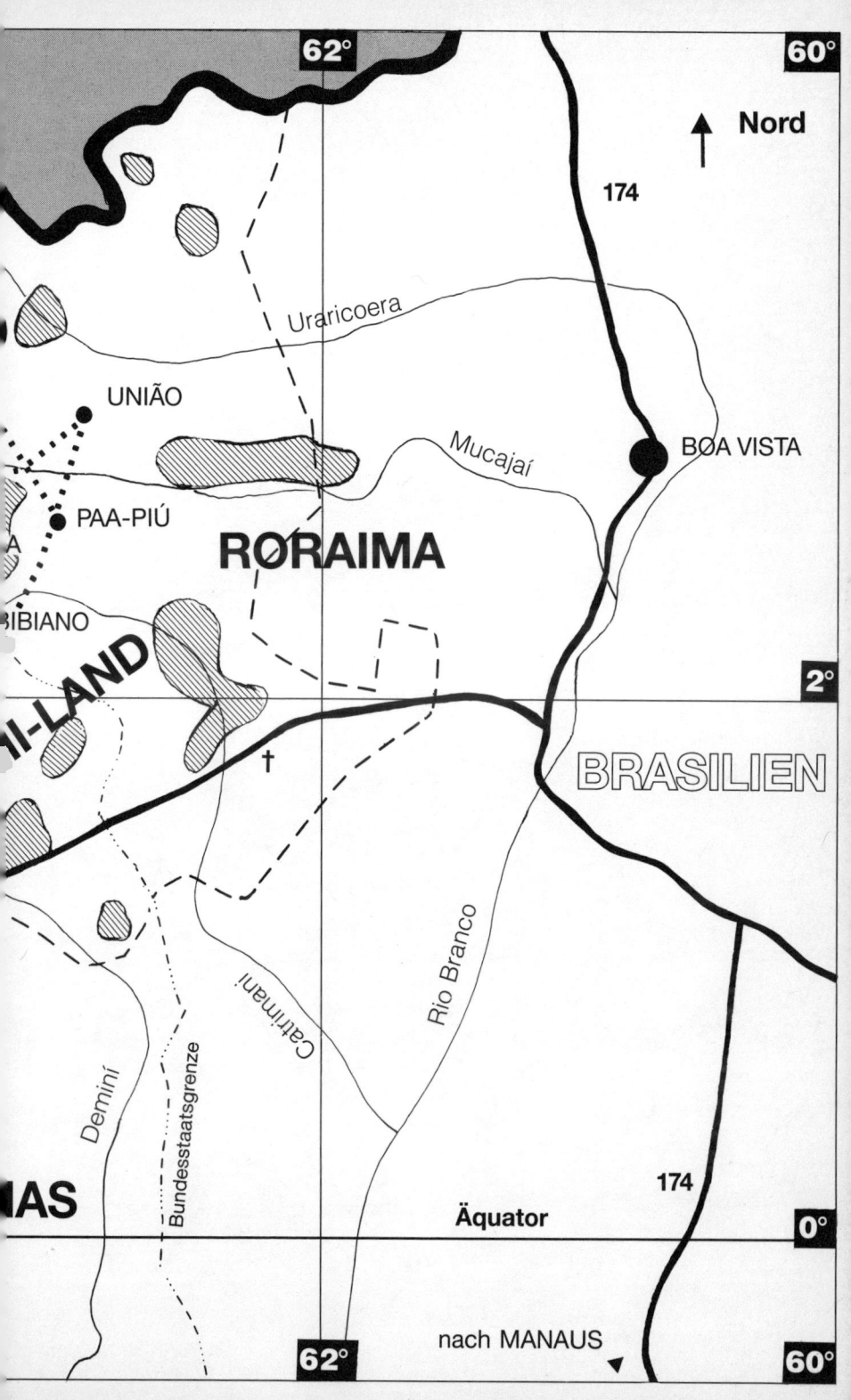

Vorbemerkung

Alles, was in diesem Buch beschrieben wird, hat sich ereignet.
Es ist die Vernichtung der Yanomami, es ist deren letzte Jagd.
Um die Lesbarkeit eines solchen Problemstoffes zu erleichtern und zu erhöhen und dadurch eine größtmögliche Leserschaft und Wirkung zu erreichen, habe ich auch dieses Thema, getreu meinem alten Stil, verpackt in den ganzen prallen Erlebnisreichtum einer solchen Unternehmung.

Dabei habe ich versucht, sachlich zu bleiben und Lösungen unter namhaften Brasilianern zu suchen, statt mich mit Besserwisserei selbst einzumischen. Wenn mir das nicht immer gelungen ist, liegt das an der Rücksichtslosigkeit der Verantwortlichen, die einem Objektivität schwermachen.

Aus verständlichen Gründen habe ich die Namen einiger Informanten geändert, gleich, ob sie uns nun bewußt oder unbewußt geholfen haben. Auch einige Zusammenhänge habe ich verschoben, um den beteiligten Brasilianern Komplikationen zu ersparen. Die wahren Identitäten, auch die der Übungsclaims, sind dem Verlag bekannt. Sie sind gut verstaut im Tresor. Die Namen der Gold-Mafiosi von Roraima indes sind unverändert. Das gilt auch für alle Menschenrechtler, die in diesem Buch erwähnt werden und die sich ausdrücklich zu ihrer Arbeit bekennen möchten.

Ganz besonders habe ich dem Goldsucher Adalberto Santos für seinen Mut zu danken. Durch seine Tagebuchaufzeichnungen macht er sich zum Gejagten der Pistoleiros. Aber er wollte bewußt zu jeder Silbe seines Berichts mit seinem echten Namen einstehen. Möge er mit unserem Fluchtgeld eine neue, bessere Heimat finden.

Ein herzliches Dankeschön an meinen Freund und Partner Wolfgang Brög. Ohne seine Dolmetscher-Fähigkeiten wäre dieser Bericht nie so zustande gekommen.

Rüdiger Nehberg
Im Sommer 1989

Die Bluffer

Es gibt nichts Klügeres im menschlichen Leben, als wenn man darauf verzichtet, zu drohen und mit Worten zu beleidigen. Denn weder das eine noch das andere entzieht dem Feind die Kraft; Drohungen machen ihn vorsichtig, und Beleidigungen steigern seinen Haß.

Niccolò Machiavelli

»Das ist ein Todeskommando«, versicherte uns Dieter Zimmer, Redakteur der Reihe ›reportage‹ des ZDF. »Dafür kann ich Ihnen unmöglich einen Auftrag erteilen.«

Ich war enttäuscht. Nach all der jahrelangen und beiderseits fruchtbaren Zusammenarbeit nun diese Absage, diese fehlende Bereitschaft zum Risiko. Nur weil man auf der Strecke bleiben konnte und eine etwaige Vorauszahlung verloren wäre? So dachte ich jedenfalls. Aber Zimmer tröstete: »Das ist nicht der Grund. Wenn ich Ihnen einen Auftrag gäbe und Ihr Versuch tödlich endete, würde ich mir den Vorwurf einer Mitschuld machen.«

Nun – das war ein Argument. Ich mußte es respektieren. Trotzdem war ich niedergeschlagen. Denn diese Voraussumme hätte Wolfgang dringend gebrauchen können. Im Gegensatz zu mir, der ich von der Konditorei, von Publikationen und Vorträgen lebe, resultierten Wolfgangs Einnahmen einzig aus der Herstellung von Dokumentarfilmen. Seine Geldreserven waren aufgebraucht, und gerade bei dem neuen Vorhaben konnten wir nicht mit leeren Taschen reisen. Um zum Ziel zu kommen, mußten wir weite Strecken mit Privatmaschinen fliegen, mußten Schmiergelder bereithalten, Mittel zum Ankauf von Gold besitzen, und es waren immerhin vier Monate Zeit angesetzt, die auch ohne diese Sonderausgaben Geld kosten würden.

Vor allem wäre der Auftrag für uns eine psychologische Stütze gewesen, die wir ebenfalls dringend brauchen konnten. Denn daß unsere neue Aktion mehr als riskant war, das war uns auch ohne gute Ratschläge klar. Doch wir wollten etwas zum Wohle der Yanomami bewirken. Dennoch brauchten wir den Sender,

Wolfgang Brög

weil wir nur über einen solch wirksamen Multiplikator die Chance hatten, Änderungen zu bewirken. Denn Öffentlichkeit ist das, was unsere Gegner in Brasilien mehr fürchten als Blutrache, und ohne die Medien im Hintergrund wäre jeglicher Einsatz für die Yanomami wirkungs- und hoffnungslos.

Wir waren mit letzter Konsequenz nicht von fremder Unterstützung und Vorausfinanzierung abhängig. Sicherlich hätten unsere anderen Stützen, wie die Gesellschaft für bedrohte Völker, Greenpeace, der World Wildlife Fund und Robin Wood, uns nicht nur mit Rat, sondern notfalls auch mit Tat unter die Arme gegriffen. Aber da plünderte ich lieber mein Konditorei-Betriebskonto. Mit eigenem Geld geht man sorgfältiger um. Eigenes Geld führt deshalb eher zum Erfolg. Und sollte es eine Reise ohne Wiederkehr werden, waren meine Firma und die Mitarbeiter gut versorgt. Denn dann waren einige Lebensversicherungen fällig.

Bevor ich die konkreten Reisepläne verrate, muß ich noch einmal kurz zurückblenden in das Jahr 1987. Damals war ich mit

11

einem Tretboot von Dakar/Senegal nach São Luis/Brasilien über den Atlantik gestrampelt. Im Reisegepäck hatte ich eine Bittschrift der Gesellschaft für bedrohte Völker an das brasilianische Staatsoberhaupt José Sarney. Er wurde darin ersucht, von seinem Recht Gebrauch zu machen, per Präsidenten-Dekret die Yanomami wirksam zu schützen.

Das Spektakel, mit untauglichem Fahrzeug den Atlantik zu überqueren, sollte für die nötige weltweite Aufmerksamkeit sorgen. Die Medien würden eine große Öffentlichkeit herstellen, der sich letztlich auch ein Staatschef nicht entziehen könnte. Er würde die Bittschrift entgegennehmen und müßte sich dazu äußern.

Um die Form zu wahren und die Betroffenen nicht zu brüskieren, hatte ich die Demonstration angemeldet. Der brasilianische Generalkonsul Francisco de Lima e Silva in Hamburg hatte nicht nur mein Boot getauft (»Yanomami Brasil«), sondern meine Bitte um ein Kurzgespräch mit José Sarney auf offiziellem Wege nach Brasilien weitergeleitet.

Doch als ich endlich nach über zwei Monaten Geschaukel Brasilien erreichte, lief alles anders. Ich gelangte zwar in den herrlichen marmornen Präsidentenpalast, und ich kam auch ins Vorzimmer des Allmächtigen, aber dort fingen mich einige sehr symphatisch wirkende Herren ab, die mir bei vielen Täßchen Cafezinho klarzumachen versuchten, daß ich mich total verlaufen hätte. »Für dieses Anliegen sind wir nicht zuständig.« Fast verzweifelte ich schon an meinen mühsam erworbenen Navigationskenntnissen. War ich etwa im falschen Land angekommen? Nein, das war ich nicht. Ich war nur beim falschen Mann. »Das ist einzig Sache der Indianerbehörde FUNAI.«

Die FUNAI! Ausgerechnet diese jeglichen wahren Indianerschutzes bare Institution! Ihr sollte ich die Bittschrift der Gesellschaft für bedrohte Völker überreichen?

Wir waren noch nicht ganz aus diesem kaffee- und sprüchereichen Vorzimmer raus, da klagte ich Wolfgang Brög, der mich damals auch begleitet hatte, mein Leid. »Findest du nicht, daß es entwürdigend wäre, die Petition ausgerechnet der FUNAI zu geben, zumal sie namentlich an José Sarney gerichtet ist?«

Wolfgang sah das ebenso. Und er hatte gleich eine akzeptable Lösung. »Weißt du, was wir machen? Wir gehen nebenan ins

Protokollamt und geben sie dort ab. Der FUNAI geben wir allenfalls eine Kopie.« So machten wir's. Und daß wir es so taten, sollte uns auf der diesjährigen Reise von unerwartetem Nutzen sein. Es offenbarte uns Zusammenhänge und Machenschaften.

»Das Protokollamt des Präsidenten ist eine große demokratische Einrichtung«, hatte uns ein Journalist im Palast stolz belehrt. »Wenn irgendein Bürger auf dem normalen bürokratischen Wege nicht zu seinem vermeintlichen Recht kommt, kann er sein Anliegen schriftlich formulieren und dort abgeben. Der Mitarbeiterstab des Präsidenten befaßt sich dann persönlich mit der Angelegenheit. Jeder Absender erhält eine Antwort.«

Das hörte sich vielversprechend an. Vor allem nach der Absage beim Präsidenten war dies doch wenigstens etwas. Wir also hin und die Bittschrift abgegeben. »Hier ist Ihre Quittung. Beachten Sie bitte diese Registriernummer. In ungefähr vier Wochen werden Sie Antwort erhalten.« Mit einem Besser-als-gar-nichts-Gesicht steckte ich den wertvollen Schein in meinen Brustbeutel.

Inzwischen sind achtzehn Monate verstrichen. Achtzehnmal vier Wochen. Die Antwort steht noch aus- oder in den Sternen.

Warum ich überhaupt auf Sarney kam, war nicht nur Naivität oder weil er der Staatschef war. Es hatte noch einen anderen Grund: Bevor Sarney in die hohe Politik ging, war er bereits ein anerkannter Schriftsteller und Mitglied eines ehrenwerten Schriftstellerverbandes.

Sein Buch »Die Söhne des alten Antão« zeigte ihn mir als einen Mann, der die Probleme unterdrückter Frauen und geknechteter Landarbeiter Nordbrasiliens in beeindruckender Weise zu erzählen verstand. Ich dachte, wer in solch sensibler und poetischer Weise Unrecht darzustellen vermag, müßte auch das nötige Verständnis für die Yanomami aufbringen. Als Mann des Geistes, der er unbestritten ist, müßte er gleichzeitig um den unwiderbringlichen Wert dieses Volkes und seiner Kultur wissen und der dringenden Notwendigkeit, es zu erhalten. Zum Stolz und zur Ehre Brasiliens.

Wenn auch sein politisches Handeln eher das Gegenteil dieser meiner Interpretation bewies, konnte das möglicherweise eine Folge politischer Zwänge sein, denen sich jeder Politiker, der kein Diktator ist, beugen muß. Wäre das der Fall, könnte eine große sensibilisierte Öffentlichkeit pro-indianischen Denkweisen zum Erfolg verhelfen. Diese große Öffentlichkeit wollten wir schaffen helfen. Deshalb also der Riesenwirbel als Voraussetzung dafür.

»Sollen wir überhaupt zur FUNAI?« versuchte ich Wolfgang zu bereden, »oder belassen wir es bei der Übergabe im Protokollamt?« Wolfgang war sich auch nicht ganz schlüssig, zumal es gleich geheißen hatte, der FUNAI-Präsident Romeró Jucá Filho wäre ebenfalls unabkömmlich, wie sein Staatschef. »Aber sein persönlicher Vertrauter Marcelo Chagas wird Sie empfangen«, hieß es tröstlich. Persönlicher Vertrauter – das sollte sich überwältigend anhören. Verglichen mit dem ursprünglichen Ziel, den Staatspräsidenten zu sprechen, war es, als ob wir statt Kaviar Heringsrogen angeboten bekamen.

Dieses Drumherum-Gemuse und -Gedrucke zeigte uns deutlich, daß die verantwortlichen Herren sich jeglicher Kommentare oder Prognosen enthalten wollten, um nicht beim Wort genommen zu werden. Wie richtig wir mit dieser Vermutung lagen, zeigte uns dann die darauffolgende Reise, von der hier die Rede sein wird.

Wir riefen damals das ZDF an. Unser Redakteur dort, der schon erwähnte Dieter Zimmer, hörte sich das Wehklagen an und entschied schnellentschlossen: »Gehen Sie zur FUNAI. Dann haben die Reise und der Film einen offiziellen Abschluß.«

So quälten wir uns recht unmotiviert zur obersten Indianer-Schutzbehörde.

Marcelo Chagas war genau der richtige Empfangschef der von ihm repräsentierten Behörde und der Vertreter seines Vorgesetzten: Dressman-Typ, Strahlemann und liebenswerter Gastgeber zugleich. »Nehmen Sie Platz. Cafezinho? Zigarette? Wie geht's? Gratulation zur gelungenen Überquerung des Ozeans.« Und dann zur Sache: »Ihr Einsatz für die Yanomami ehrt Sie, und wir freuen uns über Ihr Interesse. Ich darf Ihnen aber versichern, daß der Schutz der Yanomami so gut wie perfekt ist. Es sind noch letzte Vermessungsarbeiten abzuschließen. Aber Sie werden sehen: Noch in diesem Jahr (1988) wird der Yanomami-Park Realität sein.«

Das Vermessungsargument kannten wir bereits. Seit Jahren

Marcelo Chagas

mußte es als Ausrede für Verzögerungen herhalten. Dabei besagt die brasilianische Verfassung klipp und klar, daß die Ureinwohner ein unabsprechbares Recht auf ihr traditionell bewohntes Land haben. Ganz egal, wie viele Hektar das sein mögen. Von Bedeutung dürfte nur sein, von welchem bis zu welchem Fluß sie es seit Urzeiten besiedelt haben. Das wären Grenzen, die festliegen.

Deshalb wagte ich ein Angebot. »Marcelo, würden Sie ein Geschenk annehmen?«

»Und das wäre?«

»Dürfte ich Ihnen und Brasilien kostenlos eine internationale Truppe von Landvermessern zur Verfügung stellen, die die Arbeiten zu Ende bringen? Unter der Garantie der Nichteinmischung in Ihre politischen Angelegenheiten?«

Ich war mir sicher, ein solches Team zusammenzubekommen. Freiwillige oder durch Naturschutzorganisationen bezahlte Fachleute, die mal ›kurz ranklotzen‹ würden.

Marcelo hörte sich den Vorschlag ruhig und smiling an.

»Das halte ich für eine sehr gute Idee. Ich darf Ihnen aber versichern, daß Brasilien sehr wohl in der Lage ist, diese Aufgabe selbst zu bewältigen. Zum einen weil die Arbeiten so gut wie abgeschlossen sind, zum anderen weil gerade der Beruf des Landvermessers in unserem Lande zu den bestorganisierten gehört. Er hat in Brasilien eine uralte Tradition.«

15

Mit Marcelos Versprechen im Kopf und seiner edlen FUNAI-Visitenkarte in der Tasche kehrten wir heim. Wir mußten uns ehrlich eingestehen, daß das eigentliche Ziel, Sarney zu sprechen, nicht erreicht worden war. Aber mit Hilfe der Tretboot-Aktion die Not der Yanomami wieder und wieder in die Diskussion zu bringen, war uns dennoch gelungen. Im Präsidentenpalast gab ich die größte Pressekonferenz meines Lebens. 60 Fernseh-, Rundfunk- und Zeitungsleute drängelten sich um die besten Plätze, als ich im Foyer die Geschichte der Überfahrt und die Hintergründe erzählte. Und Wolfgangs Film erhielt die beste Sendezeit (19.30 h, 23. 2. 88, ZDF) und werbewirksame Vorankündigungen. Vor allem gab es danach ausschließlich sehr gute Kritiken. 10 Millionen Zuschauer erfuhren, daß es da irgendwo die Yanomami gab, daß es sich bei ihnen um das letzte Urvolk des Kontinents handelte und daß Schutz möglich war, ohne Brasilien einen Verlust zuzufügen. Ganz im Gegenteil sogar: Das Land würde ethisch gesehen Gewinn machen, sein Ansehen weltweit steigern und sich überhaupt nichts dabei vergeben. Ein ideales Geburtstagsgeschenk Brasiliens an die ganze Welt zum bevorstehenden 500. Geburtstag Amerikas (1992).

Daheim in Hamburg verfolgte ich die von der FUNAI propagierten traditionellen Landvermessungsarbeiten. Sosehr ich auch meine Ohren auf Empfang schaltete und mir eigens dafür ein Hörgerät zulegte, Marcelo blieb stumm. Nicht auf Sendung. Tauchstation.

Da erreichte mich am 20. 3. 1988 ein Situationsbericht von Johanna Gerdts, Gesellschaft für bedrohte Völker:

Der Goldrausch wird die Yanomami töten
Die Situation der Yanomami in Brasilien hat sich zu einem Kampf auf Leben und Tod zugespitzt. Die Zahl der ins Sperrgebiet eingedrungenen Goldsucher ist inzwischen auf zehntausend angestiegen, so daß die Indianer jetzt in der Minderzahl sind. Die Goldsucher sind weit ins Innere vorgestoßen, ihre Vorhut hat bereits die Serra do Surucucus erreicht. Dieses Bergland nahe der venezolanischen Grenze ist die Kernzone der Yanomami-Verbreitung, zahlreiche Dörfer leben ohne Kontakt zur nationalen Gesellschaft. Durch die Invasion ist ihr Überleben aufs stärkste

bedroht. Der Regierung ist die Situation durch den massiven An-
sturm der illegalen Goldsucher völlig außer Kontrolle geraten.
Sie hat jedoch zu dem augenblicklich herrschenden Chaos ent-
scheidend beigetragen.

Ende 1986 war ein Entwicklungsplan für Amazonien ange-
kündigt worden. Im ersten Schritt wurde das sogenannte Calha-
Norte-Projekt realisiert: die militärische Sicherung der Grenzge-
biete nördlich des Amazonas. Das Ziel des Entwicklungsplans
lautet, »Brasiliens letzte Pionierzonen zu erobern«, *und zwar*
durch Militärstationen und Straßenbau entlang der Grenze und
die anschließende Landnahme mit Besiedlung, Bergbau und
Waldnutzung. Besondere Programme sind vorgesehen, um die
Indianer Nordamazoniens in die nationale Gesellschaft zu »integrieren«.

Für die Indianergebiete wurden verschiedene »Lösungen« *er-*
arbeitet. Anfang 1987 hatte Präsident Sarney bekanntgegeben,
daß er ein ausgedehntes Yanomami-Reservat mit einer speziellen
Naturschutzzone entlang der Grenze befürworte (der Militäri-
sche Sicherheitsrat lehnt die Vermessung von Indianerland direkt
an der Grenze ab). Später war dann die Rede von neunzehn ein-
zelnen kleineren Eingeborenengebieten im Verbund mit Waldre-
servaten und Bergbauzonen, die zunächst unangetastet und für
eine Ausbeutung in späteren Zeiten reserviert bleiben sollten. Im
Bundesstaat Roraima, wo die Mehrzahl der Yanomami lebt, ent-
fachten diese Pläne einen Proteststurm von seiten der Goldsucher
und der Landesregierung.

Der Einmarsch der Goldsucher hat zu zahlreichen Konflikten
mit den Yanomami geführt, unter anderem im August 1987, als
eine Auseinandersetzung mit der Ermordung von drei Indianern
endete. Immer wieder fordern die Dorfchefs den Rückzug der
Goldsucher und eine strenge Kontrolle der Beziehung zwischen
Indianern und Brasilianern, die im Rahmen des Entwicklungs-
plans im Gebiet tätig sind.

Ebenfalls im vergangenen August wurde das Ärzteteam der
CCPY aus »Sicherheitsgründen« *ausgewiesen. Die medizinische*
Versorgung, die diese Organisation den Yanomami seit 1981
geboten hat, wurde damit abrupt unterbunden. Desgleichen
wurden Ethnologen und einige Missionare ausgewiesen. Die
Indianerbehörde kündigte an, die medizinische Betreuung der

Indianer selbst übernehmen zu wollen. Sie ist jedoch mangels ausgebildetem Personal und Geld gar nicht dazu in der Lage. Die Militärs haben inzwischen den Bau von Flugpisten und Soldatenunterkünften an mehreren Orten im Yanomamigebiet abgeschlossen. Vier Dorfchefs waren nach Manaus geflogen worden, wo man ihnen erzählte, daß die Indianerbehörde gemeinsam mit dem Militär einen Dorfzensus durchführen werde – als Grundlage für eine Landvermessung, die bis Ende 1988 abgeschlossen sein soll.

Die Ausbreitung der Goldsucher macht jedoch jeglichen Reservatsplan undurchführbar. Pressemeldungen in brasilianischen Zeitungen über das »größte Eldorado aller Zeiten« haben das Klima noch angeheizt. Die Soldaten versuchten zeitweilig, die Invasion zu stoppen, konnten aber nichts ausrichten. Vielmehr erleichtern die militärischen Landepisten den Goldsuchern den Zugang ins Landesinnere. Sie fliegen mit Hubschraubern freiweg ein und dringen von dort aus weiter in die Wälder vor.

Täglich werden im Yanomamiland über 30 Kilo Gold aus der Erde gegraben und aus den Flüssen gewaschen. Epidemien, vor allem Grippe mit Lungenkomplikationen, sind unter den Yanomami rapide angestiegen. Es heißt, daß es die Absicht der Goldsucher war, eine Situation herbeizuführen, die nicht mehr rückgängig zu machen ist, und möglicherweise ist ihnen dies gelungen. Wenn nicht sofort drastische Maßnahmen ergriffen werden – nämlich der Abzug aller Goldsucher –, sehen die Yanomami ihrer physischen und kulturellen Vernichtung entgegen.

Johanna Gerdts Brief setzte bei mir erste Überlegungen für eine neue Aktion in Gang.

Dann erreichte mich Ende Oktober 1988 ein Eilbrief der ›Kommission zur Gründung des Yanomami-Parks‹ (CCPY). Ich kenne diese Organisation schon seit Jahren und arbeite eng mit ihr zusammen. Im Gegensatz zur FUNAI tut sie wirklich etwas für die Yanomami. Sie verhandelt mit Politikern, motiviert die Medien, entlarvt die Farcen der FUNAI und betreut die Yanomami medizinisch.

Dieser Eilbrief zeigte, was wirklich lief und wie sich die Situation verschlimmert hatte. Statt des seit Jahren versprochenen einheitlich geschlossenen Yanomami-Parks wurde nun tatsächlich zersplittert. Aus dem »Park«, der die höchste Schutzform genossen hätte, wurde ein Mosaik aus »Nationalwäldern« und 19 »Indianer-Kolonien«. Nur ein einziger kleiner »Nationalpark des Pico da Neblina« war als echter Parkrest übriggeblieben.

Der Kommission war klar, daß diese Gesetzesänderung und die damit verbundene Zerstückelung des Ur-Parks den Goldsuchern Fluß und Wald öffnen sollte. Denn die »Nationalwälder« sind nur bedingt geschützt. Abgesehen davon, daß auch die übrigbleibenden Indianerland-Refugien nie respektiert werden würden, wurde mit der Freigabe des Restwaldes den Yanomami die wichtigste Lebensgrundlage entzogen: Die Basis des Sammelns und der Jagd. Denn wo Tausende von bewaffneten Goldsuchern hausen, überlebt kein Tier. Artenschutz und Schonzeiten existieren nur auf schönen Bütten-Gesetzbogen. Darin ist Brasilien führend und vorbildlich. Aber die Praxis läuft völlig anders. Es wird rücksichtslos alles Lebende abgeschossen.

Die neue Regelung der Parzellierung würde sich auf die Yanomami auswirken wie auf einen Bauern, dem man das Land wegnimmt, um ihn mit einem Schrebergarten abzuspeisen. Vielleicht könnte ein Bauer, des Portugiesischen und vieler handwerklichen Fähigkeiten mächtig, einen Ersatzjob finden, den Indianern ist dieser Weg aber verwehrt. Sie sprechen nur ihr Yanomami und kein Portugiesisch. Und das, was sie an Kunstfertigkeiten beherrschen, was sie im Wald so perfekt macht, das nutzt ihnen in unserer Welt gar nichts. Sie würden zu Bettlern erniedrigt und untergehen.

Der Eilbrief der CCPY löste in mir weitere Überlegungen und einen schnellen Entschluß aus. Es mußte *sofort* gehandelt werden. Man müßte vor Ort gelangen und eine Reportage über die Goldsucher und die von ihnen angerichteten Schäden zu machen versuchen.

Ich fragte Claudia Andujar von der CCPY in São Paulo um Rat. Ihre Antwort: »…Wenn du wirklich als garimpeiro (Goldsucher) in das Yanomami-Territorium gehen willst, kannst du keine Fernsehkamera mitnehmen. So etwas besitzt kein Goldsucher. Sie werden dich für einen Spion halten. Die Goldsucher sind bestens bewaffnet und arbeiten in Gangs. Wenn sie vermuten sollten, daß du nicht wirklich zu ihnen gehörst, solltest du

Claudia Andujar

sofort verschwinden. Und wenn dir etwas passiert: die örtliche Polizei ist auf seiten der Goldsucher...«

Aber immerhin endete der Brief positiv. Der von mir ins Auge gefaßte Januar ist ein günstiger Monat, weil er mitten in die Trockenzeit fällt. Hauptsaison der Goldsucher.

Inzwischen war auch die FUNAI nicht untätig geblieben. Sie ›verzichtete‹ großzügig auf ihr Vormundschaftsrecht gegenüber den Indianern. Bisher war die rechtliche Situation die, daß die FUNAI der ›Vormund‹ der ›beschränkt handlungsfähigen‹ Indianer war. Das bedeutete aber auch, daß dem Mündel immerhin ein eigener Wille zuerkannt wurde. Ob es ihn tatsächlich durchsetzen konnte, hing letztlich ausschließlich von der FUNAI ab. Aber immerhin wurde so ein Schein von Gerechtigkeit gewahrt, und sie konnte dem isoliert lebenden Indio zur Seite stehen, wenn er von irgendwelchen klein- oder großangelegten Aktionen der Weißen überrollt werden sollte. (Daß die FUNAI es in der Praxis so gut wie nicht tat, steht auf einem anderen Blatt.)

Jetzt jedoch, mit dem ›Verzicht‹ auf die Vormundschaft, landete die FUNAI den ganz großen Bluff-Coup. Er vervollständigte das Negativ-Bild von dieser Behörde um eine weitere Nuance. »Schluß mit der ›Minderjährigkeit‹ des Indianers!« verkündete sie öffentlichkeitswirksam. »Der Indianer soll ein gleichberechtigter Staatsbürger sein.«

Doch was sich hier so edel anhörte und nach Gerechtigkeit

und Wende klingen sollte, was sich in den Medien wirksam verkaufen ließ, das war in Wirklichkeit die *völlige* Entrechtung des Ureinwohners. Nun war nicht mehr die FUNAI der Sündenbock, denn ab jetzt wären die Indianer selbst an allem schuld. Nun konnten sie, des Portugiesischen nicht mächtig und unserer Gemeinheiten, Stärke und Raffinessen nicht bewußt, ›selbst entscheiden‹, ob Goldsucher zu ihnen einströmen dürften oder nicht, ob ihr Wald abgeholzt werden dürfte oder nicht. Eine unerhörte und kriminelle Lösung. Denn wie soll ein Indianer den Schaden beurteilen können, der ihm langfristig entstand? Wie soll ein Mensch ohne unser Wissen um ökologische Zusammenhänge da eine richtige Entscheidung treffen, wo nicht einmal wir in unserer eigenen Welt mit solchen Schwierigkeiten fertig wurden? Der damalige FUNAI-Präsident verspürte auch keinerlei Hemmungen, als er einige gekaufte Häuptlinge vor die TV-Kameras holte, um sie lautstark nach Gleichberechtigung rufen zu lassen.

»Wir fordern die Entwicklung unseres Landes. Wir möchten gleichberechtigt sein.«

Aber das Ziel dieses neuen Gesetzes war klar: »Hier hast du eine Turnhose als Geschenk! Dafür holze ich den Wald ab.« Welcher Indianer würde da nein sagen?

Einfacher konnte man das Indianerland nicht stehlen. Man würde reich, behielte saubere Hände, weiße Westen und könnte lächelnd sagen: »Was willst du denn? Die haben uns doch darum gebeten.«

Es wurde höchste Zeit, diese Blender und Bluffer bloßzustellen. Im Januar 1989 würden wir starten.

Taten statt Warten

»Wir werden als Goldsucher gehen. Als Gleicher unter Gleichen werden wir uns unter das Volk schleichen und fleißig mitmischen. So kommen wir unbehelligt vor Ort und sehen selbst, was da wirklich los ist.«
Das war die Grundidee. Wolfgang Brög war gleich begeistert. Seit er während meiner Tretboot-Arie selbst bei den Yanomami gewesen war, um sie im Film vorzustellen, war er genauso besessen von der Idee, helfen zu müssen.

Meine Stammleser kennen Wolfgang schon aus anderen Büchern. Wir sind ein eingespieltes Duo und zu zweit nicht so schnell zu entmutigen. Mal hat der eine die entscheidende Idee, mal liefert der andere den Zündfunken, und beim Brainstorming schaukeln wir uns oft gegenseitig dermaßen hoch, daß einem richtig schwindlig werden kann.

So wie die Dinge lagen, war diesmal unbedingte Verschwiegenheit angesagt. Wenn die Gold-Mafia auch nur eine Andeutung erfuhr, hatten wir keine Chance. Einen zweiten Versuch würde es dann nicht mehr geben können.

Schon in der Planungsphase brachte das Schwierigkeiten mit sich. Denn ständig mußten wir Interviews absagen, wo sie uns doch sonst willkommen waren. Das steigerte allerdings in der Journalistenbranche die Neugier und den Ehrgeiz, etwas aus uns herauszulocken. Mit allen Tricks versuchten sie ihr Glück. Da war die Rede von jahrelanger Freundschaft, da pirschte man sich an Frau und Tochter heran, befragte im netten Plauderton die Mitarbeiter oder bagatellisierte: »Ist ja nur für Japan. Wird erst in vier Monaten gesendet.« Oder man bat sogar um ein quasi testamentarisches Final-Interview, das unter notariellem Verschluß gehalten und erst im Falle des Todes veröffentlicht werden sollte. Jedenfalls waren einige Jungs echt kreativ. Aber es sickerte nur durch, daß es wohl wieder mit Brasilien zusammenhängen müßte ›und es diesmal ganz was anderes ist‹.

Ende 1988 stiegen wir in die Vorbereitungen. Wolfgang legte sich eine neue Kamera zu. Diesmal eine Super-VHS. Das System war völlig neu, aber die Fachwelt munkelte bereits etwas von großartiger Qualität. Allerdings hatte man noch keinen kompletten Film damit erstellt. Doch Dieter Zimmer vom ZDF war optimistisch. »Wenn das Thema einwandfrei gedreht ist, nehmen wir das Material.«

Im Gegensatz zur Video-8-Kamera der letzten Reise, war dieses Modell viel größer. Aber es war deshalb nicht unbedingt schwerer. Man konnte die handelsüblichen großen Videocassetten einlegen und hatte bis zu vier Stunden Drehzeit zur Verfügung. Als besonders angenehm empfand Wolfgang, daß die Kamera beim Drehen auf der Schulter auflag und somit besonders ruhig geführt werden konnte. Er konnte weitgehend auf ein Stativ verzichten. Ganz entscheidend war, daß sie völlig geräuschlos lief. Das erleichterte die heimlichen Drehs.

Weil wir während des Einsatzes keine Akkus nachladen konnten, bastelte sich Wolfgang aus Lithium-Batterien eine eigene Stromversorgung. Das System hatten wir bereits auf anderen Reisen erprobt. Es entlädt sich nicht, ist unverhältnismäßig leichter als das mit herkömmlichen Batterien und extrem leistungsfähiger als diese.

Ich hingegen hatte zwei halbautomatische Spiegelreflex-Kameras, eine vollautomatische Kleinkamera mit Drahtauslöser, einige Optiken, einen Blitz und ein Tonbandgerät.

An Verteidigungsgerät hatten wir zunächst nur CS-Reizgas dabei, einen Elektroschocker und meine treuen Freunde, die Zyankalikapseln. In Brasilien wollten wir uns Revolver kaufen.

Meine Idee, mit anderslautenden Reisepapieren und gefälschten Genehmigungen zu fahren, verwarf ich wieder. Freunde hatten mir abgeraten. »Damit setzt du dich von vornherein ins Unrecht und gibst deinen Gegnern wirksame Handhaben gegen dich.« Und ein anderer wußte aus Erfahrung: »In dem Falle holt dich weder eine deutsche Botschaft noch ein Außenminister aus dem Knast«.

Und gerade deren Hilfe erhoffte ich mir diesmal. Ich hatte zwei unserer Regierungsmitglieder angeschrieben: Außenminister Hans-Dietrich Genscher und Dr. Gerhard Stoltenberg, der zu dieser Zeit noch Finanzminister war. Vom einen erbat ich mir irgendwie geartete Hilfe in Brasilien und vom anderen die Vermittlung eines Gesprächs mit der Weltbank in Washington. Eine bestimmte Idee spukte mir im Kopf herum.

Ich hatte Glück. Beide Politiker sagten mir ihre Unterstützung zu und hielten später auch ihr Wort. Und dann entschied ich mich noch zu einem weiteren wichtigen Schritt. Ich verkaufte meine Konditoreien. Eigentlich wollte ich mit diesem Entschluß bis zum 60. Lebensjahr warten, weil das so deutsche Tradition ist und weil die Läden, dank guter Teams, auch ohne mich liefen. Aber von Jahr zu Jahr hatte ich bemerkt, daß meine Interessen sich mehr und mehr von der Zivilisation zum Urwald verlagerten, von den Torten zu den Torturen. Seit die Yanomami in meinem Leben aufgetaucht waren, war ich mit Gedanken und Herz immer weniger in der Konditorei und immer mehr in Brasilien. Es war mir klar, daß das langfristig nur einen geschäftlichen Abstieg bedeuten konnte. Die Konkurrenz schläft nicht.

Vielleicht hätte ich mich normalerweise noch nicht zu einem Verkauf durchgerungen, aber ich hatte einen Interessenten. Das war Olaf Sattler. Olaf hatte schon als Embryo bei mir gejobbt, dann die Lehre gemacht und seinen Meister ›gebaut‹. Seit ich Olaf kannte, hatte ich ihm klargemacht, daß sich unser Beruf hauptsächlich lohne, verdienst- und freiheitsmäßig, wenn er sich einmal selbständig mache. Und dieses Ziel hatte er beharrlich verfolgt. Vom ersten Lohn an hatte er gespart, hatte sich in vielfältigster Weise weitergebildet und alle Prüfungen mit ›sehr gut‹ hinter sich gebracht. Olaf gehörte seit eh und je nicht nur zum Vertrautenstab, für mich war er wie ein Sohn und ein Freund. Er hatte die nötige Energie, sich nicht nur den wirtschaftlichen Veränderungen anzupassen, sondern auch den Ehrgeiz, Neues zu kreieren. Zu tun gab es reichlich: Zum Beispiel das Bewußtsein der Kunden auf eine vernünftigere Ernährung zu lenken und diese auch anzubieten – mit Vollwertgebäck, reduziertem Zukker und Hinweisen auf die nötige Zahnpflege. Das hört sich an wie ein Nebenbei- und Selbstrenner-Job, ist dabei aber härteste Arbeit. Der Mensch ist schwer von herkömmlichen Eßgewohnheiten abzubringen. Selbst dann nicht, wenn sie ihm langfristig schaden würden. Olaf schien mir für diese Aufgabe der richtige Mann zu sein. Mit ihm und solchen Ideen hatte der Berufsstand des Konditors Daseinsberechtigung, Zukunft und ein gutes Gewissen.

Natürlich wollte Olaf nicht gleich aus dem Stegreif mit einem

40-Mann-Betrieb beginnen, das war ihm eine Nummer zu groß. Da war es denn von Vorteil, daß wir uns gegenseitig kannten und vertrauten. Wir unterzeichneten den notariellen Kaufvertrag, während des nächsten Jahres sollte alles gleitend an ihn übergehen. Ich bin sicher, daß wir die richtige Entscheidung getroffen haben. Olaf gründet eine gute und ausbaufähige Existenz, die Mitarbeiter bleiben in gesicherter Stellung, und ich kann die letzte Zeit meines Lebens und die verbliebene Energie uneingeschränkt für die Menschenrechtsarbeit nutzen.

Für den Fall eines Unglücks hinterließ ich meinem langjährigen Freund, Horst Schüler vom Hamburger Abendblatt eine Niederschrift unseres Vorhabens mit all den Hoffnungen und Zielen. Denn wenn schon etwas schiefginge, sollte es nicht ganz für die Katz sein. Ich habe da so meine ganz persönliche Sturheit.

Anschleichen

»Darf ich einen Moment Platz nehmen?« Das Mädchen lächelte. Eigentlich hatte ich keine Lust zu einer Unterhaltung. Ich war gerade erst in Manaus angekommen und wollte ein wenig schlafen. Die saunaartige Hitze hatte mich in den Schwitzkasten genommen, kaum daß ich das Flughafengebäude verlassen hatte. Das Wasser lief mir an Rücken und Beinen hinab und hätte sich bestimmt sappschend in den Schuhen gesammelt wie Dachwasser in einer Regentonne, wenn ich, Surviver in höchster Potenz, nicht Löcher ins Oberleder geschnitten und die Treter so in Sandalen verwandelt hätte.

Nicht einmal die heruntergekurbelten Scheiben des Taxis brachten spürbare Kühlung. Der weltbekannte und kosmosgefürchtete Chill-Faktor (Je mehr Wind, desto stärker die Kälte) fand hier keinerlei Bestätigung. Mr. Chill müßte seine Formel für Manaus dringend überarbeiten.

Wird das hier eigentlich jedesmal heißer? dachte ich, oder ist das schon der Klima-Umschwung, die Auswirkung der abgeholzten Wälder oder des Ozonlochs? Oder werde ich schlicht älter und habe nicht mehr die Flexibilität, mich anzupassen? Der Taxifahrer nahm mir diese Sorgen ab. Auch er wischte sich mit einem Tuch, das er neben sich liegen hatte, das tropfende Kinn trocken. Dieser Tropf- und Trostlappen war mindestens vier Quadratmeter groß – mein Augenmaß ist bekannt als zollstockübertreffend – und bereits mehrere Wochen im Einsatz. Das brauchte ich nicht zu fragen, noch mußte er es sagen. Die Farbe dieses Entsafter-Tuches und dessen Geruch sprachen für sich. Denn auch meine Augen und die Nase sind gefürchtete Meßgeräte. Er verdrehte leidend die Augen, dann prüfte er, ob sein Mini-Baby-Ventilator wirklich full speed machte. »Heute mal wieder ungewöhnlich heiß«, quälte er sich eine Erklärung ab. Ich war zu verschwitzt, um mir die Arbeit der Antwort zu machen oder gar zu nicken. Ich überlegte nur, wie schnell ich gleich unter der Dusche sein würde – das einzige, das ich heute schnell machen würde. Um dieser Situation das Beste abzutrotzen, übte ich mich im Lerne-leiden-ohne-zu-klagen.

Ganz so schnell, wie ich das Duschen ersehnt und erhofft hatte, klappte es dann doch nicht. Erst mußte ich zwei mahagonifarbene Riesenkakerlaken mit ihren Fernsehantennenfühlern an die Seite bitten, zurück in eine Ritze zwischen den Kacheln. Dann fühlte ich mich sauber, erfrischt und startklar fürs neue Unternehmen, wollte nur erst noch ein kleines Nickerchen machen. Und gerade da, aus Sicht des Gegners, äh, der Gegnerin, bestens getimt, hatte es geklopft. »Herein.« Die Tür öffnete sich einen Spalt, und eine twenhafte und gar nicht so häßliche, um nicht zu sagen, anmutige junge Frau reichte neue Handtücher hindurch. »Legen Sie sie gern ins Bad«, deutete ich per Hand an. Sie grüßte lächelnd und huschte an mir vorbei zur Dusche. Es dauerte eine ganze Weile, so daß ich mich fragte, was sie da wohl triebe.

»Waren Sie nicht schon einmal hier? Vor einem Jahr?« Die Handtücher war sie letztlich doch losgeworden und lehnte sich unbehandtucht an den Türrahmen.

»Ja, das stimmt«, bestätigte ich ihr und überlegte, ob sie das jedem sagte oder ob sie sich wirklich erinnerte. Denn ich war tatsächlich schon mal hier gewesen. Aber nur für drei quicke Tage. Ich entschied mich für die angenehmere Version: Sie erkannte mich wieder. Ich mußte also Eindruck auf sie gemacht haben. Komisch nur, daß ich mich nicht an sie erinnerte, wo sie doch wirklich sehr beeindruckend war: Blauschwarzes langes Haar, zartbrauner Teint, Mandelaugen, von einem Kunstmaler noch wirkungsvoll asiatisch unterstrichen, und dann dieses ungezwungene einladend-gastliche Lächeln, mit dem sie keinen Zweifel daran ließ, daß sie diese Zimmer eigentlich nur hobbymäßig betreute oder allenfalls ihre kranke Freundin vertrat und daß sie ganz eigentlich nämlich Modell für Zahnpasta sein mußte. Auch wenn sie davon kein Wort sagte, war mir das gleich klar, als sie da am Pfosten lehnte.

»Ich erinnere mich ganz deutlich. Sie kamen damals von den Yanomami-Indianern.«

Nun hatte ich es. Also doch wiedererkannt. Aber wohl kein Kunststück. Wer hat hier schon Halbglatze und einen Dreitagebart? Aber erinnerte sie sich an die Yanomami? Solche Brasilianer waren rar. Ich war ehrlich überrascht. Nun, da sie ins Schwarze getroffen hatte, plapperte sie munter drauflos. Und ich vergaß völlig, daß ich eigentlich unter der Hitze litt und schlafen wollte.

»Ich komme nämlich vom oberen Rio Padauirí. Daher kenne ich die Yanomami. Hin und wieder tauchten einige von ihnen bei uns auf. Ich heiße übrigens Neide. Meine Eltern wohnen immer noch da.« Und dann folgte ihre eingangs zitierte Frage, ob sie sich setzen dürfte. Klar, daß ich begeistert ja sagte.

»Das wird Sie sicher interessieren. Als ich kürzlich wieder oben war, um meine Familie zu besuchen, tauchten auch einige Yanomami bei uns auf und erzählten von einem Krieg.«

»Sind die Goldsucher bei ihnen eingedrungen?« Ich hatte sofort große Ohren.

»Nein. Ein interner Krieg. Am Rio Juruparí gibt es drei Malocas*. Eine liegt ziemlich unterhalb des Flusses, kurz vor der Einmündung in den Padauirí. Dort erschien ein Yanomami von einem der oberen Dörfer. Er war über und über mit Ausschlag bedeckt. Die Gastgeber waren davon überzeugt, daß er von seiner Sippe geschickt worden war, um sie anzustecken. Zwar bewirteten sie ihn, aber als er ging, lauerten sie ihm im Wald auf und töten ihn. Und nun ist Krieg. Das heißt, kein Indianer von oben traut keinem von unten. Als ich damals zu Hause war, kam auch kein einziger Yanomami vom Oberlauf mehr zu uns zu Besuch.«

Meine Müdigkeit war wie verflogen. Ich war plötzlich hellwach und begeistert. Was hieß hier überhaupt schlafen? Der erste Mensch, der einem begegnete, war eine Yanomami-Kennerin und zugleich eine so sympathische Frau. Da brauchte man keinen Schlaf.

»Ich muß jetzt weiterarbeiten«, unterbrach sie die Sitzung aber bald. Sie hatte auf die Uhr geschaut und war aufgesprungen. Gerade jetzt, wo es interessant wurde.

»Wann hast du Feierabend?«

»Um sechs.«

»Hast du schon etwas vor?«

»Nein. Aber erst muß ich nach Hause. Aber um acht Uhr hätte ich Zeit.«

Wir verstanden uns auf Anhieb gut. Gleiche Interessen ver-

* Runddörfer

28

binden. Nicht nur daß sie mir einiges von den Yanomami erzählen konnte und dieses Volk kannte, sie tat es auch mit Hochachtung. Der Durchschnittsbrasilianer schaut eher abfällig auf den Indianer hinab. Er hält ihn für unzivilisiert und empfindet ihn als Peinlichkeit, als Schandfleck für das entwickelte Brasilien. Neide hingegen brachte den Indianern nicht nur Respekt entgegen, sondern war überzeugt, man könne manches von ihnen lernen.

»Wenn ich bedenke, wie ich hier in Manaus wohnen muß und wie sie und auch meine Familie im Wald leben – dann ist das unvergleichbar. Wenn ich könnte, ginge ich sofort zurück.«

Und ganz wesentlich für mich war: Neide sprach ein sehr verständliches Brasilianisch. Sie bediente sich extra für mich eines einfachen Vokabulars, sprach langsam und klar.

»Das ist eine alte Angewohnheit. Anders konnte ich mich mit den Indianern gar nicht unterhalten. Es ist ja kaum jemand unter ihnen, der ein paar Brocken Portugiesisch spricht.«

Auch mein Portugiesisch war mangelhaft. Jeweils vor den Reisen hatte ich ein Grundvokabular aufgepeppt. Aber wenn jemand sprach, als würde er nach Silben bezahlt, verstand ich kein Wort.

Wenn es wichtig war, zu sprechen und zu verstehen, wenn es um Feinheiten ging, dann war Wolfgang zuständig. Er war der Dolmetscher. Er beherrschte die Sprache sehr gut, weil er sprachbegabt ist und einmal drei Jahre mit einer Brasilianerin zusammengelebt hatte – der beste Trick übrigens und die faulste, aber garantiert sicherste Art, eine Sprache zu erlernen.

Was die sonstigen Tagesaktivitäten betraf, machten Wolfgang und ich vieles gemeinsam und manches getrennt. Wir steckten die Fühler aus nach Waffen, nach Landkarten und nach einem Übungsgelände. Denn eins stand von Anbeginn fest: Zunächst wollten wir das Goldsuchen erlernen, wie Lehrlinge. Wir wollten uns das Vokabular aneignen, den Arbeitsablauf beherrschen, die Preise studieren und dann entscheiden, wann, wie und wo wir uns bei den Goldsuchern im Yanomami-Land einschleusen würden. Wir durften nichts überstürzen. Jegliche Hast, der kleinste Fehler könnten von Nachteil sein und die Mission zum Scheitern bringen. Ruhe und kühle Überlegung waren ausschlaggebend. Deshalb hatten wir uns auch fest vorgenommen, niemanden in unser wirkliches Vorhaben einzuweihen. Wir interessierten uns halt für Gold. Das taten Tausende andere Leute auch. Das war nichts Auffälliges. Vor allem nicht, als wir sagten, wir wollten in das Gebiet bei Santarém im Staate Pará. Denn dort war garimpar, das Goldsuchen, legal und alltäglich. Dort wurden zwar auch Flüsse versaut und die Landschaft geschändet, aber es wurden keine Indianer be- und verdrängt. Das hatte man vor einigen Jahrzehnten bereits gründlich erledigt. Ausländer, Journalisten und Umweltschützer tauchten häufiger in diesem Gebiet auf. In Pará war das Goldwaschen legal. Deswegen hatten wir uns für Santarém entschieden. Da würden wir am wenigsten auffallen. Wir mußten nur fleißig mitschuften und eine plausible Erklärung parat haben, wenn wir gefragt wurden, warum ein estrangeiro sich für solche Arbeit interessierte. Aber an einer knackigen Lügen-Story sollte es zu gegebener Zeit nicht mangeln.

»Ich war heute im Departamento Nacional da Produção Mineral«, erzählte Wolfgang. »Die sind auch nicht mehr das, was sie mal waren.« Wir saßen, wie fast jeden Abend, im Fiorentina, einem gemütlichen Eßlokal im Herzen der Stadt, verschmeckerten einen Salada completa, labsalten ein Bisteca ao tomate oder eine Pizza und kühlten unseren Durst mit einer Sangria voller Obst. Das National-Department verkaufte Landkarten, allerdings nicht irgendwelche. Diese dem Ministerium für Energie und Minen unterstellte Behörde hatte die besten Luftaufnahmen, die man sich denken konnte. In Riesenmaßstäben. Die reinsten Wanderkarten. Und obwohl auf vielen Karten *Reserviert* oder *Nicht für den Verkauf* oder *Geheim* stand, war alles frei erhältlich. Spätestens, wenn ein paar Cruzados die Geldbörse gewechselt hatten, war jede Geheimhaltung aufgehoben! Bis auf eine Ausnahme. Das Fotografieren des Archivs war unerwünscht. Da blieb man hart. Und gerade dieses Foto von der guten Kartenversorgung der Goldsucher erschien uns ein Pflicht-Dokument zu sein. Wir mußten es in den Kasten kriegen.

»Jede dritte Karte ist vergriffen«, klagte Wolfgang weiter, »alles ist unordentlich, liegt durcheinander, und der zuständige Macker ist eine völlige Fehlbesetzung. Die Himmelsrichtungen kennt der nur aus Kreuzworträtseln.«

Trotzdem brauchten wir Karten. Und ein Foto des Archivs. So standen wir am nächsten Morgen gleich um neun Uhr erneut und gemeinsam auf der Matte.

»Paulo ist noch nicht da. Der fühlt sich morgens nie gut und kommt meist erst um zehn.« Die schnuckelige Kollegin von gegenüber entschädigte uns schon rein äußerlich für Paulos Bauchweh. Zudem bemühte sie sich, einen Zweitschlüssel zu finden und fand ihn sogar. Da konnte Nächstenliebe aufkommen. Aber sie blieb cool und dienstlich. Die Liebe blieb einseitig. Vielleicht war es ja sogar ihre Pflicht, Schlüssel zu suchen. Jedenfalls kriegten wir unsere Landkarten. Jedenfalls soweit sie vorhanden waren. Es fehlten mir nur noch die Fotos dieses Ladens.

»Darf man hier ein Foto machen?« fragte Wolfgang. Schnucki war überrascht.

»Nein, da müßte ich erst den Direktor fragen. Warum wollen Sie denn hier ein Foto machen?«

»Wir sind Journalisten«, antwortete Wolfgang. »Wir arbeiten für die Manchete (größte brasilianische Illustrierte) an einem Bericht über behördliche Dinge, die besonders vorbildlich sind. Wie hier dieser Kartenverkauf.«

Die Schnuckelige krauste sich gekonnt ein paar Falten über die Augen. Sie glaubte, nicht richtig gehört zu haben. Aber sie war unentschlossen. Würde sie erst mal nein sagen, könnte man nicht noch mal nachhaken. Wir müßten auf das Genie Paulo warten und es bei ihm versuchen. Deshalb schob Wolf noch einen Bonbon nach: »Ein solch perfektes Kartenarchiv gibt es in keinem anderen Land der Welt!« Jawoll. Das hatte gezündet.

»Ich werde den Direktor fragen«, sagte sie.

Um die Bitte noch weiter zu bekräftigen und unsere Wichtigkeit zu erhöhen, steckte er ihr zwei Visitenkarten zu, auf denen die Wörter *filmador* und *jornalista* unübersehbar waren.

Damit sie uns jetzt nicht aus dem Raum bugsierte, interessierten wir uns schnell für die große Übersichtskarte an der Wand. »Dürfen wir hier so lange warten? Die Kameras können wir ja immer noch holen, wenn der Senhor Director sein Einverständnis gegeben hat.«

Das beruhigte die Senhora. Wir hatten die Kameras also gar nicht dabei. Wo sollten sie auch sein? Wir hatten ja keine Taschen. Nur Hosen und Hemden.

31

Kaum war sie draußen, hatten wir die automatische Klein-kamera mit Blitz und Motor in der Hand. Sie hatte in der Hosentasche gesteckt, vom über dem Gürtel getragenen Hemd, gut verdeckt. Flash, flash, flash – und blitzschnell, im wahrsten Sinne des Wortes, waren die kleinen Dokumente im Kasten. Was wir hatten, das hatten wir, und es machte uns unabhängig von der Entscheidung des Herrn Direktor. Da kam sie zurück.

»Der Senhor Director bedauert sehr. Aber es ist untersagt, hier zu fotografieren. Er kann keine Ausnahme machen ohne Zustimmung des Ministeriums.«

Der Schnuckeligen tat es sichtbar leid, wir hingegen trugen es mit Fassung.

»Da kann man nichts machen. Vorschrift ist Vorschrift. Aber schönen Dank für Ihre Mühe.«

Als wir Neide unser Leid von dem unvollständigen Kartenmaterial klagten, hatte sie noch einen anderen Tip. »Geht doch mal zur Divisão de Levantamentos Aéreos in der Estrada da Compensa. Da seid ihr direkt beim Militär, und es wäre doch gelacht, wenn unsere Soldaten nicht alles tipptopp und komplett hätten.«

Der Rat war Gold wert, wie sich herausstellte. Die Jungs vom Militär waren nicht nur komplett, sie hatten sogar noch viel bessere Karten als Schnucki und Paulo. Während die nur Foto-Karten besaßen (auf denen die Flüsse nicht immer erkennbar waren) oder Zeichnungen (auf denen *nur* die Flüsse eingezeichnet waren), verfügten die Soldaten über die Kombination beider Kartentypen, und überdies waren in ihren Blättern sogar die Orts-, Fluß- und Gebirgsnamen eingetragen. Das Nonplusultra. Und wie es bei Soldaten üblich ist: In sechs Minuten hatte ich meine zehn Blätter, das lückenlose Yanomami-Territorium von Pico da Neblina bis Roraima.

Hatte sich Neide dafür einen Knutschi verdient? Hatte sie. Einen von mir. Einen von Wolf. Jawoll. Denn immerhin waren wir gleichberechtigte Partner.

Den Erfolg feierten wir, wie üblich, im Fiorentina. Wir waren gerade beim Nachtisch. Da kam ein Junge vom Hotel hereingestürmt. »Endlich habe ich Sie gefunden, seit einer halben Stunde suche ich Sie schon. In der Rezeption wartet ein Herr auf Sie. Er sagt, es sei sehr dringend.«

So kamen wir zu unserer ersten Begegnung mit Ribas. Ein Riesenkerl, breitschultrig, kräftig. Bürstenhaarschnitt. Turnschuhe. Tarngarderobe. Alles auf Dynamik getrimmt. Federnder Gang. Immer in Bewegung. Aber nicht nur sein Körper, sondern vor allem auch sein Mundwerk. Und um seine Kernigkeit noch zu unterstreichen, besiegelte er den äußeren Eindruck zähnebleckend mit einem weitausgeholten, halloogebrüllbegleitenden Händedruck, der einen unschlüssig werden ließ, ob es sich hier nicht um eine Begrüßung handeln sollte, sondern um einen tätlichen Angriff. Geistesschnell rekapitulierten wir, in welcher Tasche wir den Revolver und das Gas stecken hatten. Aber genau in der Sekunde, als er Gefahr lief, zumindest einen Fingerstich in die Augen zu riskieren oder einen Nasenstüber zu bekommen, ließ er mich los und vergewaltigte Wolfgang auf dieselbe Weise. Ich hielt mich händemassierend bereit, notfalls einzuspringen, falls die Begrüßung doch noch in ein Attentat ausarten sollte.

»Ich heiße Ribas«, dröhnte er donnergleich durch den Empfangsraum des Hotels. »Ich warte hier bereits eine knappe Stunde. Wir müssen dringend zusammen sprechen.«

»Um was handelt es sich denn?« wollten wir erst einmal abklären. Wir wurden das Gefühl nicht los, daß es sich bei ihm um einen Militärpolizisten handelte, der seine Foltertricks erproben wollte.

»Darüber kann ich hier nicht sprechen. Dazu brauchen wir einen einsamen Ort.«

Ah, einen einsamen Ort. Unser Verdacht, daß mit ihm etwas nicht stimmen könnte, verdichtete sich.

»Wollen wir auf unser Zimmer gehen?« schlugen wir vor. Denn da fühlten wir uns noch relativ sicher. Doch das war nichts für Ribas.

»Nein, lieber außerhalb. Habt ihr ein Lieblingslokal?«

»Das haben wir. Gleich nebenan das Fiorentina. Da hast du uns gerade rausholen lassen.«

»Tut mir leid. Aber es ist wichtig. Das Fiorentina ist völlig ungeeignet für unsere Zwecke. Zu viele Ohren.«

»Und was hältst du vom Tropical?« Es lag zwar außerhalb der Stadt, aber mit dem Wagen war es ein Katzensprung. Man fand immer ein paar Ecken ohne überflüssige Lauscher, und nebenbei konnte man noch ein erfrischendes Bad im Rio Negro nehmen oder im Swimmingpool.

»Da ist es zur Zeit rammelvoll mit den Pseudoabenteurern der Camel-Rallye.«

Bei dem Wort Pseudoabenteurer, mußten wir ihm beipflichten. Gerade diese Zigaretten-Rallyes – nicht nur die von Camel – empfanden wir als den Prototyp eines absolut hirnarmen und sinnlosen Möchtegernabenteuers. Ein Kraftprotzgehabe, wo nichts stimmte. Weder erforderte es Mut, noch nahm die Aktion Rücksicht auf die Umwelt, noch war gesund, wofür da Reklame gemacht wurde.

Ribas: »Ich finde die Rallye genauso widersinnig wie den Slogan ›Wer durch die Hölle will, muß verteufelt gut fahren können‹. Denn gute Fahrer fahren nicht quer durch unberührte Landschaften und stecken nicht laufend irgendwo achstief im Schlamm. Ihr kennt ja die Fotos.«

Wir notierten im stillen einen dicken Pluspunkt für Ribas. Erstaunlich, daß er als Brasilianer sich daran störte. Dem Durchschnitt seiner Landsleute war das egal. Aber er konnte es gut erklären.

»Wenn man so mit der Natur verbunden ist wie ich, muß man einfach so empfinden.«

Leider blieb dieser Pluspunkt so ziemlich der einzige, den er sich erwarb.

Wolfgang kam wieder zurück auf die Restaurant-Suche.

»Weißt du denn nicht eins?«

Ribas kniff die Augen zusammen und versetzte nun seine eigenen grauen Zellen in spürbare Aktivität. Das dauerte einen mittleren Moment lang, aber dann hatte er die Erleuchtung. »Wir gehen ins Bela Vista!« Da wir es nicht kannten und nicht zu beurteilen vermochten, ob es gut oder schlecht oder eine Falle war, waren wir einverstanden. Vorsichtshalber nahmen wir außer den Waffen noch den Elektroschocker mit. Fünfzigtausend Volt – da kommt auch ein Zwei-Zentner-Tiermann zum Glühen und zur Vernunft.

Wir nahmen Ribas in die Mitte und gingen los. Das heißt: ›gingen‹ war nicht der richtige Ausdruck. Wir eilten im Sturmschritt. Wahrscheinlich hatte Ribas Durst, das Bela Vista lag weit, und er wollte schnell zur Sache kommen.

»Gehe ich zu schnell?« Er wartete die Antwort nicht erst ab, sondern gab sie selbst. »Das Lokal liegt nämlich in São Raimundo und ist noch ziemlich weit.«

»Warum nehmen wir denn keine Taxe?«

»Ach so, wollt ihr lieber fahren?«

»Ja. Nicht, daß wir zu schlapp wären. Aber wo die Taxen so billig sind und der Abend schon fortgeschritten…«

So war es uns dann vergönnt, ein Taxi zu stoppen. Mit Ribas' Zustimmung.

Nach einigen einbahnstraßenbedingten Umwegen erreichten wir das Lokal schließlich. Es lag am Hochufer neben dem Hafen von São Raimundo. *Bela Vista* – Schöne Aussicht. Das mochte sicher stimmen. Bei Tage. Aber nun war es Nacht und dunkel und mehr tot als belebt. Und es gab schon gar keine schöne Aussicht.

Eine lange, gerade Holztreppe führte in das Obergeschoß und mündete in den großen Gastraum. Alle Tische waren fleckig, aber weiß eingedeckt. Das heißt, man sah es den Tischtüchern an, daß hier schon Gäste gesessen hatten. Nur im Moment war niemand anwesend, ein untrügerisches Zeichen für schlechte Küche und miesen Service. Ribas unterbrach die Totenstille und schmetterte dem kleinen Kellner sein *Boa noite* wie einen Kinnhaken entgegen. Wahrscheinlich hatte der Ober auch geantwortet, aber in Ribas' Wortschwall war der Gruß erstickt worden. Er holte kaum Luft, faßte jeden, aber auch wirklich jeden Gedanken in ein Stakkato donnernder, krachender Worte. Er erinnerte uns an Popgruppen, die ihre Lautsprecher auf Dröhnen schalten, damit ihre Songs besser rüberkamen – oder das Nichtkönnen und geistarme Texte damit ausgeglichen wurden.

»Na, wo setzen wir uns hin? Wir haben ja die große Auswahl. Ich schlage da vorne vor. Dann könnt ihr über den Fluß schauen. Und vor allem sind wir hier unter uns. Da werden wir nicht belauscht.«

So ging es nonstop. Gröl-gröl.

Ribas hatte uns neugierig gemacht. Noch hatte er nichts angedeutet. Nur daß er jahrelang Survival-Ausbilder beim Heer war, hatte er durchblicken lassen. Und da war *ich* natürlich um einiges neugieriger geworden. Ein Urwaldexperte konnte mir in jedem Falle Neues beibringen.

35

»Achtzehntausend Stunden Aufenthalt im Urwald.« Auch als
wir saßen, spielte er weiterhin dröhnend den Alleinunterhalter
für uns und den Kellner. Und für alle Nachbarn in den Bretter-
häusern am Abhang unter uns.

»Hier kann wenigstens keiner mithören« – stellte er befriedigt
fest und erzählte in voller epischer Unerträglichkeit seinen Le-
benslauf. Er begann aber nicht mit seiner Geburt, sondern holte
weiter aus: bei seiner Zeugung und seinen Erzeugern. Immer
wieder mahnte ihn Wolfgang, zur Sache zu kommen. Aber an
diesem unvergeßlichen Abend entlockten wir ihm nur eins: Er
habe gehört, das wir als Journalisten in Sachen des angeblichen
Indianer-Häuptlings Tatunca Nara unterwegs seien. Er hätte
wichtige, hilfreiche Aussagen zu machen.

Da hatte Ribas recht. Neben der Goldgeschichte wollten wir
für uns und das Bundeskriminalamt neue Beweise sammeln, die
dem Treiben des selbsternannten ›Sohnes einer deutschen
Nonne und eines Indianerhäuptlings‹ ein Ende bereiteten.
Meine Leser kennen Tatunca Nara bereits aus den Büchern
»Yanonámi – Überleben im Urwald« und »Im Tretboot über den
Atlantik«. War er mir damals nur als Betrüger erschienen, so
hatte sich zwischenzeitlich herausgestellt, daß er weit mehr auf
dem Kerbholz hatte als seine erstunkene und erlogene Geschichte Ich-bin-der-Sohn-eines-Indianer-Häuptlings. Da ich
der erste war (Bundeskriminalamt), der seine Identität als India-
ner-Chef offen bezweifelt hatte und zu einem der Zeugen gegen
ihn wurde, war der große Urwaldheld sehr schlecht auf mich zu
sprechen.

– Er hatte mich erfolglos beim Hamburger Abendblatt denun-
    ziert (»Nehbergs Buch ist gelogen. Seine Verleumdungen ge-
    gen mich wagt er nur, weil ich als kleiner, armer Indio mir
    keinen Rechtsanwalt nehmen kann«).
– Er setzte ein Kopfgeld auf mich aus (»Wer mir meldet, daß
    Nehberg am Rio Negro auftaucht, erhält ein Gewehr«).
– Er bezichtigte mich beim Bundeskriminalamt des Mordes am
    Journalisten Karl Brugger, der im Januar 1984 in Rio de Ja-
    neiro erschossen wurde (»Nehberg war verkleidet und illegal
    in Brasilien, als er das tat«).

Spätestens seit seinem Brief ans Bundeskriminalamt hatte ich
ihn zu meinem neuen ›Hobby‹ erklärt. Ich will ihm so allerlei

beweisen. Und so nahmen Wolfgang und ich die Fährte auf.
Doch diese Ermittlungen liefen mehr nebenbei, neben dem
Goldthema. Sie sind eine völlig separate Geschichte. Eine selb-
ständige, die eines Tages ein ganz eigenständiges Buch ergeben
soll. Einen Kriminal-Tatsachenbericht und vielleicht einen un-
gewöhnlichen Film.

Mit seiner Andeutung, uns Neuigkeiten zum Thema Tatunca
Nara unterbreiten zu können, gehört Ribas folglich nicht in dieses Buch, daß er dann doch hineingehört, wird die weitere Geschichte zeigen.

Jenen Abend mit Ribas im Restaurant Bela Vista kann man
kurz machen: Er hatte nichts erbracht, außer der erwähnten
vagen Andeutung, Ribas habe uns bezüglich Tatunca etwas
Dienliches zu berichten, und unserer Erkenntnis, daß Ribas ein
großspuriger Selbstdarsteller war, der nicht zur Sache kam. Um
vierundzwanzig Uhr war Wolfgang es leid, ihn zum wiederholten Male erfolglos auf den Punkt zu bringen. Wir fragten uns,
weshalb Ribas für sein Gewäsch überhaupt an diesen abgelege-
nen Ort fahren wollte, und entschieden: Wir gehen nach Hause,
der Typ hat 'ne Meise.

Ribas war mit dem Aufbruch einverstanden. Aber diesmal
setzte er sich durch: Wir fuhren nicht, wir marschierten zurück.
Zumal es hier in der Abgeschiedenheit ohnehin kein Taxi gab.
Aber auch während des Rückweges erfuhren wir nichts zur Sache, jedoch viel über ihn als Urwald-Survivor.

Endlich waren wir ihn los. Müde, enttäuscht und sauer
plumpsten wir in die Betten. Die Zeit hätten wir auch angeneh-
mer verbringen können.

Morgens um halb sieben Uhr klingelte bei Wolfgang das Telefon. Da sei Besuch für ihn. Ich saß bereits am Frühstückstisch
und drückte eine Limone über die Scheibe Papaya.

Wolf sauste hinunter. Und wer wartete dort auf ihn? So früh
am Morgen? So überaus knackig, drahtig und laut? Natürlich –
es war Ribas. Ob wir gleich Zeit hätten, weiterzudiskutieren.
(Tatsächlich nannte er seinen Monolog Diskussion.) Wolfgang
reagierte schnell.

»Tut mir leid. Wir müssen um acht Uhr beim Staatsanwalt
sein.«

Das imponierte Ribas nicht.

»Dann komme ich nachher wieder. Aber vorher hätte ich noch eine große Bitte. Gleich um halb acht habe ich mit leitenden Angestellten der Luftlinie Varig ein Überlebenstraining gegenüber von Manaus auf den Inseln. Damit ich für euch Zeit habe, würde ich da lieber absagen. Kannst du das nicht für mich machen?«

Wolfgang war verblüfft. »Ich soll für dich das Training absagen? Mit welchem Grund denn?«

»Das ist ganz einfach. Sag nur, weil es heute regnet.« Wolfgang blieb die Sprache weg. Dem 18 000-Stunden-Urwalderfahrungs-Experten war es zu naß! Ribas hatte Wolfs stillen Hohn herausgespürt und stellte sofort klar: »*Mir* macht der Regen natürlich nichts aus. Mir geht es lediglich darum, für euch mehr Zeit zu haben.«

»Die Zeit hattest du gestern reichlich. Du hast sie nicht genutzt. Das läßt mich vermuten, daß du eigentlich nichts zu erzählen hast.«

Ribas sah das natürlich völlig anders. Erst habe er sich vorstellen wollen. »Schließlich wollt ihr doch wissen, mit wem ihr es zu tun habt.«

Wolfgang ließ ihn stehen.

Wir begegneten Ribas noch drei weitere Male. An jenem Tage hatte er bis mittags auf uns gewartet, und wir ließen ihn dennoch abblitzen. Es gibt Typen, mit denen man einfach nichts zu tun haben will.

Wären wir doch nur ein wenig netter zu Ribas gewesen! Denn er sollte sehr bald noch einmal unseren Weg kreuzen. Im allerungünstigsten Moment. Doch hier in Manaus machten wir uns eher über ihn lustig.

Als ich zum Zimmer zurückkam, hockte Wolfgang auf seinem Bett. Eine Schrecksekunde lang dachte ich, er hätte einen Geistesschaden davongetragen oder ich träumte. Er saß im Schneidersitz vor seiner neuen wertvollen Panasonic-Kamera, Marktwert 4500 DM, und bearbeitete sie mit Säge, Raspel, Messer und Schraubenzieher. Es war mir aber gleich klar, daß ich weder träumte noch Halluzinationen hatte. Er saß da, ganz wirklich, und schlug die Kamera kaputt. Vor ihm, auf dem weißen Laken, häuften sich die schwarzen Raspelspäne. Der klare Beweis. Nur sein Lächeln und sein sonstiges Verhalten stimmten mit dem

Wahnsinnsakt nicht überein. Es schien so normal, als würde er frühstücken. Fehlte nur noch, daß er mich gleich auch mit der Raspel bearbeitete.

»Wie findste das? Da glaubt kein Mensch mehr, daß das einmal eine hypermoderne Videokamera war. Da nimmt man uns sofort den depperten Touristen ab.« Er überklebte sämtliche Leuchtanzeigen mit verschmiertem Lassoband, so daß niemand beurteilen konnte, ob die Kamera gerade lief oder nicht. Und Geräusche gab sie ohnehin nicht von sich.

Ja, jetzt wurde es allmählich ernst. »Ich habe einen guten Kontakt machen könnnen zu einem *garimpo* südlich von Santarém. Morgen um acht Uhr geht unsere Maschine.«

Die Goldsucher-Lehre

Der *garimpeiro* schrie wie am Spieß. Er umklammerte mit beiden Händen die linke Wade und drückte so stark er konnte. In dieser gebückten Haltung hatte er voller Panik versucht, seinen barranco, die Goldgräbergrube, zu erreichen. Natürlich ging das nicht schnell, aber er wagte nicht, loszulassen und aufrecht zu laufen. Der Goldsucher stolperte und stürzte über das wie ein Riesengeflecht kreuz und quer liegende Gebäum und Gestrüpp, rollte sich in die richtige Lage, um dann, ohne die Wade loszulassen, wieder hochzukommen und weiterzuhinken. Er schrie vor Schmerz und vor Angst, und er schrie um Hilfe. Seine Augen waren überweit aufgerissen, der Schweiß schoß aus allen Poren und vermischte sich mit dem Dreck, der an seinem Körper klebte. Er war nur mal pinkeln gewesen, da passierte es. Er hatte die Schlange nicht gesehen und draufgetreten. Oder sie hatte sich angegriffen gefühlt. Wer weiß das im nachhinein schon so genau? Jedenfalls hatte sie zugebissen, und er hatte sie wie ein Besessener mit seinem teçado in mehrere Teile zerhackt. Zwar war sie nun tot, aber das änderte nichts an dem Biß. Wahrscheinlich würde auch ihn bald das Zeitliche segnen. So laut er auch schrie – es war sinnlos. Der nächste barranco war noch hundert Meter entfernt. Und dort dröhnten zwei starke 40-PS-Motoren, gegen die niemand anschreien konnte.

Er konnte auch nicht mit den Armen Zeichen geben, weil er sie dringend für die Abschnürung der Wade brauchte. Einmal loslassen, und das Gift würde sich im Körper verteilen. Wie kürzlich bei seinem Gefährten Gerísio. Eine Stunde lang hatte der sich vor Schmerzen am Boden gekrümmt, Haut und Fleisch hatten sich in ein ekelhaftes Schwarz gefärbt. Dann war er gestorben. Gott sei Dank hatte bei ihm, Mauricio, die Verfärbung noch nicht eingesetzt. Das ließ ihm einen Rest Hoffnung.

Meter um Meter kam er seinem Ziel näher. Humpelnd, stolpernd, gebückt, fallend und wieder aufstehend. Nur noch 50 Meter, dann war er bei seinen Kumpel, die würden ihm helfen.

Endlich wurde er entdeckt. Eigentlich mehr per Zufall. Denn die Absaugpumpe war soeben verstopft. Wie das häufig passierte, wenn der Mann am Absaugrohr träumte. Sie mußte vorübergehend abgestellt werden. In genau diesem Moment hörte Moacir den Schrei seines Kameraden Mauricio.

Alle stürmten ihm entgegen und schleppten ihn zur barraca, ihrer gemeinsamen Hütte. Dort legten sie ihn, so vorsichtig es ging, in seine Hängematte.»Lauf zu Flávio, der hat Serum«, flehte Mauricio und Moacir jagte los. Flávio kannten alle. Er war der einzige Garimpeiro im Umkreis, der das begehrte Fläschchen des rettenden»Específico contra veneno de cobra« besaß. Dabei war es gar nicht so teuer. Jeder konnte es sich leisten. In Manaus kostete es lumpige vier Cruzados. Aber dort hatte man nicht daran gedacht. Na ja! – und hier war es Mangelware. Hier hätte es gern jeder. Sobald der farmâcia wieder ein paar Fläschchen geliefert wurden, waren sie gleich vergriffen. Aber Flávio, wie gesagt, war solch ein Glückspilz. Der besaß eins. Zehn Gramm* hatte man ihm schon dafür geboten. Aber Flávio hatte lächelnd abgelehnt.»Was nutzen mir die zehn Gramm? Wenn mich die Jararacá erwischt und ich mein Serum nicht mehr habe, werde ich sterben. Dann werdet ihr mir auch die zehn Gramm wieder abnehmen.« Beim Tanzen neulich hatte er das noch lächelnd zu bedenken gegeben. Und hatte hinzugefügt:»Und wenn es wirklich jemand braucht, kriege ich viel mehr dafür. Soviel ich will.« Aber soviel mehr hatte Mauricio nicht. Es waren genau 21,7 Gramm. Lohn von sechs Wochen. Aber die würde er hingeben. Und sein Radio noch dazu. Hauptsache, er käme lebend aus der Sache raus. Tot würden ihm weder die 21,7 Gramm etwas nutzen noch das Radio. Dann würde er nur noch die Engel singen hören. Er konnte sich im stillen verfluchen. Wie oft hatten ihm alle gesagt, er solle sich den Zaubersaft mitnehmen. Aber es gab so viel, das man mitnehmen mußte. Und alles kostete Geld. Viel Geld. Und genau das besaß Mauricio nicht. Deshalb hatte er sich ja vor allem entschlossen, ins garimpo, ins Goldgebiet, zu gehen und die ständige Geldmisere endgültig zu beenden.

Moacir war noch unterwegs, als uns die Nachricht von dem Zwischenfall erreichte, Wolfgang und ich waren vor zwei Stunden in cachorro ladrando, Bellender Hund, gelandet. Eine Piste

* Goldstaub, 1 Gramm = 20 Cruzados = 20 DM

41

mitten im Goldgebiet des Rio Tapajós. Der Gerente de pista, der Flugplatzverwalter, hatte uns beschrieben, in welchem barranco zwei Leute gebraucht würden, und dann waren wir losgetippelt.

Wir hatten Glück, weil gerade ein Träger mit Dieselöl das Flugfeld in Richtung unserer Goldgrube verließ. Wir brauchten ihm nur zu folgen. Dabei erhielten wir gleich einen kleinen Vorgeschmack von der Arbeit, die uns erwartete. Denn Sebastão, der Träger, lud sechzig Liter Treibstoff in seinen remanchim, die elastische Kiepe, und stapfte los. Der Plastikkanister war gut festgezurrt, und Sebastão trug die Last mittels Stirngurt. Zur Entlastung des Kopfes konnte man das breite Bastband auch vorn über das Schlüsselbein laufen lassen. Das hatte den Vorteil, daß die Ohren frei waren und man besser hören konnte. Der Stirngurt hatte seine Vorteile für den Notfall. Man konnte sich seiner Last mit einer einzigen Bewegung blitzschnell entledigen. Das war besonders wichtig in unsicheren Gebieten. Dort, wo kriminelles Gesindel die Wege verlegte. Wo Gangster sich das Gold per Revolver suchten, statt wie ehrliche garimpeiros in den barranco zu steigen und es mit der Hochdruckspritze und der bateia, der Pfanne, auszuwaschen.

Gott sei Dank war *cachorro ladrando* ziemlich sicher. Solcherart Unfälle waren die Ausnahme. Aber vor zwei Jahren in der Serra Pelada war es genau umgekehrt. Täglich geschahen Morde, und keiner war sich seines Lebens und des bißchen pó de ouro, des Goldstaubs, sicher. Heute herrschen in Roraima ähnliche Zustände.

Wir trotteten hinter Sebastão her. Nach zwei Stunden sollten wir unseren barranco, den Claim, erreichen.

Unsere Garderobe hatten wir dem garimpo angepaßt: Hemd / Weste, kurze Turnhose, Schirmmütze. Doch statt der üblichen Sandalen hatten wir hohe Schuhe mit Profilsohle und Stoffbespannung. Sie saßen fest am Fuß, sie griffen sicher im Gelände, und der Stoff sorgte für eine ausreichende Ventilation. Die einzige Sonderanfertigung war die Weste. Sie war aus einem stabilen Hemd gezaubert. Neide hatte sie mir gemacht. Sie hatte die Ärmel abgetrennt und daraus drei Taschen gezaubert. Zwei für die Seiten, eine für den Rücken. Damit wir im Gelände nichts daraus verlören, hatte sie sie mit Reißverschlüssen gesichert. In diesen Westentaschen trugen wir den Revolver, das Gas und den

Elektroschocker. Auch wenn wir das Gerät hier bestimmt noch nicht benötigten, wollten wir es dennoch tragen, um uns daran zu gewöhnen. Neben diesen Nützlichkeiten waren die Kleidungsstücke außerdem schön luftig und angenehm zu tragen. Sebastão eilte vor uns her, als wolle er einen Rekord aufstellen. Vielleicht hatte er vom Guinness-Buch gehört. Obwohl seine Last viel schwerer war als unsere, war er schneller. Das schwerste an unserem Gepäck waren die Schraubkanister mit Müsli und die Kameras.

Sebastão ging barfuß, und seine breiten Füße griffen ebenso sicher im Gestein wie im Geäst oder auf dem rutschigen Lehmboden. Fast besser noch als unsere Schuhe. Trotz seiner Belastung schien er keinerlei Schmerzen durch die Sohlen zu empfinden. Zwar schwitzte er wie ein gekühltes Bierglas im Sonnenschein, aber er trabte ohne Pause vor sich hin. Durch trügerische Bäche, über mauerhohe gefällte Bäume und wackelige Bretterstege. Immer weiter, das Flußtal bergauf. Unermüdlich, Schritt für Schritt, wie das Tuckern der Dieselmotoren in dem garimpo drunten im Tal.

»Das Ölschleppen machen immer die Neuen. Das ist also euer Job ab morgen«, hatte uns der grente an der Landepiste verraten. Ansonsten hatte er nur unsere Namen notiert und den zugewiesenen barranco. Ich nannte mich Rudi, Wolfgang Wolf. Die meisten nehmen andere Namen an, die alten tun nichts zur Sache. Zum einen ist das Goldgräber-Tradition, zum anderen ist es besser. Denn gar nicht so wenige Goldsucher haben etwas zu verbergen. Nur – irgendwie muß man sich schließlich nennen.

Nach einer Stunde legte unser ›Rennpferd‹ eine Rast ein. Er setzte seine Kiepe auf einen querliegenden Stamm und trank einen Schluck Wasser aus einer kleinen Pfütze neben dem aufgewühlten gelben Bach.

Mitten im Trinken zuckte er zusammen. Er griff unter sein Hemd und blickte nach vorn ins Dickicht. Aus dem Hosenbund zauberte er einen sechszölligen 38er Colt. Ein wahres Monster, das ihm eigentlich mit dem Riesenlauf sein Gehänge wundstoßen mußte. Die Waffe war uns vorher gar nicht aufgefallen. Hoffentlich waren unsere genauso unauffällig.

Wir waren ebenfalls sofort in Deckung gegangen, aber wir sahen nichts. Auch wir hatten die Hände gleich in die Westen-

43

Seitentaschen gesteckt und die Revolver in Startposition gebracht. Dazu brauchte man sie nicht herauszuholen. Die Taschen waren sehr geräumig.

Aber dann entspannte sich unser Führer bereits. Vorn tauchte hastend Moacir auf.

»Was ist los, Moacir?«

»Mauricio ist von einer Schlange gebissen worden. Er liegt im Sterben. Ich will versuchen, von Flávio das Serum zu kriegen.« Und dann mit einem Blick zu uns: »Seid ihr die Neuen? Habt ihr zufällig Serum dabei?« Wir hatten. Polyvalentes Trockenserum mit destilliertem Wasser. Zum Mischen bei Bedarf. Das hat den Vorteil der längeren Haltbarkeit. Flüssigserum hätte der ständigen Kühlung bedurft.

Moacir atmete auf. »Seid ihr sicher, daß das hilft gegen die Jararacá?«

»Ja, es hilft gegen das Gift aller Tiere dieser Region, auch gegen Spinnen und Skorpione«, versicherten wir ihm.

»Bom. Gut. Dann beeilt euch. Ich hole vorsichtshalber noch Flávio und sein Serum. Er arbeitet hier ganz in der Nähe.«

Okay. Sicher war sicher, mochte er gedacht haben, oder doppelt hält besser, und viel hilft viel. Wir schnallten uns die remanchins um. Die Müdigkeit war vergessen, und es ging im Eilschritt weiter.

Dennoch dauerte es genau eine weitere Stunde, ehe wir den barranco erreichten, der auch unsere neue Heimat werden sollte. Mauricio, ein kleinwüchsiger Brasilianer aus dem Staate Maranhão, wimmerte in seiner Matte. Das Bein hatte man unterm Knie mit einem Handtuch umbunden, aber keinen Stau angelegt. Das Blut konnte zirkulieren. »Die haben Serum dabei, Mauricio«, rief Sebastaõ schon von weitem. Wir setzten unsere Gepäckstücke sofort ab und sahen uns die Bißstelle an. Während der ganzen letzten Stunde hatte ich mir ausgemalt, wie die Stelle wohl aussehen würde.

Die Buschmeister-Schlange hat ein sehr wirksames Gift. Es zerstört die Blutgefäße und das Blut. Es verhindert so die weitere Zirkulation und führt schließlich zum Tod. Wie schnell das geht, hängt ab von der Menge des Giftes in Relation zur Blutmenge des Opfers. Ein Kind ist also schneller tot als ein Hüne. Bei gleicher Giftmenge. Wer vor Schlangen besonders große Angst hat,

44

belastet sein Herz noch zusätzlich, weil er durchdreht. Damit erhöht sich die Gefahr des Schocks, und sehr häufig sterben Gebissene nicht am Gift, sondern am Schock.

Mauricio war bereits sehr apathisch. Er hatte sich völlig verausgabt. Er umklammerte immer noch sein Bein. Trotz der Binde.

Während Wolfgang das Serum hervorholte, sah ich mir die Wunde an. Aber sosehr ich auch guckte – die typischen Symptome an der Bißstelle fehlten völlig. Ich ließ mir von Kátia, der Köchin unseres barranco, Wasser, Seife und einen Lappen reichen und wusch den Unterschenkel. Und da entdeckte ich auch die Bißstelle. Aber sie rührte niemals von einer Buschmeister. Ich rief sofort Wolfgang herbei. »Laß das Serum unversehrt. Der Typ irrt. Das war keine Jararacá. Schau mal hier: Wäre es eine Giftschlange gewesen, sähe man vor allem die zwei Einstichstellen der Giftzähne. Hier aber sehe ich eine Fülle von Einstichen, die in zwei Halbkreisen angeordnet sind. Das war eine harmlose Schlange.«

Wir teilten unsere Entdeckung den Umstehenden mit. »Das war keine Giftschlange. Das muß eine harmlose gewesen sein.«

Mauricio begriff das gar nicht. Er war zu sehr weggetreten. Deshalb antwortete Rómeu, der Vorarbeiter. »Doch. Das war eine. Ich habe sie selbst gesehen. Er hat sie doch getötet. Ich kann sie euch zeigen.« – »Dann hol sie schnell her. Ich reinige derweil die Wunde und erkläre es Mauricio.«

»Niemals«, schüttelte sich Rómeu. »Die fasse ich nicht an. Die Köpfe beißen noch, wenn sie tot sind. Du kannst ja mitkommen. Es ist nicht weit.«

Ich folgte ihm. Es war tatsächlich nicht weit. In respektvoller Entfernung blieb Rómeu stehen. »Da liegt sie!« Sein Zeigefinger wies mir die Richtung. Ich ging ein paar Schritte weiter, und dann sah ich sie. Aber sie erinnerte kaum noch an eine Schlange. In seinem Wahn hatte Mauricio sie in Wurstscheiben zerhackt. Aber zum Glück war der Kopf unversehrt. Es genügte ein Blick: Das getötete Tier war eine Regenbogen-Boa. Eine Würgeschlange. Absolut harmlos. Ich erkannte sie deshalb sofort und ohne Zweifel, weil ich früher einmal ein solches Tier großgezogen hatte. Es war mit einem Bananentransport aus Venezuela nach Hamburg gekommen und dort entdeckt worden. Vor allem

45

die Babys sind wunderschön mit ihrer Haut, die bei besonderem Lichteinfall in den Farben des Regenbogens schimmert.

Für alle Fälle nahm ich den Kopf mit. Ich öffnete ihn im Beisein der anderen, um ihnen meine Behauptung zu beweisen: Viele kleine Nadelzähne, aber kein Giftzahn.

»Ich würde dir von dem Serum sofort geben, wenn du wirklich von einer Giftschlange gebissen worden wärest. Aber du bist es nicht. Mir geht es nicht ums Gold, das Serum könntest du umsonst haben.«

Jedoch das überzeugte Mauricio nicht. Er glaubte es nicht. Er spürte das Gift. Er ahnte den Tod. Er wimmerte weiter. Statt sich über die gute Nachricht zu freuen, schien er noch verzweifelter. Da war endlich Hilfe möglich, aber sie wurde ihm vorenthalten. So sah er das jedenfalls. Auch die anderen schauten uns an, als wollten wir mit unseren Medikamenten geizen oder einen Wucherpreis erpressen. Doch von Geld war unsererseits gar keine Rede. Ich hatte das Serum noch vom letzten Jahr aus Bogotá. Dort kostet es zwanzig DM. In Deutschland löhnt man für dieselbe Dosis, allerdings flüssig, an die vierhundert DM! Das nenne ich Nutzenspanne.

»Sollen wir ihm nicht einfach eine harmlose Spritze geben?« flüsterte mir Wolfgang zu.

»Das ist eine gute Idee. Aber was nehmen wir da?« Sosehr wir überlegten – wir hatten nichts Harmloses dabei. Oder? Wir wühlten das kleine Erste-Hilfe-Paket durch. Da waren die Antibiotica, Schock- und Schmerzmittel. Aber nichts Harmloses. Außer dem destillierten Wasser. »Und wenn wir ihm das verabreichen?«

»Könnten wir machen. Aber dann nutzt uns im Ernstfall auch das Trockenserum nichts mehr. Ich weiß nicht, ob das klug wäre, nur weil der sich einbildet, es sei eine Giftschlange gewesen.«

In genau diesem Moment kamen Moacir und Flávio. Sie waren verschwitzt und außer Atem. Sie hatten sich tatsächlich beeilt. Flávio witterte ein Geschäft.

»O ja, ein Schlangenbiß«, stellte Flávio sofort und sachkundig fest. Dann öffnete er seine Hand, in der das kleine Fläschen lag. Alle starrten es an, wie ein Wunder.

»Gibst du es ihm?« fragte Rómeu.

»Im Prinzip schon. Aber ihr wißt ja auch, wieviel man mir schon dafür geboten hat. Das wäre der eine Punkt. Und der andere: Dann habe ich nichts mehr für den Fall, daß mir selbst etwas passiert. Und mein Leben ist mir einiges wert. Das kann man nicht mit ein paar Gramm Gold bezahlen.«

»Wieviel willst du denn? Soviel ich weiß, hat Mauricio nur um die 20 Gramm.«

»20 Gramm? Seid mir nicht böse. Ich kann doch mein Serum nicht verschenken. Kürzlich hat mir jemand seine Siebenundzwanzig-Gramm-Kette dafür geboten, und ich habe abgelehnt. Aber um es kurz zu machen. Für fünfunddreißig gebe ich es ab. Das heißt, ich kriege die Differenz später von seinem Anteil im jetzigen barranco.«

Mauricio kriegte das alles nur von ferne mit. Aber er nickte, als sie alle auf ihn einredeten. »Sonst nimm den Rest doch in bar und nicht in Gold. Was hältst du davon?« schlug Rómeu vor.

»Leute – ich glaube, bei euch ist irgend etwas nicht in Ordnung. Was soll ich mit Geld? Wer zahlt denn hier mit Geld, das jeden Tag weniger wert ist? Bei unserer Inflation ist es doch so, daß, wenn ich mir heute einhundert Cruzados in die Hose stecke, sie in hundert Tagen nichts mehr wert sind. Dann kann ich mir ja gleich ein Loch in die Hosentasche schneiden oder es wegwerfen. Das einzige, das in Brasilien beständig ist, ist Gold! Also kommt mir nicht mit so blöden Vorschlägen.«

Man merkte es – Flávio war ein völlig abgebrühter Profi. Wolf und mir sträubten sich die Haare. Das war nicht nur Wucher. Das war Erpressung und Betrug. Denn dieses »Específico contra veneno de cobra« war physiologisch absolut wertlos. Als ich vor Jahren das erste Mal davon hörte, hatte ich einige Fläschchen in Frankfurt von der Herpetologischen Gesellschaft untersuchen lassen. »Nach wie vor«, so hatten mir die Wissenschaftler geschrieben, »gibt es gegen Schlangengifte kein oral anzuwendendes Gegenmittel.«

Und spritzen konnte man diesen Zaubertrunk erst recht nicht. Es mußte getrunken werden und erinnerte deutlich an einen würzigen Kräuterschnaps.

Als ich das noch nicht wußte, hatte ich das Zeugs selbst einmal genommen. Eine Baby-Buschmeister hatte mich erwischt. Aber Gott sei Dank hatte sie für Filmarbeiten schon mehrfach in einen

Stock gebissen und dabei das meiste Gift abgespritzt. So schwoll nur der betroffene Finger. Da wir damals jedoch kein wirk liches Serum zur Hand hatten und das Específico eigentlich nur als Seelentrost für gebissene Einheimische mitführten, trank ich es doch. Schaden konnte es ja nichts. Aber es nutzte auch nichts. Der Finger blieb geschwollen und klang erst innerhalb der nächsten vierzehn Tage ab. Durch Eigenhilfe des Körpers. Das ist durchaus möglich, wenn die Dosis des Giftes nur gering genug ist.

Inzwischen gab es auch andere Befunde zum Específico. Die japanischen Forscher Masashi Nakagua und Koji Nakanischi von der Columbia-Universität in New York stellten 1982 fest, daß in der Wurzel der südamerikanischen Pflanze ›Cabeça da Negra‹ ein oral wirkendes Gegenmittel gegen Schlangen- und Spinnengifte enthalten sei, und die beruhigenden und kreislaufstabilisierenden Wirksubstanzen dieser Pflanze sollten auch im Específico sein. Wie auch immer: auf jeden Fall wirkt der Saft psychologisch. Wenn man daran glaubt. Und Mauricio glaubte daran. Er war bereit, den geforderten Preis zu zahlen, und trank den schwarzen Schnaps. Er saugte an dem Fläschchen wie ein Nuckelkind. Am liebsten hätte er die Flasche ausgewrungen. Wir hielten uns mit unserer Meinung zurück. Neulinge, die alles besser wußten, konnten sich schnell unbeliebt machen.

»Das ist *ihr* Schnaps«, kommentierte Wolfgang, »Glaube versetzt Berge.«

Das tat er wirklich. Mauricio lebte zusehends auf. Vor allem, als Kátia, unsere rancho-Köchin, ihm noch einen starken, süßen Kaffee servierte.

Auch Flávio erhielt einen Becher Kaffee, und er bekam sein Gold. Hochbefriedigt zog er von dannen. Eine schnelle Art, Gold zu machen, dachten wir. Und eine abgebrühte.

Später sollten wir noch eine Abrundung dieser Geschichte erfahren. Flávio besaß natürlich nicht nur dieses eine Fläschchen Medizin. In Wirklichkeit hatte er ein Dutzend davon. Das blieb sein kleines Geheimnis, bis er sich mit der Machete schwer am Fuß verletzte und seine Kameraden seine Apotheke öffnen mußten.

Okay. Das war wie gesagt, ihr Bier oder ihr Kräuter-Schnaps. Aber dieser Zwischenfall gab uns erste Einblicke in die Gesetze des garimpo und in die Wahrheit des Sprichwortes: Wie gewonnen, so zerronnen. Das wurde im Laufe der nächsten Wochen noch viel öfter unter Beweis gestellt. Die Aufregung hatte sich gelegt. Mauricio war wieder fit. Wir saßen mit unseren neuen Partnern am selbstgezimmerten Holztisch in der barraca. Es war eine simple Unterkunft. Acht mal vier Meter und ein paar senkrechte Pfähle mit Querstämmen, über die eine stabile Plastikplane geworfen war. Sie schützte gegen Regen, Sonne und Wind. Der Raum war einmal quer unterteilt. In der einen Hälfte war der Schlafraum mit den drei Hängematten, den »redes«, von Sebastão, Mauricio und Moacir. Auf Holzklötzen stand ihr Hab und Gut: Kaum mehr als ein gefüllter Pappkarton voll. Auf einer als Leine gespannten Liane trockneten Hosen und Hemden, die Kátia täglich wusch.

Die andere Hälfte der barraca war der Aufenthalts-, Eß- und Kochraum. Da hockten wir nun und machten Bekanntschaft mit Kátias Kochkünsten. Es gab Reis und Bohnen. Und jeder erhielt ein sardinengroßes Stück Fisch. »Das ist uns heute in das Absaugrohr geraten und von dort auf die caixa, die Wassertreppe«, berichtete Rómeu. »Kommt aber selten vor. Hier gibt es keine Fische mehr.« Nun, wenn man sich diese zerstörte Landschaft ansah, diese durch- und durchgewühlten Flüsse – dann gab es auch keinen Frosch und keinen Wasserfloh mehr. Das mußte niemand noch extra erklären.

Jeder, auch wir, schüttete sich reichlich farinha de mandioca über das Essen. Kein Brasilianer kann auf dieses Maniokmehl verzichten. Es gehört zur täglichen Nahrung wie Wasser zum Tee.

Beim erstenmal und vor allem wenn man hungrig war, schmeckte das Menue ganz schluckig. Das Problem entstand erst im Laufe der Tage. Denn es gab immer dasselbe. Bohnen und Reis, Reis und Bohnen, verbohnten Reis und verreiste Bohnen. Und über alles, wie Quecksilber-Niederschlag überm Regenwald: mandioca.

Und als Abschluß jeweils Kaffee. Schwarz und klebrig süß.

»Kátia, kannst du uns vorm Süßen etwas Kaffee abzweigen *ohne* Zucker?«

»Ohne Zucker?« Alle Köpfe drehten sich zu uns herum.

»Habt ihr ohne Zucker gesagt?« Sie starrten uns entgeistert an, als hätten wir ihnen Gold geklaut.

»Ja. Wir trinken ihn lieber amargo.«

Ungläubigkeit ob dieses unangebrachten Scherzes bei den einen, Verständnis schließlich bei Kátia. Und das war ja entscheidend. Sie war die Köchin. Sie war die wichtigste Person. Beim nächstenmal servierte sie uns den bitteren Kaffee. Genußvoll setzten wir ihn an die Lippen. Die anderen gafften, als tränken wir Gift. Und genauso war uns plötzlich zumute. Denn kaum hatte das edle Gesöff unsere Zunge berührt, klebte sie bereits am Tassenrand fest. Vor schierem Zucker. Wie festgenagelt. Oder wie mit Sekundenkleber angeheftet. »Hey, amargo hatten wir doch gesagt«, äußerten wir uns enttäuscht zu Kátia. Die lächelte ganz lieb. Sie hatte ein Lob erwartet, und nun jammerten wir. »Ich meinte es doch gut. Ich habe nur eine ganz klitzekleine Prise Zucker reingetan.«

Das konnte ja heiter werden. Gut, daß wir unser Müsli dabeihatten. Sonst hätten wir in den folgenden Wochen nicht durchgehalten. Anstandshalber boten wir beim erstenmal unseren Leuten auch davon an. Aber das wiederum war ihnen zu ekelhaft. Rohe Haferflocken. Zum Kotzen. Und so hatte jeder das Seine, das, was er mochte, oder das, was er ablehnte.

Was wir nicht begreifen konnten war, wie sie bei solch eintönigem Essen zurechtkamen. Wir verspürten sehr bald Sodbrennen, wenn wir nur an den Bohnenreis dachten. Und als eines Tages unser dono, unser eigentlicher Herr und Gebieter über den barranco, unser Arbeit- und Reisgeber, persönlich auftauchte, lenkten wir das Gespräch auf den tollen Speiseplan.

»Meinen Sie nicht, daß die Arbeitsmoral viel besser wäre bei abwechslungsreicherem Essen?«

Wir fragten es extra unter sechs Augen, und das war gut so. Vor den anderen hätte er es vielleicht nicht so formuliert.

»Da bin ich ganz anderer Ansicht. Das ist längst alles versucht worden. Es führte nie zu einer besseren Arbeitsleistung. Ganz im Gegenteil. Sobald man Fisch, Fleisch, Eier und Brot dazugab, fühlten sich die Arbeiter wie die Maden im Speck. Sie hatten alles, was ihr Herz begehrte. Sie hatten viel mehr, als sie es je von zu Hause gewohnt waren. Und die Folge war, saß sie kaum noch arbeiteten. Denn wie ihr wißt, ist ja die Ernährung Sache des dono. Kost und Logis sind frei im garimpo. Und wenn die Leute richtig satt und zufrieden sind und der Tisch reichlich gedeckt ist, haben sie keinen Grund mehr, die Arbeit schnell zu beenden. Dann liegen sie faul in der Hängematte, lassen sich bedienen, und wir Unternehmer haben den Schaden. Für solche Arbeitgeber, die sich besonders sozial zeigen, gibt es sogar einen festen Ausdruck. Wir bezeichnen sie als ›bomzinho‹, ›Guterchen‹. (So wie sie es meinen, muß man das mit ›Dummerchen‹ übersetzen.) Also, damit es unter den donos keine Konkurrenz gibt, ist die Ernährung überall gleich.«

Der erste Abend in der barraca wurde lang. Wir wollten wissen, wie die Arbeit ablaufen würde. Und sie interessierte es, wie es in Deutschland aussähe und warum wir hier seien. Wir drucksten zunächst ein wenig herum und ließen sie noch ein paarmal nachfragen. So, als hätten wir etwas zu verbergen. Schließlich gaben wir uns geschlagen. »Also«, begann Wolfgang, »wir hatten zusammen eine tierisch gute Frau. Sie war nicht nur schön zum Ausrasten, sondern auch ebenso heiß.«

»Wie dein Kaffee, Kátia«, unterbrach Rómeu und gab ihr einen Fünf-Kilo-Klaps auf ihr Hinterteil. Wolfgang fuhr fort: »Sie war so heiß auf Liebe, daß weder Rudi noch ich ihr genügten. Sie brauchte uns beide. Aber das war noch nicht alles. Sie hatte auch einen Mann. Und wir drei teilten uns diese Frau. Das war eine tolle Zeit. Bis der Mann dahinterkam. Er raste vor Zorn, schlug die Frau fast tot und setzte seine pistoleiros auf uns an. Und weil er ein sehr einflußreicher Mann war, haben wir es vorgezogen, abzuhauen. Gegen sein Geld können wir nicht an. Da ziehen wir immer den kürzeren. Tja – und deshalb sind wir hier. Es soll ein paar Monate Gras über die Sache wachsen.«

Unsere Leute saßen mit großen Augen, abstehenden Ohren und offenen Mündern herum. Das war eine Geschichte nach ihrem Geschmack. Da konnte man sich als Brasilianer so richtig hineinfühlen. »Diese Reichen, was die sich alle so einbilden!« sagte der eine. Und der andere wandte sich an Kátia. »Wie viele könntest du denn so gebrauchen?«

Kátia war Dame. Sie schaute Rómeu an, kuschelte sich demonstrativ an ihn und schwieg. Rómeu war der Team-Leiter. Als solchem stand ihm Kátia allein zu. Er wohnte deshalb auch nicht in der barraca, sondern drei Meter nebenan in einem rundum geschlossenen separaten Plastik-›Haus‹. Eins, das ein wenig Schutz für das Privatleben gab.

Wenn die Wände dafür zu dünn und durchlässig waren, so bediente man sich zusätzlich noch des Radios, das entsprechend aufgedreht wurde, um alles andere zu übertönen.

Rómeu hatte das Recht, Kátia zu ›besitzen‹. Kostenlos. Tag und Nacht. Sie nannten sich ›verheiratet‹. Aber dafür, daß Kátia tagsüber für alle kochte und wusch, mußte jeder des Vier-Mann-Teams ihr monatlich fünf Gramm zahlen. Sie hatte also einen Festlohn, während die Männer sich dreißig Prozent des gefundenen Goldes zu teilen hatten. Das konnte mehr sein, als Kátia hatte, oder auch weniger. Doch diese fünf Gramm waren quasi Tarif in diesem garimpo, dort, wo man mehr fand als hier, war auch der Lohn der Frauen entsprechend höher gestaffelt.

Wollte jedoch jemand mit Kátia schlafen, kostete das extra. Nämlich zweieinhalb Gramm pro Nacht. Und natürlich mußte Rómeu einverstanden sein. Aber das war er meist, weil er von den zweieinhalb Gramm wiederum die Hälfte kassierte. Ein interessantes Flechtwerk von Geben und Nehmen, von Dienen und Verdienen.

Und daß man auf Kátia Appetit bekommen konnte, sahen wir leicht ein. Sie sah nicht nur gut aus, sie war auch regelrecht liebenswürdig zu jedem, und zwar von Natur und nicht aus ›Geschäftstüchtigkeit‹ und Berechnung.

Und wenn das alles noch nicht reichte, sorgten die harte Arbeit, die Enthaltsamkeit und der ständige Hunger dafür, daß der Trieb sein Recht forderte. Hunger machte heiß, und lange Enthaltsamkeit ließ Frauen viel hübscher erscheinen, als sie tatsächlich waren. Sogar die Häßlichsten brachten es im Hirn der Männer zur Miss Universum, zumindest zur Miss garimpo.

War dennoch Kátia nicht eines Mannes Typ, so gab es an der Landepiste weitere Auswahl. Frauen aller Klassen. Mehr oder weniger schön. Mehr oder weniger gesund. Vor allem aber durchweg lieb und verständnisvoll. Frauen, die man nie als ›Nutten‹ bezeichnen würde, weil in diesem Wort eine Geringschätzung mitschwang, die hier nicht angebracht war.

Die barraca war zu eng, um mit fünf Personen darin zu schlafen. Deshalb spannten wir unsere Regendächer und Hängematten an den Waldrand. Das hatte den Vorteil, daß wir uns abends noch ungestört ausquatschen konnten.

Eine neue und interessante Welt hatte sich uns aufgetan. Wir mußten an Claudia denken, an Claudia Andujar, unsere Beraterin von der ›Kommission zur Gründung des Yanomami-Parks‹. Viele ihrer Verhaltenstips hatten wir schon befolgt, manche ihrer Prognosen waren bereits eingetreten. Ich hatte sie mir alle notiert, um eine gewisse Grunderfahrung zu gewinnen und unnötige Fehler zu vermeiden.

Wir hatten uns jeder zwei Tassen Müsli mit Wasser aus dem Brunnen angerührt und eine Dose Ölsardinen geknackt. Das tat gut nach all den Bohnen.

»Unsere Story vom eifersüchtigen Ehemann ist ja gut angekommen«, befand Wolfgang. »Die haben sie uns voll abgenommen. Claudia hätte ihre helle Freude an uns gehabt.« Das glaubte ich auch. Denn selbst dieses Detail hatten wir mit ihr erörtert, um aus ihrer Sicht der Landeskundigen zu erfahren, ob die Lüge möglicherweise nicht doch ungeeignet sein könnte

Wir hatten uns vor einigen Tagen mit ihr in Brasilia getroffen. Ich hatte eine lange Liste von Fragen vorbereitet, und zu meiner Überraschung wartete sie ebenfalls mit einem Fragebogen auf. »Vor allem merkt euch eine Grundregel. Sie gilt sowohl für eure Lehre als auch für den Ernstfall in Roraima: Traut niemals irgend jemandem! In Goldgebieten dreht sich ausschließlich alles ums Gold. Und alle haben direkt oder indirekt damit zu tun. Ob Kinder oder Greise, ob Kranke oder Sterbende, ob Journalisten oder Polizisten. Und traut erst recht nicht Politikern und der FUNAI. Wenn es irgendwie ruchbar wird, was ihr vorhabt, ist euer Leben keinen Maniokkrümel mehr wert. Einen Killer zu finden, kostet nicht mehr als fünfzig Cruzados. Aber nicht einmal die müßten die Mafiosi bezahlen, weil sie festangestellte Pistoleiros haben, die sich freuen, wenn sie Arbeit kriegen. Nicht ohne Grund ist bisher noch kein Journalist richtig und ohne Aufsicht und ›Führung‹ vor Ort gewesen. Was da bisher in der ›Manchete‹ oder ›Veja‹ an Goldberichten gestanden hat, war weder objektiv noch kritisch. Es war das gläubige Nachbeten dessen, was die Bosse den Reportern diktiert hatten.«

Der einzigen Person, der wir in Boa Vista trauen könnten, sei ihr jahrelanger, treuer Mitarbeiter Carlo Zacchini. »Aber auch den dürft ihr nur bei Dunkelheit treffen. Wenn euch eine einzige Person mit ihm sieht, weiß man auf welcher Seite ihr steht. Ich werde Carlo vorher von eurem Kommen in Kenntnis setzen. Telefonisch erreicht ihr ihn aber immer nur zwischen vierzehn und fünfzehn Uhr.«

Nun, wir kannten noch eine zweite Person. Jemanden, dem wir ebenso rückhaltlos vertrauen konnten. Das war Bischof Dom Aldo Mongiano, ein alter Menschenrechtskämpfer. Für ihn hatten wir ein Empfehlungsschreiben der CIMI (Conselho Indígena Missionário, Rat der Eingeborenen-Missionare) bekommen. Wir hatten es meinem alten Freund, dem katholischen Salesianer-Padre Casimiro aus Manaus zu verdanken. Er kannte meine früheren Bemühungen um die Yanomami, er wußte von der Papst-Audienz, und er kannte die Tretboot-Aktion. Ihm hatte ich viel Wissen über die Yanomami zu verdanken und manch wertvollen politischen Tip. Er war es, der mich zu Francisco Günther von der CIMI geschickt hatte, wo das Empfehlungsschreiben für den Bischof zustande kam. Ich hielt es für wichtig, denn ich kannte zwar den Bischof, aber er kannte mich nicht. Und in einer Stadt, in der jeder jedem mißtraut, reichte es nicht, sich selbst vorzustellen und zu erwarten, daß der andere einem traute und um den Hals fiel. Dennoch hatte ich mir das Schreiben mehr routinemäßig geholt. Hätte ich geahnt, wie wertvoll es noch sein würde, hätte ich es bestimmt jeden Abend gestreichelt.

»Es ist auf alle Fälle besser, zwei sichere Empfehlungen zu haben als nur eine. Womöglich ist einer der beiden Vertrauten derzeit nicht anwesend«, grübelten wir an jenem Abend in der Hängematte und kamen dann wieder zurück auf Claudias Ratschläge.

»Vertraut euch auch im Übungsgarimpo niemandem an. Goldsucher wechseln alle Nase lang ihren Aufenthaltsort. Es kann ohne weiteres passieren, daß euch die Leute von Santarém morgen in Boa Vista übern Weg laufen. Das wäre fatal.«

Sie machte uns auch klar, daß im Falle eines Verdachts nichts sicher sei. »Kein Telefongespräch, kein Brief und auch nicht euer Hotelzimmer. Sie werden alles durchsuchen. Macht deshalb nie belastende Notizen. Lernt alles auswendig.« Sie empfahl uns das Hotel Eusébio. »Es ist ein typisches Gold-Hotel der Mittelklasse. Dort seid ihr gleich unter den richtigen Leuten: Piloten, Händlern, Unternehmern. Aber selbst, wenn ihr deutsch redet, seid vorsichtig. Es gibt nämlich auch einige ausländische Piloten dort.«

Allmählich dösten wir ein. Morgen hatten wir noch einmal einen freien Tag. Morgen sollte der alte barranco fertig werden. Dann wollten Moacir und Sebastaõ weiterziehen, und wir würden für sie einspringen. Die Ausbeute in diesem Gebiet war ihnen zu gering. »Weiter flußaufwärts werden neue barrancos begonnen, im terra virgem, im unberührten Land. Und die Chance, daß das ouro primário reichlicher ausfällt als hier, ist so gut wie sicher.«

Todo bem (alles klar), dachten wir. Ohne die stete Hoffnung auf schnellen Reichtum gäbe es hier keinen einzigen garimpeiro. Auch da oben würde er die Erfahrung machen, daß ihm zu guter Letzt nicht mehr blieb als an den anderen Stellen. Das System der garimpos war viel zu raffiniert aufgebaut, als daß hier jemand reich werden konnte. Wäre das tatsächlich der Fall, gäbe es ja bald keine Arbeiter mehr. Die Schinderei und die Entbehrung hielt man immer nur zeitweise aus.

Wir deckten uns mit unseren leichten Schlafsäcken zu. Vorm endgültigen Einschlafen vergewisserten wir uns noch einmal, daß Taschenlampe und Revolver griffbereit lagen. Ums Camp hatten wir in Schienbeinhöhe eine Nylonsehne gespannt. Unsere Alarmanlage. Winzig, aber wirkungsvoll. Kam jemand dagegen, schlug eine Mausefalle zu, deren Bügel zwei Platzpatronen zündeten. Ein besonders simples und platzsparendes Patent, das mir einst ein junger Leser zugeschickt hatte und das ich seitdem zeitweise einsetzte.

Schließlich sackten wir weg ins Reich der Träume. Wahrscheinlich fanden wir viel Gold, und Kátia ermunterte uns, sie zu besuchen und das Gold mit ihr zu teilen. Wirre Träume. So dämmerten wir dem Tag entgegen, halb glücklich und leichtsinnig und halb vorsichtig, um keinen tödlichen Fehler zu begehen.

Da fiel der Schuß. Wir rollten uns sofort aus der Hängematte auf die Erde in irgendeine Deckung, griffen Lampe und Revolver und versuchten, in der Dunkelheit den Urheber auszumachen. Auch in der barraca, fünfundzwanzig Meter entfernt, wurde es lebendig. Aufgeregte Stimmen. Nervöses Gerenne,

Durchladen von Gewehren, leise Zurufe, aber niemand sah etwas. So ging das fünf Minuten lang. Bis endlich Entwarnung kam. »Alles in Ordnung. Es war der Hund. Er ist gegen eure Alarmanlage geraten. Er hat Rudis Hafertopf gegriffen und leckt hier gerade die Reste aus.« Großes Gelächter. »Diese Ausländer! Mausefalle als Alarmanlage.«

Auch wenn wir uns nun um den Spott nicht zu sorgen brauchten, hatte die kleine nächtliche Ruhestörung doch klargemacht, daß wir auf uns aufzupassen verstanden. Das sorgte für den erforderlichen Respekt.

Kaum waren wir wieder eingeschlafen, als in der Nachbarschaft die ersten Maschinen angeworfen wurden. Es war erst halb fünf und noch stockdunkel. »Die werden wohl im Akkord bezahlt«, fluchte Wolfgang, »einen so früh zu stören.« Und ich dachte mit Schaudern daran, daß wir ab morgen selbst so früh aus den Matten mußten. »Wie daheim bei uns Bäckern. Da hätte ich doch glatt zu Hause bleiben können.«

Um sechs Uhr mischten sich zusätzlich noch diverse Radiosender mit ihrer penetranten Werbung, die Hunde, klappernde Töpfe und Gerufe in den Maschinenlärm. Das große Aufstehen hatte begonnen. Eigentlich wollten wir heute noch ein letztes Mal ausschlafen. Die kurze Nacht hatte uns nicht genügend erfrischt. Doch da flüsterte es bereits neben uns. »Der Kaffee ist fertig«, und eine strahlende Kátia hatte tatsächlich einen halben Liter zuckerlosen, bitteren Muntermacher-Kaffee gezaubert. Dazu gab es bolacha. Das sind knäcketrockene Mehl-Salz-Kekse. Wie Cracker. Oder wie Paniermehl am Stück. Aber ehe man auch des Morgens wieder Reis äße, waren sie das kleinere Übel.

Nach dem Frühstück blieben wir noch sitzen. Wir ließen unsere neue Heimat auf uns wirken. Da war zunächst Kátia. Gut gelaunt und fleißig, adrett angezogen. Ein Gegensatz zur chaotischen Umgebung. Sie schürte das Feuer, weil sie Bohnen kochen wollte. Was auch sonst? Während das Holz sich entschloß, zu Glut zu werden. sortierte sie den Reis: die Guten in ein Töpfchen, die Schlechten ins Öfchen, dessen herausragendes – im doppelten Sinne des Wortes – Merkmal der Schornstein war. Er bestand aus beidseitig geöffneten runden Dosen, die zu einem Rohr ineinandergesteckt waren.

In einem weiteren Kessel weichte die Wäsche still vor sich hin. Sosehr sich unsere Augen anstrengten – Waschpulver suchten sie vergeblich. Nichts zum Einweichen, nichts zum Reinweichen, nichts zum Reinigen, nichts zum Weißermachen, nichts zum Kuscheligmachen. Kein Spüli, Wühli, Kühli, Fühli, was bei der pausenlosen Radio-Werbung um so mehr erstaunte. Wie sollte denn die Wäsche ohne all die angepriesene Chemie sauber und tragbar werden? Und wie wollte man da vor den Nachbarn bestehen, die doch bestimmt auf all diese Vorzüge moderner Textilogie zurückgreifen würden?

Kátia hatte solche Probleme nicht. Ihr genügte klares Wasser, ausreichend langes Einweichen und ein Stück Kernseife. Dann einiges an unverdrossener Handarbeit und schließlich eine Handvoll Sonnenstrahlen, und ihre Wäsche konnte sich durchaus sehen und tragen lassen. Wie Kátia selbst. Aber ich glaube, das sagte ich schon mehrfach.

So propper Kátia, ihre Wäsche und der rancho waren, so wüst sah es draußen aus. Gefällte Bäume, so weit das Auge reichen konnte: Flußab- und flußaufwärts und seitwärts noch einige fünfzig Meter die Hänge hoch. Sie lagen kreuz und quer wie Mikadostäbe und bildeten ein Riesenhindernis. Das ganze Flußtal schien durch sie unpassierbar. Doch bei genauerem Hinsehen waren da Wege. Nimmermüde Stihl-Motorsägen hatten schmale Pfade durch den Wirrwarr gefressen, und Bretter überbrückten sumpfige Stellen. Schlanke, lange Baumstämme machten Flüsse überquerbar. Geländer aus Ästen oder Lianen gaukelten etwas Sicherheit vor. Das Ganze wirkte und war wie ein gigantisches Labyrinth. Wer sich nicht auskannte, verirrte sich garantiert und lief sich irgendwo im Gestrüpp fest.

Um die Behausung herum türmte sich der Müll. Alles, was man nicht mehr benötigte, meist nicht verrottendes Plastik, flog vor die Tür und blieb da liegen. Eine Müllgrube existierte nicht. Das Tal selbst war die große Mülldeponie. Auch eine Toilette gab es nicht. Wozu auch? Man ging die paar Meter den Berg hinauf. Bis dort, wo es noch lebendes Gebäum gab, und suchte sich ein stilles Plätzchen. Das hatte – logo – zur Folge, daß man von Mal zu Mal höher den Berg hinaufmußte, je länger ein rancho bestand. Denn ein ›Geschäft‹ neben dem anderen zu eröffnen wie in einem orientalischen Basar, erlaubte die Naturgesetze nicht. Genauer gesagt: die Fliegen. Erst nach zwei Wochen, wenn die Insekten, die Bakterien und der Wind alles eliminiert und die alte Ordnung wiederhergestellt hatten, konnte man seine Sitzungen erneut von unten beginnen.

Aber immerhin gab es, vom Bachlauf unberührt, am erhöhten Ufer, einen Brunnen. Er war rechteckig ausgehoben und hatte eine Stufe. Sie gestattete die Entnahme auch bei Niedrigwasser. Gegen die Verschmutzung war darüber ein Dach gespannt und ein Rundum-Graben ausgehoben worden. Nur vereinzelte Frösche gerieten schon mal auf ihrer Flucht vor den alles zerstörenden Eindringlingen in das Wasser. Dann holte man sie eben raus.

Aus diesem Brunnen schöpfte man auch sein Wasser für die Dusche. Drei Zweimeterwände schützten vor unerwünschtem Einblick, und ein Schild warnte: »Keine Frauen – o.k.?« So, als würde man sie hassen. Aber natürlich war das nicht der Grund. Man wollte sich nicht unnötig »beunruhigen« oder anmachen lassen. Eine Frau in dieser Bade-Situation würde den Trieb noch mehr auf Trab bringen und die ›Angelegenheit‹ verschlimmern. Das bedeutete meist zwangsläufig, zweieinhalb Gramm Gold würden den Besitzer wechseln. Und man wollte doch sparen und nicht alles in irgendwelche Frauen-Betten streuen. Dafür war es einfach zu hart erarbeitet. Schlimm genug schon, daß der Trieb einem überhaupt so zu schaffen machte. Da war es doch erheblich preiswerter, solcherart Probleme lieber rasch selbst in die Hand zu nehmen. Im wahrsten Sinne des Wortes. Das war zwar nicht so schön, aber es war unkomplizierter, billiger, zuverlässiger und wegen der Krankheitsgefahr sogar gesünder, wenn man überhaupt so weit denken wollte.

»Komm laß uns jetzt unseren Arbeitsplatz ansehen. Vielleicht können wir schon Grundsätzliches beobachten und lernen. Dann stellen wir uns morgen nicht so dämlich an«, schlug ich Wolfgang vor.

Gesagt. Getan. Wir schauten, fragten, halfen, riefen und diskutierten. Und so verstrich der erste Tag.

Es folgte der zweite, unser erster Arbeitstag.

Um sechs Uhr morgens war Wecken und nicht, wie gestern, zur Bäckerzeit um halb fünf.

»Warum stehen wir heute erst um sechs Uhr auf und nicht wie gestern um halb fünf«, wollte ich von Mauricio wissen. Ich dachte, das sei vielleicht eine soziale Geste, ein Willkommensgeschenk für die Neulinge oder gar eine Verhätschelung. Aber es war nichts dergleichen. »Das ist erst in wenigen Tagen wieder erforderlich. Sobald der neue barranco tiefer ist und nachts voll Wasser läuft. Dann muß er rechtzeitig morgens leergepumpt werden, damit wir gegen sieben Uhr mit der Arbeit anfangen können. Aber noch existiert das neue Loch nicht. Wir fangen ja erst heute damit an.«

Das Frühstück war eine genaue Kopie des gestrigen. Also bolacha und Kaffee, ärmlich und keine Basis für eine solide Arbeit. Deshalb gab es für uns noch eine Extraration »Müsli«, das heißt, jene selbstgemischten Haferflocken mit Milchpulver und etwas Zucker.

Dann gingen, kletterten, balancierten, krochen und stolperten wir zum neuen Arbeitsplatz.

»Normalerweise müßten wir jetzt erst die Bäume fällen. Das haben wir aber bereits vor zwei Wochen getan, als unsere Pumpe kaputt war und wir auf das Ersatzteil warten mußten.« Rómeu, als Chef des Ganzen, hielt seine Begrüßungsrede. »Vielleicht brennen die Äste schon. Sonst müssen wir alles in handliche Stücke sägen und die Arbeitsfläche säubern.«

So war es. Es wurde Dieselöl über das Geäst geschüttet und mittels einiger Pappstücke entzündet. Das erforderte ein wenig Geduld, bis das Öl brannte. Dieselöl ist schließlich kein Benzin, wie ein alter Mann kein Ballettänzer ist. Aber letztlich revanchierte es sich für unseren Langmut und brannte, wie man es von ihm erwartete.

Die Munterkeit der Ölflammen übetrug sich auch auf einige trockene Blätter. Aber das war's dann schon. Dann war der Ofen aus. Das Holz war noch zu frisch.

»Das wird nichts. Ehe das abbrennt, haben wir es längst weggetragen. Nehmt eure Sägen und fangt an«, befahl Rómeu, und schon knatterten die Stihl-Sägen ihren stihlvollen Rhythmus. Zwei Mann sägten, zwei Mann schleppten. »Nicht zu kleine und nicht zu große Stücke. Das Schleppen soll keine Erholung sein, aber es muß doch zu bewältigen bleiben.« Das hieß: dünnere Äste mußten länger sein, dicke Stämme kürzer.

Solange man noch hoch auf schwankendem Astgerüst stand und sägte, war höllische Vorsicht angesagt. Schnell geriet man aus dem Gleichgewicht und konnte sich an den gefährlichen Sägen verletzen. Fairerweise wies uns Rómeu darauf hin. »Nicht daß es euch so geht wie Fabrício vor zwei Monaten. Er hat sich bei einem Ausrutscher die Kette durchs Bein gezogen und ist verblutet. Der Erdhügel da vorn – da liegt Fabrício.«

»Ärgerlich, wenn man plötzlich so leer und farblos rumläuft«, spottete ich zu Wolfgang rüber, der Scheit für Scheit zur Seite schleppte.

»Bei diesem Gewackel kann das schnell passieren, und ausgeblutet ist man in wenigen Sekunden, wenn eine Hauptschlagader zerrissen ist. Aber mir kann das ja nicht passieren. Ich bin der Schlepper. Der Säger bist du«, griente er zurück.

Er hatte recht. Vorsichtshalber holte ich mir meinen Arterienabbinder aus dem Gepäck und stopfte ihn in die Tasche. Sicher war sicher.

Bald hatten die Sägen und die Schlepper das erste Loch in das Dickicht gefräst. Jetzt hatte man einen soliden Standpunkt, und die Arbeit ging wesentlich sicherer und schneller von der Hand. Dieses ›schneller‹ war mehr unsere unbewußte Feststellung. Es waren hier keine Rekorde oder Streß gefordert. Jeder gab sein Bestes, ließ das aber nicht in Höchstleistung ausarten. Man mußte die anderen beobachten und zog im gleichen Tempo mit. Nach zwei Stunden wurde gewechselt. Wolf sägte und ich schleppte. Zwischendurch gab es Kaffee, den man in der barraca während einer Zehn-Minuten-Unterbrechung inhalierte. Zur Abwechslung mal wieder süß. Wir betrachteten ihn deshalb mehr als Nahrung denn als Getränk. Den Durst stillte der Brunnen. Weil wir uns des Schattens durch Fällen der Bäume beraubt hatten, arbeiteten wir in praller Sonne. Deswegen trug jeder eine Kopfbedeckung. Auch die Nichtglatzköpfe. Ferner hatte jeder ein T-Shirt an, eine kurze Hose und Schuhzeug. Sobald der Schweiß unerträglich wurde, hüpfte man auf eine erfrischende Umdrehung in den vorbeiströmenden Fluß. Dann ging's sofort weiter.

Wenn vier Männer mit acht Händen und zwei Sägen stetig ihren Job machen, hat auch noch so verfilztes Dickicht keine Chance. Am späten Nachmittag war die Fläche leer. Zwanzig mal dreißig Meter im Geviert. Was noch übrig war von der einstigen Urwaldpracht, waren die knapp meterhohen Stubben, die aus der Erde ragten. »Müssen wir die auch noch beiseite schaffen?« erkundigte ich mich arbeitsscheu bei Rómeu. Aber er beruhigte mich. »Nein, die bleiben drin. Die spülen wir ab morgen mit der Spritze weg. Für heute sind wir fertig. Morgen beginnt das Waschen.« Es war siebzehn Uhr.

Gegen elf Uhr hatte es Bohnen und noch irgendwas gegeben. Ich glaube, es war Reis. Wir hatten davon einige Löffel voll zu uns genommen und dann lieber soliden Hafer nachgestopft. Jetzt hockte jeder, ein wenig müde, auf seinem Baumstammstuhl oder döste in der Hängematte. Die verdreckten Klamotten lagen auf einem Haufen. Kátia erbarmte sich ihrer. Nach kurzer Pause hatten wir geduscht, die Zähne geputzt und uns rasiert und fühlten uns um vieles wohler.

Der erste Tag war überstanden. Wir waren zerschlagen, aber nicht total kaputt. Und wir waren zufrieden, als wir sahen, daß auch die anderen nicht mehr so ganz taufrisch waren.

Am nächsten Morgen ging es an die Maschinen. Mit ihrer Hilfe sollte die Grube entstehen. Die eine pumpte das Wasser aus dem Fluß und jagte es mit gewaltigem Druck durch eine Düse à la Feuerwehr wieder ins Freie. Mit diesem messerscharfen Strahl wurde das Erdreich aufgerissen und aufgeschlämmt. Man klemmte sich den Zwölf-Zentimeter-Schlauch fest zwischen die Schenkel und versuchte ihn zu bändigen. Gleichzeitig dirigierte man den Strahl dorthin, wo Erde wegmußte. Zuallererst dödelte man nur in kleinen Kreisen, um ein Schlammloch zu zaubern, dann zog man die Kreise größer.

In diese Drecksuppe tauchte ein anderer Garimpeiro den Schlauch der zweiten Maschine. Sie war auf einem Floß montiert, das aus Brettern und vier Ölfässern bestand. Ihre Aufgabe war, das flüssige Schlammwasser abzusaugen und über eine lange, flexible Rohrleitung auf die corrida de agua zu befördern. Auf dieser zwölfstufigen Wassertreppe holperte es im Winkel von zirka fünfundvierzig Grad heim in den Fluß. Dabei ließ es dreißig Prozent seines Goldes auf der Treppe zurück. Die anderen siebzig waren verloren. Sie spülten zurück in die Natur und würden die Nachfolger erfreuen. Das Prinzip der Gold-vom-Sand-Trennung basiert auf dem unterschiedlichen spezifischen Gewicht des Sandes und des Goldes. Während Gestein durchschnittlich ›nur‹ sechs Gramm pro Kubikzentimeter auf die

Waage bringt, wiegt Gold stolze 19,35 Gramm. Hier, in unserem garimpo war es nur in Staubform vorhanden. Aber auch dieses Pulver war schwer genug im Vergleich zum Sandkorn, daß es hinter den dachlattenstarken Treppenstufen schneller und tiefer niederplumpste und sich verfing als das übrige Gestein, das durch den ständigen Wasserstrom fortgespült wurde.

Unter die Dachlatten hatte man vorher ein Sacktuch und darüber ein feinmaschiges Plastikgitter gespannt. Es sollte das Festhalten des Goldstaubs verbessern.

Wenn man sah, mit welchem Affenzahn und in welcher Menge dort Wasser und Sand hinunterjagten, wollte man nicht glauben, daß sich irgendein Goldstäubchen dort festsetzen könnte, und wäre es spezifisch noch so schwer. Aber es tat es. Ob wir es nun wahrhaben wollen oder nicht.

Mein Job in den ersten zwei Stunden des zweiten Tages war die Bedienung des Absaugstutzens. Man suchte sich mit den Füßen den tiefsten Punkt des Loches oder der Grube und setzte das Absaugrohr mit der Kante auf die Zehen eines Fußes. Der Fuß wahrte und regulierte den nötigen Abstand zwischen Boden und Rohr und sorgte dafür, daß das Rohr sich nicht festlutschte, sondern der Freiraum zum Absaugen erhalten blieb. Die menschliche Gliedmaße hatte auch zu spüren, wenn Geäst das Rohr versperren wollte. Dann entfernte man die Äste und warf sie dem Absammler hin. Der packte sie in eine große Plastiktonne und brachte sie aus der Grube. Der Mann am Absaugrohr bediente gleichzeitig mit seinen freien Händen den Motor. Das funktionierte mittels eines Bindfadens. Zog man ihn stramm, kriegte der Motor mehr Gas, lockerte man den Zug, ließ die Saugleistung nach. Das war dann wichtig, wenn das Rohr zu verstopfen drohte. Der Vierte im Bunde wartete die Maschinen oder machte Pause. Alle ein bis zwei Stunden wurden die Jobs gewechselt.

Der kreativste Posten war der des Spritzers. Da kam Freude auf. Da konnte man seinen ganzen Frust ablassen. Wo der Spritzer hinzielte, wuchs kein Gras mehr. Die Schlammfontänen bäumten sich auf und explodierten meterweit. Der Strahl lockerte alles. Wie eine Stichsäge fraß er sich in jede anvisierte Richtung. Auch die gewaltigen Baumwurzeln der stehengebliebenen Stubben wurden erbarmungslos unterwaschen. Es wurde ihnen förmlich der Boden unter den Füßen weggerissen, bis sie tiefer und tiefer sackten. Störten sie allzusehr, weil sie sich bockig querlegten, holte man die Säge, und die Wurzeln hatten verspielt. Verhielten sie sich jedoch artig und störten nicht, ließ man sie ganz. Aber nicht aus Liebe zur Natur, sondern aus Faulheit und Arbeitsersparnis.

Spätestens nach drei Metern war ihre Talfahrt sowieso beendet. Denn keine Grube wurde tiefer ausgewaschen. Aber ehe es soweit war, vergingen zwei bis drei Wochen. In unserem Falle genau zwanzig Tage.

In dieser Zeit war man ständig naß. Egal welchen Job man ausübte. Hemd und Hose, Hut und Haut – alles war gelb vom Schlammwasser. Die Haut schrumpelte. Wie beim Tellerwäscher, der den ganzen Tag im Wasser hantiert.

Die ersten Stunden empfanden wir das interessant. Was Menschen sich alles ausdachten, um an Gold zu kommen, wo man doch kein einziges Stäubchen sah. Egal auch, was dabei an Natur draufging. Hauptsache Profit. Daß der einzelne, vor allem der arme Goldsucher, nicht an Naturschutz dachte, war klar. Daß der Staat diesen Raubbau billigte, war unverzeihlich. Denn er wußte, was hier geschah und welches die Folgen wären. Er hatte genügend Fachleute zur Seite, die ihm sagten, daß die Urform dieser Landschaft nie wieder herstellbar war. »Was die Umweltschützer nur immer jammern«, hatte uns der dono eines Tages sein Herz ausgeschüttet. »Ihr habt dieses Gebiet ja aus der Luft gesehen. Prozentual sind das vielleicht fünf Prozent der Landschaft, die wir umkrempeln.« Da mochte er recht haben. Aber die Flußtäler waren nicht irgendwelche fünf Prozent. Es waren die Schlagadern einer Landschaft. Wer sie so nachhaltig zerstörte, eliminierte auch die spezielle Flußflora und -fauna. Er veränderte damit auch die restlichen fünfundneunzig Prozent. Was übrig blieb, wenn die Goldsucher weiterzogen, war eine Wüste. Zwar würde die Wunde bald in Form von Gräsern eine zarte erste neue Haut ziehen, und es würden sich dann auch andere Pflanzen neu ansiedeln – aber nie wieder, solange wir leben, werden da die riesigen Urwaldbäume ihren angestammten Platz einnehmen können. Dazu wären Ruhe nötig, völlige Schonung und Jahrhunderte an Zeit.

Doch meist schon nach Wochen, spätestens nach Monaten, würde hier erneut alles umgekrempelt werden. Hatte man sich, ameisengleich, bis an die Flußquellen raufgearbeitet, begann man unten von neuem. Denn schließlich wurden doch beim erstenmal siebzig Prozent des Goldes der corrida de agua gar nicht festgehalten. Und ehe man nun untätig herumsaß oder sich teure neue garimpos einkaufte, holte man sich die nächsten dreißig Prozent der verbliebenen siebzig Prozent.

Am neunzehnten Tag verkündete Rómeu: »Heute könnten wir fertig werden. Laßt uns ranklotzen.« Das hätte vielleicht geklappt, aber Mauricio wurde krank. Schon gestern hatte er sich nicht wohl gefühlt. Er klagte über Kopfschmerzen. Seine Glieder taten weh, und am liebsten hockte er am Absaugrohr, ohne richtig gewahr zu werden, wenn es verstopfte.

»Es ist wieder ein Malaria-Anfall«, diagnostizierte Mauricio. Er mußte es wissen, denn zweimal hatte er das bereits miterlebt. »Nur noch dieser barranco. Dann haue ich ab. Sonst geh' ich hier drauf.« Das war gestern.

Und heute morgen hatte er plötzlich hohes Fieber. Der Schweiß schoß aus allen Poren. Kátia trocknete ihn ab und schaukelte die Hängematte, in der er lag, um Mauricio zu kühlen.

Er tat uns leid. Er war keine große Leuchte, aber ein guter Kumpel. Wenn es geheißen hatte, Wolf muß Dieselöl von der Piste holen – oder Rudi –, dann war es immer Mauricio gewesen, der sich erbot, den Job für uns zu machen. Dabei hatten wir nie geklagt und das Dieselöl immer irgendwie bis vors Loch gekriegt. Aber es war uns schwergefallen.

Wir bedauerten ihn um so mehr, als ja sein aus diesem Loch zu erwartender Gewinn längst ausgegeben war. Er schuldete ihn Flávio, dem *Serum*-Erpresser. Darüber hatte Mauricio aber nie geklagt. Flávios *Serum* hatte ihm das Leben gerettet, und die Schuld war eine Ehrenschuld, die er begleichen würde.

Wir selbst, Wolf und ich, waren gegen die Malaria gefeit. Wir schluckten Resochin und wir aßen Fansidar. »Immer mehr Mükken in Nordbrasilien sind resistent gegen diese beiden Medikamente. Deshalb empfehle ich Ihnen, unbedingt auch noch Lariam mitzunehmen«, hatte mir der Tropenarzt geraten. »Das ist ein neues Mittel, dem man wahre Wunderkraft beimißt. Es wirkt anders als die bisherigen Tabletten. Gegen Lariam können die Erreger keine Resistenz aufbauen.«

Die Tabletten waren zwar sündhaft teuer, aber was waren fünf-

zig Deutsche Mark letztlich, wenn man dafür am Leben blieb?
Also hatten wir sie mitgenommen.

»Rüdiger, sollen wir Mauricio, diesem armen Hund, nicht unser Lariam geben?« Wolfgang hatte es längst in der Hand und glaubte wohl, er schuldete mir Erklärungen. »Selbst wenn wir uns auch 'ne Malaria aufsacken, haben wir noch immer die Geldmittel, um notfalls schnell nach Manaus zu fliegen.«
Ich hatte genau denselben Gedanken gehabt. Wolfgang hatte ihn nur eher ausgesprochen.

»Außerdem habe ich ja auch noch Lariam in meinem Überlebenspack. Also gib es ihm.«

Das Lariam wirkte Wunder. Wir hatten ihm drei Tabletten gegeben, und schon nach wenigen Stunden fühlte sich Mauricio viel besser. Am anderen Tag war er fit. Jedenfalls sagte er das. Er wollte sofort zurück in die Grube. Aber wir übrigen drei einigten uns, Mauricio durfte liegen bleiben. Er war darüber sehr glücklich. Im Acht-Stunden-Rhythmus hatten wir ihm noch je eine Tablette gegeben.

Abends winkte er uns zu sich und meinte: »Wenn ihr noch einen barranco lang bleibt, kriegt ihr das nächste Gold für die Tabletten. Von diesem hier muß ich Flávio bezahlen. Da wird nicht genug übrigbleiben. Ich wollte hiernach ja eigentlich aufhören, aber dann würde ich bleiben.« Wir dankten ihm für das großherzige Angebot. Aber wir lehnten es strikt ab und logen: »Wir haben es selbst geschenkt bekommen.«

Die Nachricht von der Heilung hatte sich in den ranchos schnell herumgesprochen. Plötzlich hatten sie alle ein Wehwehchen. Auch Rómeu gab sich ganz anders, als wir ihn bisher kannten. War er in den letzten drei Wochen unser Kolonnenführer gewesen, der da festlegte, wer wann wo und wie zu arbeiten hatte, war er nun sehr ruhig und bescheiden. »Ich habe seit längerem stark juckenden Ausschlag am Körper. Alle möglichen Salben habe ich schon probiert. Aber nichts hat geholfen.« Natürlich hatten wir nicht auch noch ein Mittel gegen Allergien oder sonstwas mit. Was wir bei uns trugen, war in erster Linie auf uns zwei und unsere Bedürfnisse zugeschnitten. Wir hatten keine Allround-Apotheke und schon gar nicht so viel, um einen Handel anzufangen. Um aber überhaupt etwas zu tun und auch Rómeu für seine gute Zusammenarbeit zu danken, verwickelten wir ihn in ein Gespräch und hörten seinen Kummer an. Zunächst tippte ich nämlich auf Allergie, und durch die Anamnese wollte ich versuchen herauszufinden, welche Lebensveränderungen es bei ihm vor der Ausschlagbildung gegeben hatte. Vielleicht war es der tagtägliche Dreck in der Grube, das Wasser oder gar die liebe Kátia. Weiß der Teufel, was.

So erfuhren wir, daß er längst nicht mehr so in Form sei wie früher, als er noch zwanzig war. Er klagte über Müdigkeit und ständigen Durst. Und Kátia, die ihn schon lange sehr gut kannte, gab unerwartet den entscheidenden Hinweis. »Und nachts muß er häufig zum Pinkeln raus.« Dieser Umstand lenkte unseren Verdacht in eine ganz andere Richtung: zuckerkrank, Diabetes.

Um ihn nicht zu beunruhigen, bat ich ihn, mir beim nächsten Wasserlassen ein wenig Urin in ein sauberes Gefäß abzufüllen. »Ich werde den Urin später untersuchen. Vielleicht weiß ich dann, was dir fehlt.«

Gesagt, getan. Oder gesagt, gepinkelt. Rómeu konnte mir den Wunsch auf Kommando erfüllen, denn er konnte ja immer, wie Kátia verraten hatte. Er nahm eine saubere Dose, verschwand im Wald und tat seine Pflicht. Dann überreichte er sie mir.

Ich band das Gefäß mit einem Stück Plastik zu und deponierte es in unserem Camp, das nach wie vor am Waldesrand lag.

»Ist das ein Bluff – oder was hast du vor?« fragte mich Wolfgang. Und um ihm so richtig den Appetit auf seinen ersehnten und schon angerührten Hafer-Müsli-Papp zu verderben, bat ich ihn, Platz zu nehmen und gut aufzupassen. Ich holte meinen Eßlöffel hervor, wusch ihn betont sorgfältig ab, trocknete und polierte ihn wie ein Juwelier ein Schmuckstück, das er zu einem überhöhten Preis verkaufen will. Daraufhin entzündete ich eine Kerze, legte meine Uhr, Zahnbürste und Zahncreme daneben, öffnete das Taschenmesser, entnahm der Taschenlampe eine Batterie, legte Papier und Schreiber bereit, blätterte im Tagebuch und sorgte dafür, Wolf richtig neugierig zu machen. Dann reinigte ich mir gründlich die Zähne, öffnete die Dose mit dem Urin und schüttete den Löffel voll. Ich schaute auf die Uhr, legte sie ein Stück zur Seite, notierte sekundengenau die Zeit, blies die Kerze aus und schwenkte den Löffel dreimal kurz durch den feinen Rauch des verglimmenden Dochts. »Goldgrapscher – willst du deinen besten Kumpel verschaukeln?« fragte Wolfgang. »Oder machst du macumba?« Ich sagte nichts. Mochte dieser ungebildete peaõ, dieser simple garimpeiro denken, was er wollte. Dieses Drumherum war wichtig. Ich hatte es daheim in Deutschland mit der mir eigenen guten Beobachtungsgabe angesehenen Ärzten abgeschaut, wenn sie sich bei mir um eine Diagnose bemühten. Die nahmen dann keine Kerzen oder Batterien – aber sie bedienten sich anderer Utensilien. Solcher, die *mich* beeindruckten. Zum Beispiel Röntgenapparat, Blutdruckmesser und ähnlicher Chromgebilde. Zu guter Letzt, so hatte ich den Eindruck, kriegte ich auch weiter nichts in die Hand gedrückt als ein paar Pillen, die selten halfen und die man mir auch ohne das Lametta drumherum hätte geben können. Aber wichtig war eben das Drumherum. Bei mir wie bei den Ärzten. Das Den-großen-Larry-raushängen-Lassen. Und das praktizierte ich nun gerade. Ich pusselte so lange mit den Vorbereitungen, bis es Wolfgang zu dumm wurde und er sein Müsli zu essen begann.

Da ›schlug‹ ich zu. Während er nichtsahnend den guten aufgeschlämmten Hafer in sich hineinstopfte, tat ich es ihm gleich und führte den urinbeladenen Löffel betont ruhig zum Mund. Ich schnupperte daran wie Lumpi, der Witterung aufnimmt. Als er in keiner Weise ungenehm roch, demnach nicht spürbar bakteriell infiziert war – steckte ich ihn zwischen die Lippen und trank ihn.

In der allerselbigen Sekunde spie Wolfgang in hohem Bogen sein Päppli aus. Ein schöneres Kompliment hätte er mir gar nicht machen können, denn diese Resonanz zeigte mir, daß mein Kunststück nicht schon weltbekannt und wirkungslos war, sondern daß es einen beachtlichen Seltenheitswert hatte. Dabei war es aber weder ein Kunststück, noch wollte ich einen Gag loslassen. Ich wollte schmecken, ob der Urin Zucker enthielt. Und das tat er. Er war süß wie Tee. Rómeu hatte Diabetes, und Wolfgang hatte sich bald wieder gefangen. »Das solltest du in Deutschland publik machen«, war seine Idee, »das wäre doch ein echter Kostendämpfungsfaktor für das Krankenwesen. Stell dir vor: die Teststäbchen fallen weg, die Laboruntersuchungen.

Minister Blüm verleiht dir die Goldene Bundesverdienst-
pille...«
Rómeu war über die Mitteilung weniger glücklich. Aber er
war zumindest beruhigt. »Dann muß ich raus aus dem Gold und
nach Hause.«
Durch diese Krankengeschichte hatte sich mir eine andere
Frage aufgedrängt. »Wie ist das eigentlich, wenn bei euch mitten
in der Arbeit jemand krank wird? Gibt es da eine medizinische
Versorgung, eine Lohnfortzahlung und Rücktransport?«
Die garimpeiros blickten mich entgeistert an, als hätte ich ein
Schräubchen locker oder würde ein Sieb als eine bataia benut-
zen.
»Wenn du krank bist, hängt alles von deinen Kumpels ab.
Wenn die dich pflegen wollen und es auch können, ist es o.k.
Wenn die es nicht tun, mußt du nach Hause. Den Flug zahlst du
selbst. Das einzige, was dir an Geld zuteil wird, ist der Anteil aus
dem barranco, an dem du gerade gearbeitet hast. Wichtig ist, daß
du mindestens einen vollen Tag mitgearbeitet hast.«
Nun, das war doch immerhin der Hauch von sozialer An-
wandlung.
»Was glaubt ihr denn, vieviel Gold werden wir diesmal in unserem Loch finden?« Eine Frage, die sich alle garimpeiros immer
wieder und bei jedem Loch erneut stellten.
Rómeu schaute zum blauen Plastikdach seiner barraca hoch,
so als hätte er dort die Prognose notiert. Aber ich sah nichts.
Dennoch sagte er nach kurzem Denken: »Ich schätze zweihun-
dert bis zweihundertfünfzig Gramm.«
Ein viertel Pfund also! Zweihundertfünfzig Gramm für drei
Wochen Schinderei. Zweihundertfünfzig Gramm, von denen
wir sogar nur den kleinsten Anteil erhielten! Na – wir würden es
ja erleben.
Mauricio war wieder fit. Er arbeitete bereits wie eh und je.
Sogar mit noch mehr Begeisterung als sowieso schon. Denn bald
würde die Stunde der Wahrheit kommen. Man merkte es beiden
Brasilianern an, wie sie goldfiebrig wurden.
Oft hatten wir während der Schinderei darüber nachge-
dacht, ob wir wohl die Typen wären, die das Goldwaschen als
Hauptjob ausüben könnten. Wahrscheinlich nicht. Aber eine
gewisse Spannung ließ sich auch bei uns nicht verhehlen. Heute

würden wir erfahren, ob sich die drei Wochen gelohnt hatten.

Es war der zwanzigste Tag. Zwanzig Tage ohne Sonn- und Feiertage, ohne nennenswerte Pausen. Dafür mit reichlich Wasser und Dreck. Und das von sieben Uhr morgens bis sechs Uhr abends. Dazu in trauter Gleichförmigkeit Kátias Bohnen-Reis-Mampfe. Obwohl uns der Hals zugeschwollen war vor lauter Sodbrand, bescheinigten wir ihr täglich, daß sie gut koche. Und das tat ihr wohl. Wer machte ihr schon mal ein Kompliment. Die Folge davon war, wir kriegten noch einen Schlag Bohnen extra. Das hatte man nun davon. Man sollte wirklich lieber die Klappe halten.

»Um siebzehn Uhr hören wir auf«, entschied Rómeu. Und auf den Gongschlag genau wurden die beiden Maschinen abgeschaltet. Vor uns gähnte ein lehmgelber Hohlquader von fünfzehn mal zwanzig mal drei Meter Größe. Das waren neunhundert Kubikmeter Erde, die wir bewegt und vergewaltigt hatten. Und wir waren nur *ein* Team von vielen Hunderten hier im Gebiet des Rio Tapajós.

Wir nahmen ein Bad, und dann trafen wir uns an der caixa. Rómeu selbst hockte auf den Treppensprossen und warf letzte große Steine hinunter. Unter das Ende der Wassertreppe hatten wir eine halbierte Eisentonne gestellt. In sie sollte das auf der Rutsche verbliebene Sand-Gold-Gemisch hineinfallen. Dann entkeilte Rómeu die zwölf Stufen und nahm sie ab. Die einzelnen Sprossen wurden sorgfältig über dem Bottich mit Flußwasser abgespült. Sehen konnten wir mit unseren Augen nicht ein einziges Stäubchen des Edelmetalls. Geschweige denn eine pepita, ein Nugget. Man spülte auf Verdacht und in bester Hoffnung.

Als die Treppenleisten beiseite gelegt waren, hoben wir das Plastikgitter ab. Auch dieses wurde gewaschen, und zuletzt kam die Sackbespannung an die Reihe. Sie wurde wie ein geweihtes Tuch getragen. Behutsamer als ein Baby. »Da sitzt das meiste ouro drin«, erklärte Mauricio. Und er wusch es, und wusch und wusch. »Das muß man besonders gewissenhaft machen. Sonst hat man für die Katz gearbeitet.«

Irgendwann, nach einer letzten und allerletzten Spülung, auch der Rutsche, war die Ernte eingeholt, das Gold in der Tonne.

»Bringt sie zum Fluß«, rief Rómeu. Er meinte Wolfgang und Mauricio. Aber die Tonne hatte keinen Griff und wog bestimmt über einen Zentner. Und wenn ein Zentner hin- und herschwappt, dann wiegt er gut und gern das Doppelte. »Wenn die mir aus der Hand rutscht und umschlägt, würde ich Selbstmord begehen. Kannst du das nicht für mich machen? Du bist darin geübter.« Er hatte sich an Rómeu gewandt, und der hatte das sofort und lächelnd eingesehen.

»Bloß das nicht!« stöhnte er bei dem Gedanken an eine derartige Katastrophe.

So nutzten Wolfgang und ich diesen feierlichen Moment zum Filmen und Fotografieren.

Die beiden anderen hatten sich ihre bateias, die Goldpfannen geholt. Sie gaben ein paar Hände voll Goldschlamm aus der Tonne hinein, dann hockten sie sich an den Flußrand, tauchten die Pfannen an einer Stelle ins Wasser, bis sie sich gefüllt hatten.

Nun begann das zirkulierende Schwenken. Es wurde ruhig und gleichmäßig durchgeführt. Wasser und Sand gerieten in immer schnellere Rotation, bis sie über den Rand schwappten und verloren waren. Dann wurde neues Wasser nachgefüllt und der Vorgang wiederholt. Nur das viel schwerere Gold, sofern etwas dabei war, ließ sich von der Fliehkraft nicht beeindrucken. Es sackte an den tiefsten Punkt – in die Spitze der Pfannen, die aussah wie ein falschherum getragener Chinesenhut.

Nach mehreren solchen Waschungen war der körnige Sand fortgeschwemmt. Was jetzt noch in der Pfanne lag, waren Sandreste und Goldstaub. Für unsere ungeübten Augen war auch in diesem Klacks Restgemisch kein Gold auszumachen. Doch die Profi-garimpeiros schworen, es deutlich zu sehen, und daß wir blind sein müßten. Ein weiteres Schleudern wäre nun riskant.

Um den Goldstaub vom Schmutz zu trennen, gab man Quecksilber hinzu. Etwa einen Eßlöffel voll. Es wirkte wie ein Magnet. Sämtlicher Goldstaub wurde an das Quecksilber gebunden. Der Schmutz blieb unbehelligt. Er wurde manuell von dem nun deutlich sichtbaren »Silber« getrennt. Das Quecksilber-Gold-Gemisch kam in die cuia, die kleine Rundschüssel.

Genauso wurde nun mit dem restlichen Sand in der Tonne

verfahren. Kilo um Kilo. Das dauerte anderthalb Stunden. Dann hatten wir eine Handvoll Quecksilber-gebundenes Gold, açougue. Es wog wertvoll schwer. Aber wer wußte, wieviel davon allein das Quecksilber ausmachte.

»Morgen früh gehen wir alle rauf zur Piste und lassen das Gold rausschmelzen«, schlug Rómeu vor. »Und dann wird geteilt.«

Wir waren einverstanden und ließen uns mit Bohnen verwöhnen. Aus Kátias kalter Küche. Denn heute hatte sie das Abendbrot schon mittags gekocht. Bei der Goldlese wollte sie partout dabeisein.

Das Essen hatte uns erfrischt, oder vielleicht war es auch einfach das Sitzen, die Entspannung oder das Bewußtsein, daß die Arbeit abgeschlossen war. Der Zahltag stand bevor. Man spürte die Aufregung. »Wißt ihr, was?« sagte Rómeu da unvermittelt, »wir schmelzen das Gold schon jetzt.«

Natürlich waren alle einverstanden. Jeder war neugierig. Vor allem die beiden Brasilianer wollten wissen, welche Wünsche sie sich damit erfüllen konnten.

Die cuia mit dem açougue, dem Gold-Quecksilber-Gemisch, wurde in den Sand gestellt. Dann holten sie eine Gasflasche hervor mit einem Bunsenbrenner. Die Flamme wurde entzündet, auf die optimale Hitze justiert, und schon ging es los.

Sofort begann das Quecksilber zu verdunsten. Da wir uns draußen befanden, verschwanden die giftigen Dämpfe in die Atmosphäre und konnten uns nichts anhaben. Würde man diesen Vorgang jedoch in der geschlossenen barraca durchführen, müßte man das Gift zwangsläufig einatmen. Das geschah gar nicht so selten, weil dem einfachen garimpeiro die volle Giftigkeit des Schwermetalls gar nicht bewußt ist.

Vielleicht hatte das Schmelzen fünf Minuten gedauert. Es ging jedenfalls sehr schnell und übrig blieb das reine Gold, das porös aussah wie Schlacke und eine schmutzig-blaßgelbe Farbe hatte.

Jeder wog es sachkundig in der Hand und gab seine Prognose ab.

»Einhundertachtzig Gramm«, meinte Rómeu. Als Boss durfte er als erster schätzen.

»Einhundertsiebzig«, meinte Mauricio.

Beide waren sich jedenfalls einig, daß man die Zweihundertfünfzig-Gramm-Marke nicht erreicht hatte. Wolfgang schätzte auch: »Einhundertsechsundzwanzig Komma fünf Gramm.« Alle wollten sich kaputtlachen.

»Wie kommst du denn auf diese krumme Zahl?«

»Ganz einfach. Weil das das Gewicht ist.«

Wie gewonnen, so zerronnen

Er hatte die Schätzung eigentlich als Scherz gedacht.

Um so verblüffter waren wir, als am anderen Tag die Elektronik-Waage an der Landepiste genau dieses Gewicht anzeigte: »Einhundertsechsundzwanzig Komma fünf Gramm.« Das war ja ein Ding! So was hatten sie noch nie erlebt. Dabei hatten sie schon wirklich viel durchgemacht. Dieser Alemão war eine wandelnde Goldwaage! Auch andere garimpeiros drängelten sich im großen Laden an der Piste um Wolfgang, offen oder versteckt-neugierig. Wer das Goldgewicht so genau schätzen konnte, der mußte ja wohl echte Ahnung haben und gewissermaßen von der Wiege an mit Gold aufgewachsen oder selbst ein Goldstück sein. Obwohl Wolfgang immer wieder betonte, das sei reiner Zufall gewesen, glaubte ihm niemand. So war das Leben. So war das mit der Ehrlichkeit. Also kann man auch gleich lügen. Wo war da der Unterschied?

Es war früher Morgen, und wir waren nicht die einzigen Kunden. Die Landebahn lag mitten im garimpo, und die Herren sócios waren von allen Seiten gekommen, um ihr Gold wiegen zu lassen, es zu teilen und es wieder auszugeben oder gut zu verstauen. Es herrschte ein regelrechtes Gedränge. Über der Theke prangte ein Schild. Das Bild eines kläffenden Köters. Cachorro ladrando, Bellender Hund, der Name der Piste. Wauwi hatte eine Sprechblase vorm Mund und verkündete den Goldpreis. Heute zahlten Struppis Herrchen achtzehn Cruzados pro Gramm. Das war nicht viel. Aber ehe man jetzt nach Itaituba flog, wo es zwanzig Cruzados gab, tauschte man schon lieber hier. Denn um nach Itaituba zu gelangen, mußte man fliegen. Das kostete hin und zurück je zweihundert Cruzados. Dazu kam der Taxenpreis vom und zum Flughafen in Itaituba, das Hotel und, nicht zu vergessen, die Startgebühr. Wer cachorro ladrando verlassen wollte, mußte drei Gramm löhnen. Kurz und gut – die Rechnung ging nicht auf. Dann nahm man lieber die zehn Prozent Verlust, achtzehn statt zwanzig Cruzados, in Kauf und blieb hier, zumal man das Gold nicht kiloweise, sondern nur zehngrammweise zu verkaufen hatte. Das System der Ausbeutung war raffiniert und vielfältig. Das merkte man in jedem Augenblick und bei allem, was hier ablief.

Da waren die Preise für Lebensmittel: Die Dose Ölsardinen kostete vier Cruzados. In der Stadt erhielt man für soviel Geld fünf Dosen. Natürlich mußte alles hergeflogen werden. Jedes Stück Seife, jedes Ersatzteil, jeder Tropfen Sprit. Auch der ›Sprit‹ für die garimpeiros. Bier erbrachte dem dono do pista fünf Cruzados pro Flasche und cachaça, der Zuckerrohrschnaps, sechs Cruzados. Alles war mindestens fünfmal so teuer wie in Manaus.

Aber da fiel uns auch etwas anderes auf. Etwas, das wir hier am allerwenigsten erwartet hätten. Viele kleine Kartons mit Quecksilber-Destillationsgeräten! Wir wurden neugierig und ließen sie uns zeigen. Der gerente baute eines vor uns auf. Ein solides Werkstück aus Messing. Das açougue, das Gold-Quecksilber-Gemisch, wurde in ein tennisballgroßes, fest verschraubbares Kugelgefäß gegeben, das auf einem Dreifuß stand. Wenn man mit einem Bunsenbrenner für die erforderliche Hitze sorgte, verdampfte das Quecksilber sofort, und bei 1064 Grad Celsius schmolz das Gold. Aber bei diesem geschlossenen System ging nichts verloren. Das Gold blieb in der Kugel, und das gasförmige Quecksilber entwich über ein Rohr in ein zweites geschlossenes Gefäß mit kaltem Wasser. Dort erschreckte es sich dermaßen, daß es sofort wieder zu silbrigem Queck wurde. Ein simples wie hundertprozentiges Patent, das die Atmosphäre von großer Belastung freihalten würde. »Aber es wird von den garimpeiros nicht angenommen. Weil das Quecksilber von den donos der barrancos bezahlt wird, jagen sie es lieber in die Luft. Man könnte das nur ändern, wenn das Quecksilber zu Lasten der garimpeiros ginge.«

Natürlich konnte man vom einfachen Arbeiter nicht erwarten, daß ihn Umweltschutz interessierte, das wäre Sache der Politiker, aber dieser Beitrag zum Umweltschutz wäre realisierbar, und Tonnen von Quecksilber blieben der Natur erspart. Wieviel das war, verriet die simple Rechnung, daß man pro Tonne Gold auch eine Tonne Quecksilber brauchte. Vorsichtige Schätzungen zufolge sollen in Brasilien seit 1983 eintausendachthundert Tonnen hochtoxisches Quecksilber in die Atmosphäre gejagt worden sein. Eine gigantische Vergiftung.

Wie bei vielen Naturschäden, ist es auch bei denen durch Quecksilber verursachten so, daß man die Folgen erst langfristig feststellen wird. Denn das Quecksilber kommt auf jeden Fall zurück zur Erde. All die vielen Tonnen. Nichts geht verloren. So schön es in diesem Falle wäre.

Die Ansicht vieler Umweltschützer, die Zerstörung der Flußtäler sei bereits die Folge der Quecksilbervergiftung, ist falsch. Keinem Goldsucher würde auch nur ein winziges Kügelchen Quecksilber beim Schleudern aus der Goldpfanne springen. Dazu war er zu geübt. Das passierte nie. Das würde ja auch bedeuten, daß ihm mit dem Quecksilber Goldstaub verlorengehen würde. Die zerstörten Flüsse sind einzig das Werk der maschinellen Umwühlung. Der Quecksilberschaden ist eine Zeitbombe, die noch ein wenig ticken wird, bis zum großen Knall.

Das zur Erde zurückgekehrte Quecksilber wird von Bakterien, aber auch von den Säuren des Schwarzwassers* in Zusammenarbeit mit den Bakterien zersetzt. Dann ist es genau mundgerecht für Algen und Minitierchen, und so gelangt das Supergift in die Nahrungskette, die über die Fische (aber auch über Pflanzen zum Rind) schließlich zum Menschen gelangen. Und der wird davon nicht etwa schwerer, wie Physiker vermuten möchten, sondern eher leichter. Jedenfalls auf Dauer. Denn er stirbt. Es mag ihn trösten, daß nicht nur er, der Homo sapiens es ist, der Quecksilber nicht gewachsen ist. Alle Lebewesen sterben daran bei Überdosis.

Ganz geringe Dosen sind übrigens normal und in jedem Wesen erhalten. Also auch in uns. Mit den Normalmengen wird der Körper locker fertig. Es wird ständig abgebaut. Die Hälfte einer vorhandenen Menge in siebzig Tagen. Die Gefahr beginnt mit der Über- und Dauerbelastung. Und der Tod tritt erst nach zehn Jahren ein, besonders schleichend und deshalb besonders gefährlich, weil die Auswirkungen nicht wahrnehmbarer sind als das Altern und leider nicht so deutlich wie eine klaffende Schnittwunde.

---

* Schwarzwasserflüsse sind ein Charakteristikum Amazoniens. Ihr saures Wasser ist durchsichtig und von starktee- über dünnkaffee- bis rotweinfarben. Die Färbungen werden vom Humus der Region verursacht. Schwarzwassergebiete sind insekten- und fischarm.

Die Krankheit, die das Quecksilber verursacht, heißt Minamata, nach der gleichnamigen Stadt in Japan. Dort trat die Krankheit erstmals in Erscheinung. Eine Fabrik hatte ihre Quecksilberabfälle jahrelang in den Fluß geleitet, von dessen Fischbestand die Anwohner lebten.

Minamata beginnt mit Gefühlsverlust in den Finger- und Zehenspitzen. Wenn du ein Typ bist, der sich häufig die Finger verbrennt, mag das gut sein, weil man die Verbrennungen nicht mehr spürt. Aber sonst sollte man davon abraten, sich danach zu sehnen. Denn irgendwann beginnt eine ständige Benommenheit. Die Seh- und Hörfähigkeit lassen nach, und es kommt zu Gleichgewichtsstörungen. Auf unkontrollierten Speichelfluß folgen dann Krämpfe und der Tod.

Aber wer von Fisch lebt, wie alle Anrainer brasilianischer Flüsse, wird die Schäden, so gut es geht, ignorieren, wie ein Raucher den Krebs und die Prostituierte Aids. – Und damit wieder zurück zur Piste.

Zu den Mädchen und anderen Dingen.

Ganz besonders fiel der Nepp bei den Gewehren auf und ins Goldgewicht. Eine simple einläufige Flinte kostete sechshundert Cruzados. In den Städten brauchte man nur einhundert hinzublättern. Also kostete sie hier auch ›nur‹ das Sechsfache. Aber bei runden Hunderten ist das Sechsfache sofort ein stolzes Riesensümmchen. Trotzdem verkaufte der gerente heute morgen gleich zwei Stück.

»Warum kauft ihr die Gewehre nicht in Itaituba?« wollten wir wissen. »Bei diesem Preis lohnt es doch zu fliegen?«

Die beiden Goldsucher schauten uns und dann einander an. Estrangeiros! werden sie gedacht haben. Nur die können so blöd fragen. Aber sie waren höflich und sagten statt dessen: »In Itaituba kriegen wir die nicht.«

»Und warum nicht?«

»Da braucht man einen Ausweis. Waffen gibt es nur, wenn man seine cédula pessoal, den Personalausweis, vorlegen kann. Und wer hat den schon?«

Hier an der Piste fragte keiner nach einem Ausweis. Hier zählte nur Gold. Und wir besaßen dieses gelbe angebetete Metall nun auch. Daß es nur einhundertsechsundzwanzig Komma fünf Gramm waren statt der erhofften zweihundertfünfzig störte niemanden. Brasilianer sind es gewohnt, ausgebeutet zu werden und Enttäuschungen kritik- und klaglos hinzunehmen. Fast kann man diese Duldsamkeit schon eine Volkseigenschaft, ein Charakteristikum nennen. Einhundertsechsundzwanzig Komma fünf Gramm also. Einhundertsechsundzwanzig Komma fünf Gramm, für die vier Personen drei Wochen von morgens bis abends malocht hatten wie die Maulwürfe zur Trockenzeit. Wir hatten einhundertachtzig Kubikmeter Erde mit mindestens sechstausend Kubikmeter Wasser verdünnt, runde zweihundertfünfzig Liter Dieselöl in die Luft gepustet, für einhundertsechsundzwanzig Komma fünf Gramm. Die bewegte Wasser- und Erdmenge entspricht einem Haus mit vier Etagen und einer Grundfläche von zwanzig mal dreißig Meter, und in diesem Haus hatten wir lumpige einhundertsechsundzwanzig Komma fünf Gramm Goldstaub gefunden. Runde sechs Kubikzentimeter. »Laßt uns teilen«, sagte Rómeu in diese Überlegungen.

Er lieh sich den Taschenrechner und stellte fest, daß von diesem Fund 88,55 Gramm, das sind siebzig Prozent, dem dono gehörten. Das war nicht nur der feste Tarif. Das war auch gerecht, so unsere Kameraden, denn dafür hatte der das Essen gestellt, den Sprit, die Maschinen, und er hatte sich in das Goldgebiet, den garimpo, eingekauft. Dieser Anteil von 88,55 Gramm wanderte gleich und unantastbar in den Tresor, der im Büro nebenan stand. Aber der Rest gehörte uns. Ganze 37,95 Gramm. Die wurden nun durch vier geteilt. Man sollte meinen, daß sich eine solch kleine Menge gar nicht noch mehr teilen ließe. Aber sie ließ sich. Sowohl arithmetisch – das bewies der Taschenrechner – als auch staubmäßig. Unser jeder Anteil betrug 9,485 Gramm. Wir erhielten ein Stück Papier, und dorthinein wickelten wir den kostbaren Lohn. Knapp zehn Gramm also, ein halber Kubikzentimeter, einhundertachtzig Mark.

Halleluja. Das war Leben. Was konnte es Schöneres geben?

Okay, 'ne Rolle Kekse vielleicht. Aber sollte man dafür ein Viertel Gramm löhnen? Man war doch nicht plemplem, vor allem wenn man kaum noch etwas besaß.

»Oh, Gott«, entfuhr es uns, »was war denn das? Wer räkelte sich denn da so schmusekatzengleich im hautengen Freikletterer-Gewand an der Theke???«

Zwei Frauen! Das hielt man ja im Kopp nicht aus. Sie taten zwar so, als interessierten die Männer sie in überhauptgarkeinsterweise, aber ihre Körper verrieten das Gegenteil. Jede Bewegung war genau berechnet, wie unser Goldanteil hinterm Komma. Besonders jetzt, wo tausendstel Gramm ihre Bedeutung hatten nach all der Schinderei.

»Wollen wir Kátias Anteil gleich beiseite legen?« Rómeu warf das so mitten in unsere Betrachtungen. Einfach so, warf er das. »Kátia? Ach ja, Kátia!« Die ging ja auch noch ab von diesem Feudallohn! Fünf Gramm standen ihr monatlich zu. Das waren für drei Wochen demnach, wenn wir den Monat großzügig in vier Wochen aufteilten, 3,75 Gramm. Herrdumeinemäuse – da blieben uns ja nur noch 5,735 Gramm – eine Summe, die man nur noch mit dem Rechner ermitteln konnte, und ein Gewicht, bei dem sogar die Elektronikwaagen irritiert waren. Aber Kátia mußte auch leben. Immerhin hatte sie die besten Bohnen aller Zeiten gekocht. Das war einem das Gold wert.

Aber ein Schreck kommt selten allein. Da waren also diese beiden Frauen an der Theke. Das kollegiale Lächeln, das Augenblinzeln, das Dehnen und Strecken aller Gliedmaßen – es verfehlte seine Wirkung nicht. Jeder garimpeiro fühlte sofort, daß auch er Gliedmaßen besaß. Den Mädchen war es sehr recht, daß sie solche Faszination ausübten.

Wenn man wußte, unter welchen Strapazen und Entbehrungen die Männer ihr Gold erarbeitet hatten, war ihre Konfrontation mit den Frauen an der Piste die reinste Folter. Aber sie war vom dono bewußt so eingerichtet. Sie war ein Teil des Systems, mit der er sich auch noch unsere fünfkommaetwas Gramm unter den Nagel reißen wollte. Wenn man das Gold schon nicht in Keksen und Sardinen anlegen wollte, dann hatte er noch die Frauen als Waffe. Und es waren nicht nur diese beiden.

»Es gibt Tage, da tummeln sich hier bis zu vierzig Frauen«, verriet der gerente. Heute waren es nur achtzehn. Aber immerhin. Eine einzige hätte gereicht.

Zwei wirkten blutjung. Vielleicht waren sie gerade fünfzehn Jahre alt.

»Ist das in Brasilien erlaubt?« fragten wir den dono deshalb gleich.

Er schaute uns ruhig an und lächelte weise. »Wir haben keine

Vorurteile gegen junge Mädchen.« Eine salomonische, eine brasilianische Antwort.

Wer jetzt, bei Tage, mit den Frauen ins Bett huschen wollte, wurde enttäuscht. Hier herrschten Ordnung und Disziplin. Der Tag gehörte der Arbeit, dem ouro. Und erst die Nacht dem Eros. Nicht nur das hatte der dono festgelegt. Er hatte auch die Liebes-Preise bestimmt. »Zweieinhalb Gramm pro Frau und Nacht.« So stand es groß auf dem Schild vor und in der Boite, dem Tanzlokal nebenan. Das war, gemessen an den Sardinen-Preisen, wirklich sozial. Ein weiteres Schild bat: »Keine Waffen in diesem Lokal«, und als Hinweis für die männlichen Tänzer: »Meine Höflichkeit hängt von deinem Benehmen ab.«

Also blieb man höflich und beherrschte sich bis zum Abend. Erst um zwanzig Uhr öffnete die Boite ihre Tür.

Der Raum war fünfzehn mal fünfzehn Meter groß und sehr nüchtern. Zehn klapperige Tische, vierzig Stühle, zwanzig Männer mit grundsätzlichem Interesse an Frauen und ein Dutzend Frauen mit Interesse an Männern. Seitlich die Theke, dahinter ein Regal mit Mengen von Alkohol, ein Tisch, eine Goldwaage. Und zwei Goldmädchen, die das Geschäftliche abwickelten. Sie wogen das Gold, brachten das Bier und machten Musik. Mit Langspielplatten.

Es wurde Forró aufgelegt. Schneller Rhythmus. Ein Pulsbeschleuniger. Nonstop und dröhnend. Man konnte taub sein. Diese Musik fühlte man über die Schallwellen. Wer solches Gefühl nicht besaß, konnte den Rhythmus auch sehen. Er konnte ihn ablesen, an den zuckenden ekstatischen Bewegungen der anderen. Denn Lambada, so der Tanz zur Forró-Musik, ist ein Begattungstanz. Lambada war ein Ereignis. Man umklammerte seine Partnerin, so gut man konnte, wie eine Würgeschlange die Maus. Mit dem Unterschied, daß unsere Mäuschen es nicht nur gern zuließen, sondern sich ihrerseits ebenfalls bemühten, den potentiellen und potenten Kunden fest im Griff zu haben und zu halten.

Lambada war ein Nahkampf. Hier ging es um alles oder nichts. Die Unterleiber verschraubten sich ineinander, der Schweiß verschweißte sie zusätzlich, und sie zuckten hin und her, links und rechts, im Tempo zappelnder Fische. Schon beim Zuschauen kam Stimmung auf, war Heiterkeit angesagt. Da blieb kein Körper transpirationsfrei, kein Herz auf Normaltakt, und es war keine Hose weit genug. Ohne falsche Scham und Hemmungen gab man sich seinen Gefühlen hin. Die Männer wie die Frauen. Man spürte, daß die Frauen sich genauso freuten wie die Männer. Man tanzte halt Lambada, den Begattungstanz. Der Preis für diese Begattung stand fest. Ich sagte es schon. Zweieinhalb Gramm von Mitternacht bis morgens. Weder durfte jemand mehr nehmen noch weniger. Damit der Friede gewahrt blieb. Sonst gab es womöglich Streit, und der endete nicht selten tödlich, und ein toter Goldsucher war wie ein fauler Goldsucher. Den konnte man nicht gebrauchen. Denn trotz des Hinweises, daß Waffen unerwünscht waren, trug jeder seinen Colt oder / und ein Messer am Körper. So was legte man nicht ab. Die Waffe ist ein Teil des garimpeiros und läßt sich nicht einfach von ihm trennen. Schon gar nicht mit einem blöden Hinweisschild.

Jede Frau war bald ausgebucht. Glücklich und innig ineinanderverschlungen wartete man, bis die Zimmer freigegeben wurden. Schon rechtzeitig hatte man sein Gold rausgerückt und jetzt um elf oder zwölf Uhr gab es schließlich den Zimmerschlüssel, der ordentlich numeriert an einem Schlüsselbord hing.

Nun war es nicht etwa so, daß die Frauen groß absahnen konnten, nein, meine männlichen Leser seien getröstet.

Auch die Frauen waren nur Mittel zum Zweck, winzige Goldkörnchen im großen Sandhaufen des Neppsystems.

Sie erhielten das zu erliebende Gold nicht auf die Hand. Es verschwand im Tresor. Aber es wurde gewissenhaft notiert und später abgerechnet, wenn die Mädchen weiterzogen zum nächsten garimpo. Dann ging auch von ihrem Sold das meiste wieder weg. Für Miete, Zigaretten und zum Beispiel – für Strafen. Wer nämlich bis zehn Uhr sein Zimmer nicht tipptopp aufgeräumt hatte, so ein unübersehbares Schild in jedem Liebesnest, der hatte dreieinhalb Gramm zu löhnen. Schlampen hatten hier wenig Chancen. »Bellender Hund« war ein anständiger Ort. Das galt auch für garimpeiros. Goldsucher, die sich nicht an die Regeln hielten, kamen ins Gefängnis. Gerade wurde ein neues gebaut. Stabil und zweizellig. Und um da wieder rauszukommen, sehr richtig erraten, mußte Gold gelöhnt werden. Wieviel das war und wofür, legte allein der dono fest. Er war der absolute Herrscher in seinem garimpo.

»Was ist eigentlich, wenn es hier zu Mord und Totschlag kommt?« hatten wir ihn gefragt.

»Das kommt sehr selten vor«, war seine Antwort. »Den letzten Toten hat es vor drei Monaten gegeben, Messerstecherei im Suff. Und davor den letzten vor, ich glaube, sechs Monaten. Also gar nicht der Rede wert.«

»Was passiert denn mit den Toten? Müssen Sie die nicht nach Itaituba bringen? Oder müssen Sie das melden?«

Der dono schien belustigt.

»Soll ich für solche Schwachköpfe auch noch teuren Stauraum im Flugzeug opfern? Bei denen kann man froh sein, wenn sie noch soviel Gold am Körper haben, daß ich im nachhinein die Strafe kassieren kann für ihre Gesetzesübertretung.«

Fast fühlten wir Mitleid mit diesem gerechten Mann, der von allen gebeutelt zu werden schien.

»Und was denken Sie denn«, fuhr er fort, »wenn ich die Polizei in Itaituba bäte, hier herumzukommen? Dann müßte ich ihr die Flüge und ein Honorar bezahlen. Stellen Sie sich das mal vor! Wo kämen wir da hin? Wenn hier je ein Polizist herkommt, dann als mein privater Gast, der entspannen möchte. Aber niemals dienstlich. Also: wenn hier wirklich jemand sterben sollte, dann wird er beerdigt. Fertig. Was sonst könnte ich machen? Ich weiß ja nicht einmal seinen wirklichen Namen.«

Der dono war heute gut in Form. Er hatte beste Laune und war mitteilsam. Das ist nicht immer so. Im Goldgeschäft muß man verschwiegen sein und immer auf der Hut. Zu viele Neider gibt es, und ohne Vorsicht, Waffen, Schmiergelder, Leibwachen und Intrigen hält sich niemand lange in solcher Position.

Die gute Stimmung unseres donos hatte einen Grund. Sie kam nicht von ungefähr. Gestern war es ihm gelungen, die bekannteste Visionária, die Hellseherin – abfällig auch bruxa, die Hexe, genannt –, zu einer ungeahnten Vorausschau zu bewegen.

»Das hatte einiges gekostet. Aber diese Frau hat wirklich etwas auf dem Kasten. Sie wird sogar offiziell vom Landesministerium eingesetzt, wenn es darum geht, neue garimpos zu finden. Sie hat mir gestern südlich von hier – der Ort tut nichts zur Sache – ein sehr fündiges Gebiet vorausgesagt. Ich habe daraufhin sofort gekauft. Nächste Woche beginnen wir mit dem Bau der Piste.«

Als wir in der Kneipe ankamen, war das Gelage schon in vollem Gange. Die Männer hatten die Mädchen unter sich aufgeteilt. Wir waren nicht die einzigen Mauerblümchen an diesem Abend. Neben uns saß noch jemand. Wir kamen ins Gespräch. Gemeinsame Probleme verbinden bekanntlich. Not schweißt zusammen. Er stellte sich als Banker vor.

»Da wundern Sie sich, daß ich hier bin?«

Ja. Das taten wir. Einen Banker hätten wir hier am allerwenigsten erwartet. Allenfalls hinter der Theke, auf seiten des dono, als Verwalter des Goldes. Aber unser Bänker war ein garimpeiro. Diesseits der Theke. Aus dem barranco. Einer von uns.

»Ich bin hier, weil es an meiner Bank ein paar Unregelmäßigkeiten gegeben hat.« Dabei zwinkerte er uns verschmitzt zu. »Es war einfach besser, für eine geraume Weile zu verschwinden. Und so landete ich hier. Ich nahm mir vor, zwei Jahre auszuhalten und mein Gold strikt zusammenzuhalten. Ich hatte mir ausgerechnet, wieviel dabei herausspringen mochte, und hatte große Pläne.«

Er machte eine Pause. Offensichtlich war es denn doch nicht ganz nach Wunsch gelaufen. Wir warteten, bis er von sich aus weitererzählte und das tat er bald.

»Wenn ich schon hier schufte, sollte sich das auch lohnen. Aber ich kannte mich nicht gut genug. Und so mußte ich im Laufe der Zeit meine Träume um einiges reduzieren.«

»Waren Ihre barrancos nicht ergiebig genug?« wollten wir wissen.

»Nein. Das war es nicht. Ob cascalho rico, reiches Gestein, oder nicht – das hatte ich berücksichtigt in einer Alternativkalkulation. Weshalb das nicht klappte mit dem Sparen, hatte andere Gründe. Ich selbst war der schwache Punkt. Ich selbst war unergiebig. Als Bankdirektor führte ich früher ein gutes Leben. Parties, gutes Essen und – Frauen. Frauen, soviel ich wollte. Und das war's, was mir hier plötzlich fehlte. Das gute Essen und die Mädchen. Es war dann immer dasselbe. Auch heute wieder. Als der barranco beendet war, wollte ich mein Gold in den Tresor bringen. Mit diesem festen Vorsatz verließ ich den Wald und kam hierher. Doch je mehr ich mich der Piste näherte, desto mehr mußte ich an die Frauen denken. Und es war immer dasselbe: Plötzlich merkte ich, wie mein Penis die Regie übernahm und über meinen Verstand regierte. Er hämmerte mit voller Wucht gegen sein Gefängnis und wollte raus. Und ihr habt ja gesehen, wie das ist. Dann siehst du sie hier, eine netter als die andere, und dann bleibst du plötzlich. Manchmal mehrere Tage. Kaufst dir anständiges Essen, etwas zu trinken und nimmst dir die Frauen. Und schwupp – ist das Geld alle.«

Aber Banky nahm es nicht tragisch.

»Wofür lebt man denn sonst? Manchmal möchte ich eine Frau sein. Selbst, wenn sie genau dieselben Gelüste hätte wie ich, so käme sie doch besser zum Sparen. Weil sie zumindest für den Sex nicht zu zahlen braucht.«

Boa Vista – Schöne Aussicht

»Weißt du, was mir die ganze Zeit durch den Kopf geht?« Wolfgang saß neben mir in der VARIG-Maschine, die uns von Manaus nach Boa Vista brachte. Ich hatte ein bißchen gedöst. Auch mir schossen immer neue Gedanken durch den Kopf. Denn in wenigen Minuten würden wir landen. In Boa Vista. Im Feindesland. Dort, wo mit einem Schlage alles anders sein würde, und dort, wo man uns niemals als Journalisten erkennen durfte. Deshalb hatten wir die Abendmaschine gewählt. Wenn wir ankämen, wäre es dunkel.

»Nein – keine Ahnung. Aber mir geht auch vieles im Hirn herum.«

»Ich werde das Gefühl nicht los, daß man uns den Goldsucher nicht abnimmt.«

Genau das war es, über das auch ich ständig gegrübelt hatte.

»Du hast recht. Uns fehlt die gewisse Physignomie und die sklavische Ergebenheit. Irgendwie sind wir nicht der Typ des garimpeiro.«

»Genau das. Dazu kommt, daß wir als Goldsucher zu sehr an ein einziges Loch und an einen Ort gebunden wären. Wir kämen nicht weit genug umher und erhielten zu wenig Überblick. Das wäre auch für meinen Film schlecht.«

Wir saßen still und dachten nach. Jeder war erleichtert, daß der andere derselben Meinung war. Dann erübrigte sich eine lange Diskussion, und man konnte gleich eine Lösung ansteuern.

Als mir zum erstenmal bewußt wurde, daß wir keine besonders glaubwürdigen Goldsucher abgaben, hatte ich nach einem Ausweg gesucht. Mir fiel ein, daß Wolfgang viel Ahnung von Maschinen hatte. Vielleicht wäre es besser, wenn er als Ingenieur ginge, der Maschinen reparierte. Und ich hätte unter Umständen Chancen als ›Arzt‹. Ich würde mich mit Medikamenten eindecken und entsprechenden Hilfsmitteln, Stethoskop, Thermometer, Zahnzange, Skalpell und Nähzeug und dem Buch ›Onde não há médico‹ (Wo es keinen Arzt gibt).

Als Arzt wie als Ingenieur hätte man es besonders leicht, von rancho zu rancho zu gehen.

»Ich habe da noch eine andere Idee«, fuhr Wolfgang fort. »Was hältst du davon, wenn wir als Investoren auftreten oder als Vermittler? Wenn wir zum Beispiel sagen, wir verträten eine Gruppe deutscher Unternehmer, die ihre Schwarzgelder in Brasilien anlegen möchten?«

»Du meinst, von Leuten, die sich in die garimpos einkaufen und eigene barrancos betreiben wollen?«

»Ja. Oder von anderen, die einfach Gold kaufen möchten, um ihr Geld zu sichern, und die sogar sehr gut zahlen können, weil sie die Frankfurter Goldpreise gewöhnt sind.«

Das leuchtete mir gleich ein.

»Das muß die Gold-Mafiosi anlocken, weil wir entschieden mehr zahlen können als deren Aufkäufer in São Paulo, und es erscheint auch aus unserer Sicht glaubwürdig, weil unsere ›Kunden‹ in Deutschland ihr Geld so in Sicherheit bringen und außerdem noch einen besseren Kurs erzielen werden.«

»Genau. Ein lohnender Deal für beide Seiten. Da können wir mit den Millionen nur so um uns werfen.«

Wir als Anlage-Vermittler, als große Geldbosse – die Idee mochte ich gleich leiden.

Es war dunkel in Boa Vista. Aber der Flugplatz war erleuchtet. Und das erste, das uns ins Auge stach, war die Armada der Kleinflugzeuge.

»Guck dir das an, Wolfgang! Wie Heuschrecken.«

Wir versuchten zu zählen. Es war schwer, denn die Fläche war groß, und die, die weiter entfernt standen, hatten nicht mehr das volle Licht. Dafür bewegten sie sich nicht. Für sie war Nachtruhe, und wir hatten Zeit. Unser Gepäck war noch nicht ausgeladen. So gingen wir in das Obergeschoß auf die Galerie. Von dort hatte man mehr Übersicht. Und hier zählten wir erneut.

»Ich komme auf vierhundert«, sagte Wolfgang.

»Genau das habe ich auch raus. Dazu sieben Hubschrauber und drei DC-3.«

»Wenn jede Maschine nur zweimal pro Tag fliegt, sind das achthundert Starts. Während der zwölfstündigen Helligkeit bedeutet das pro Minute einen Start.«

Die Galerie stand voller Menschen. Jeder Neue wurde genau gemustert und »durchgehechelt«. Auch wir.

»Kennste die?«
»Was die wohl wollen?«
»Garantiert Ausländer.«
Wir benahmen uns nicht anders.
»Nun guck dir mal die vielen Neugierigen an!«
»Bestimmt dreihundert.«
»Und das nachts um elf.«
»Die haben wohl nichts Besseres zu tun.«
»Hier gibt's ja auch kein Fernsehen.«
»Alles Spione.«
Dann setzte sich das Gepäckkarussell in Bewegung. Ein wahres Museumskleinod. Etwas größer als ein Trekkerrad und um einiges kleiner als ein Dorfkarussell. Zwei Männer hoben die vielen Gepäckstücke vom Lastkarren auf dieses rotierende mickrige Mikrobil, und die Fluggäste griffen sie sich in fast demselben Moment und nahmen sie wieder herunter. Viel länger als einen Augenblick konnten die Sachen gar nicht auf der Drehscheibe bleiben, weil die sich dann bereits einmal um ihre dreihundertsechzig Grad gedreht hatte. Fast konnte man diesen Ablauf auch ein Geschicklichkeitsspiel nennen. Denn mit dem schnellen Runternehmen des Gepäcks war es noch nicht getan. Das Spiel ging weiter. Als nächstes hieß es, dafür einen Abstellplatz zu finden. Und der war rar. Denn der Raum war klein. Schlappe acht mal acht Meter nur, und die waren gepfercht voll mit Menschen. Nun kam noch das viele Gepäck hinzu. Teilweise unförmige und zerfledderte Stücke. Also wurde gestapelt, kunstvoll verschachtelt und schon mal rausgeschleppt, sofern man zu mehreren Personen war und jemand als Wache abgestellt werden konnte.

An der Ausgangstür verkündete ein modernes, farbiges Plakat:

Eine neue Energie wurde geboren.
Roraima.
Ein Staat von Wert.

Dazu das Bild einer zerbrochenen Eierschale. Man könnte gackern.

Wir wurden zwar weiterhin neugierig gemustert, aber das wurden andere auch. Und das beruhigte uns. Bis auf unser europäisches Aussehen, unterschieden wir uns wenig von ihnen: Schirmmütze (vier Cruzados), Turnhose, Turnschuhe, Messingkettchen (ein Cruzado) und tagsüber auch eine Sonnenbrille (drei Cruzados). Jetzt lugte sie zusammengeklappt aus der Hemdtasche. Genauso liefen auch die anderen rum. Unsichtbar hingegen waren unsere Waffen. Noch nie in unserem Leben waren wir mit so vielen hinterlistigen Abwehrgeräten bespickt gewesen. Dabei waren wir nicht annähernd so gut bestückt wie die Gegner. Denn sie verfügten über Pistoleiros, Maschinenpistolen und Handgranaten. Wie die meisten Mitreisenden hatten wir unser gesamtes Arsenal sogar im Flugzeug ›am Mann‹ gehabt. Das war durchaus üblich. Leibesvisitationen bei Inlandflügen gab es nicht. Und wir waren nicht die einzigen. Wer darauf achtete, konnte es sehen. Faustwaffen allerorten. Sie beulten die Jackentaschen aus, schwitzten und rosteten in Achselhöhlen still vor sich hin, steckten in Hosen oder Holstern oder befanden sich im Handgepäck. Ich hatte meinen NAA-Minirevolver in der Mütze. Wolfgang seinen im Schuh. Er sollte unsere letzte Sicherheit darstellen, wenn man uns den ›dicken Brummer‹ abgenommen hätte. Die kleinen würde man nie vermuten. Sie waren kaum größer als ein Feuerzeug, aber dennoch leistungsstark. Immerhin fünf Hollow-point-Geschosse, die auf nahe Distanz durchaus tödlich wären.

Wir schauten uns die Leute an. Genauso wie sie uns betrachtet hatten: dreist und frech. So, als wären *wir* hier zu Hause und *sie* die Fremden.

»Unsympathische Typen. Die Geldgier steht ihnen in den Augen und im Gesicht.« Wolfgang machte keinen Hehl aus seinen Gefühlen.

Ich empfand das genauso. Vielleicht waren wir da auch nicht ganz objektiv. Egal – die Menschen dort lagen uns jedenfalls nicht.

Endlich war das Gepäck komplett. Ein Taxi brachte uns für einen Festpreis von sechs Cruzados in rasender Jagd ins Hotel Eusébio. Dann machte es ein Blitzkehre aus dem Stand und schoß zurück zum *Aéroporto Internacional*. Vielleicht schnappte es noch einen weiteren Fahrgast. Zeit war Geld. Geld war Gold.

Unser Zimmer war reserviert. Wir hatten von Manaus aus angerufen. Es war nicht schön, aber es war auch nicht häßlich. Es war zweckdienlich. Für zwanzig Cruzados war es sogar gut. Vor allem sauber. Das Geld war sofort bei Buchung fällig. »Vertrauen ist gut, sofortige Bezahlung ist besser.« Dieser Hinweis über der Kasse machte klar, daß hier in Boa Vista andere Gepflogenheiten herrschten. »Schecks unerwünscht.« »Ihre Waffen sind nur in unserem Tresor sicher.« »Wir erlauben nicht, ohne Hemd herumzulaufen.« Ein feiner Laden war das. Aber goldrichtig. Das waren doch klare Worte. Aber andererseits: unübersehbar ein weiterer Anschlag:

Balsa a vender
Floß zu verkaufen
Neuwertig, leistungsstark…
Sonderpreis…

Das Eusébio – von Claudia Andujar als Mittelklassehotel empfohlen – lag am Rande des Stadtkerns. Fünf Minuten vom Regierungspalast. Zehn Minuten von der Hauptgeschäftsstraße. Es war zweigeschossig und zimmerreich. Vom Quergebäude an der Straße gingen viele flache Anbauten nach hinten aufs Grundstück hinaus. Wie Gräten von der Wirbelsäule bei Fischen. Trotzdem herrschte chronischer Zimmermangel.

»Wir könnten fünfmal so groß sein und wären trotzdem zu klein«, stöhnte die Empfangsdame.

Den einfachen garimpeiro fand man hier weniger. Eher diejenigen, die an ihnen verdienten. Und insofern waren wir genau im richtigen Haus abgestiegen. Wollten wir doch nun (scheinbar) selbst absahnen.

Claudias Warnungen im Hinterkopf, schlossen wir unsere Gepäck-Kanister immer ab. Das heißt, wir steckten sie in stabile Seesäcke, die sich mit Kette und Schloß sichern ließen. Das Geld hatten wir stets an vier Stellen am Körper. Alles in Einhundert-Dollar-Noten. Die trugen nicht so dick auf und behielten ihren Wert. Getauscht wurde immer nur für drei Tage. Und immer nur auf dem Schwarzmarkt.

Ab sechs Uhr gab's Frühstück. Die Neugier auf den ersten Tag und die neue Stadt hatten uns früh aufstehen lassen. Welche Überraschungen würde sie für uns bereithalten? Würden wir den gewünschten Erfolg finden? Oder würden wir entlarvt werden? Und was wäre dann? Würden wir Boa Vista dann noch verlassen können?

So hatten wir vorm Einschlafen hin und her überlegt, und so dachten wir auch jetzt beim Frühstück.

Der große Eßraum war schon gut besucht. Auffallend viele fettleibige Bosse mit protzigen Nuggets an Kettchen um den Hals, Sonnenbrille vorm Kopf und auf Sex getrimmten Liebchen zur Seite schlürften Kaffee, aßen Ananas, Bananen und Brot.

Neugierige Musterung wie am Flugplatz. Dann wieder Befassen mit sich selbst oder Befassen des Liebchens, das sich erregt gab, Lust mimte und vielsagend kicherte. Hart am Mann bleiben, war hier ihre Devise, die Devisen brachte. Oder Gold.

Unser erstes Ziel am ersten Tag waren die beiden Hauptgoldstraßen. Wir brauchten pepitas, Goldstücke. Hunderte von Läden lagen da nebeneinander und überboten sich mit der Fülle und Farbenpracht ihrer Schilder, Stelltafeln und Leuchtreklamen. Nicht nur vor Groß-Läden, sondern auch in Hinterhöfen, in den Etagen und in schmalsten Laden-Ritzen beteuerten geduldige Schriftzüge die Seriosität der Aufkäufer: ›Compramos ouro‹, ›Wir kaufen Gold‹, ›Elektronische Waagen – genauer geht's nicht‹, ›Höchstpreise‹, ›Fragen Sie erst uns, bevor Sie verkaufen‹, ›Täßchen Kaffee gefällig?‹, ›Goldverkauf ist Vertrauenssache‹, ›Freund der Garimpeiros‹.

Wo sollte man da anfangen? Entgegen allen Beteuerungen der Schilderschreiber wirkte kaum ein Aufkäufer freundlich. Die meisten hockten neugierig vor der Tür, allein oder in Gruppen, und übten sich darin, uns mißtrauisch einzuordnen und potente Kunden hereinzuhypnotisieren.

Wir liefen die gesamte Strecke erst einmal ab. Dabei kamen wir auf fast zwei Kilometer Ladenfront. Wir gingen nicht zu langsam, nicht zu hektisch. Mehr so, als hätten wir ein bestimmtes Ziel, aber noch ein wenig Zeit.

Wolfgang kaufte an einem Kiosk die neueste ›A Crítica Roraima‹ und die ›Correio do Garimpo‹, die ›Goldgräberpost‹. Im Schatten eines Baumes legten wir Rast ein, bestellten uns eine frische Bananenmilch mit Mango und Limone und studierten die neuesten Nachrichten. Die ›A Crítica‹ zierte das Foto des frischesten und blutigsten Ermordeten vom letzten Wochenende, dessen ausgelaufene Innereien ein Viertel der Titelseite beanspruchten. Friede seiner Asche. Und die ›Goldgräberpost‹ verhalf uns zu ersten Eindrücken in Sachen Gold. Wolfgang tippte auf eine Großanzeige.

»Vielleicht sollten wir hier einfach mal anfangen. Dieses Unternehmen scheint sich für besonders clever zu halten. Ich les' dir das mal vor:

»Gold ist ein ernstes Geschäft.
Es kostet Arbeit und Schweiß.
Warum es also an der erstbesten Tür verkaufen?
Oder es den Haien in den Rachen werfen?
Wir wiegen Ihr Gold mit den
besten elektronischen Waagen.
Sie werden bei uns behandelt, daß die Konkurrenz
neidisch wird:
mit großer Aufmerksamkeit, Respekt und stets
einem Täßchen Cafezinho.
Oder einem kleinen Whisky.
Sie werden uns immer mit einem Lächeln auf den Lippen
verlassen.
São Paulo Ouro.«

»Die Leute steuern wir mal an«, entschied Wolfgang. »Dort kaufen wir pepitas.«

Wir fragten uns zu ihnen durch und betraten erwartungsvoll den piekfeinen Laden. Er war zur Straße hin ganz offen. Also weder lästige Mauern noch störende Türen, sondern alles einladender Eingang ohne irgendwelche abschreckenden Hemmschwellen.

Aus einem Nebenraum stürzte sofort ein dienstbeflissener Geist hervor, wie die Spinne auf ihr Opfer.

»Guten Tag. Was kann ich für Sie tun?«

»Guten Tag. Wir hätten gern ein paar pepitas. Haben Sie einige zu verkaufen?«

Der Mann taxierte uns ohne Lächeln. Er antwortete auch nicht gleich, sondern sortierte erst ein paar Gedanken. Dann sagte er: »Sie wissen, daß pepitas teurer sind als Gold?«

»Selbstverständlich. Aber das war nicht unsere Frage. Haben Sie pepitas zu verkaufen? Der Preis ist zweitrangig.«
Wieder legte er eine Schweigeminute ein. Vielleicht war er nebenbei Vorsitzender irgendeines Vereins in Boa Vista und als solcher darin besonders geübt, Gedenkminuten für dahingeraffte Mitglieder einzulegen, bevor man zur Tagesordnung schritt. Offensichtlich hatte er wenig zu tun. Wir waren die einzigen Kunden. Er konnte seine Zeit also schadlos mit Gedenkminuten verplempern, solange er wollte. Dann bequemte er sich zur nächsten Antwort.
»Sicher, das war nicht Ihre Frage. Aber das hier ist auch nicht Ihr Laden. Schauen Sie dort die Schilder. Da steht es doch in Riesenlettern: COMPRAMOS OURO, WIR KAUFEN GOLD. Da steht nichts von *Ver*kaufen. Auf Wiedersehen.«
So erlebten wir die erste Abfuhr.
Einschließlich der zwei Gedenk- oder Schweigezeiten waren wir ganze drei Minuten in diesem gastlichen Hause gewesen und standen nun wieder auf der Straße. Ohne den angepriesenen cafezinho und erst recht ohne den kleinen Whisky. Von diesen Pleiten erlebten wir noch andere.
»Ärgere dich nicht«, tröstete mich Wolfgang beim Weiterbummeln. »Der hätte uns sowieso betrogen. Wir bilden uns einfach ein, viel Geld gespart zu haben, und davon kaufen wir uns jetzt einen eigenen cafezinho.«
Das taten wir, und frisch belebt enterten wir einen anderen Laden.
›Müller Ouro‹ prangte da ein Riesenschild über dem Eingang. Sollte das ein Deutscher sein? Ich setzte vorsichtshalber meine Sonnenbrille auf. Zusammen mit der roten Schirmmütze sorgte sie dafür, daß ich nicht mehr zu erkennen war.
Ja, Müller war deutschstämmig. Aber er hier, Müller junior, war schon gebürtiger Brasilianer.
Trotz aller landsmännischen Verbundenheit und sogar dreier cafezinhos ohne große Zeitungsankündigung erstanden wir auch hier keine pepitas. Aber zumindest erfuhren wir, daß es grundsätzlich möglich sei.
»Pepitas sind hier knapp. Die meisten stammen aus anderen Gebieten Brasiliens. Bei den Yanomami gibt es hauptsächlich pó de ouro, Goldstaub.«

91

Müller ließ es aber nicht dabei bewenden. Er rief ein paar Freunde an. Und bei einem wurde er fündig.

»Das ist eigentlich eine Anwaltskanzlei, und Gold ist ihr Zweiterwerb. Aber mein Freund dort hat vier pepitas.«

So gingen wir also zum Advokaten.

Wir wurden gleich vorgelassen. Während der Rechtsanwalt sich mit einem anderen Kunden weiter unterhielt, wickelte er aus einer Papierserviette die vier kleinen Goldstücke und schob sie uns rüber.

»Gefallen Sie Ihnen nicht?« fragte er gleich. Er hatte unseren Gesichtern angesehen, daß wir nicht sonderlich begeistert waren. Die Nuggets, die er uns da vorgelegt hatte, waren farblos, sehr klein und von wenig schöner Form. Irgendwie hatten wir etwas ganz anderes erwartet. Solche wie die Prachtstücke, die die garimpeiros an den Hälsen trugen. Mindestens fünf Gramm schwer, formschön und blankpoliert vom Tragen. Das größte, das wir gesehen hatten, war einhundertdreiundsiebzig Gramm schwer gewesen (nach dem Gewicht hatten wir natürlich gefragt).

»Ja. Ein bißchen größer könnten sie sein, und glänzend.«

Der Mann machte eine wegwerfende Bewegung mit der Hand.

»Glänzend macht Ihnen das jeder Juwelier, und der kann sie Ihnen auch größer machen. Er schweißt sie einfach zusammen.«

»Haben Sie nicht noch andere? Oder kennen Sie Leute, die verkaufen möchten?«

Er schaute uns ruhig in die Augen.

»Wenn Sie nur eins wollen, sprechen Sie am besten die garimpeiros direkt auf der Straße an.«

»Nein. Wir möchten schon gern mehr kaufen. *Viel* mehr sogar.«

Das sprach ihn an. Sein Interesse war erwacht. Er bat seinen Klienten um etwas Geduld. Der verstand und ließ uns allein.

»Nur – es sollen auch schöne Stücke sein«, fuhren wir fort.

»Um welche Größenordnung handelt es sich denn?«

»Och. Um dreitausend bis fünftausend Dollar etwa.«

Nun lächelte der Mann sogar.

»Ach so. Das ist was anderes. Eilt das sehr? Oder hat es einen Tag Zeit? Dann würde ich mal rumhorchen.«

Wir ließen ihm die Zeit. Zwei kleine Nuggets trieben wir an diesem Tag noch selbst auf. Wir kauften sie einem garimpeiro direkt vom Hals. Aber es waren Winzlinge von 1,6 und 1,8 Gramm.

Der Rechtsanwalt hatte sein Versprechen gehalten. Ein mittelgroßer Laden in der Nähe hatte schöne Nuggets um die zehn Gramm das Stück. Sie waren sogar schon alle mit einer Öse für die Kette versehen. Wir einigten uns auf einen Preis, der nur fünfzehn Prozent über dem örtlichen Goldpreis lag.

Jetzt besaßen wir neun pepitas und wirkten um einiges wohlhabender. Wolfgang trug vier, ich die anderen fünf. Zusammen mit meinen paar Goldzähnen kam ich mir richtig wertvoll vor.

Unser erster Schritt, glaubwürdige Goldjungs zu sein, war damit getan. Wir konnten zum zweiten ansetzen. Der Nuggethändler schien uns dafür der geeignete Partner, weil seine Forderung korrekt und nicht überzogen war. (Die unverschämteste hatte bei fünfzig Prozent über dem Goldpreis gelegen.) Deshalb fragte ihn Wolfgang: »Kennen Sie jemanden, der auch Normalgold in größeren Mengen verkaufen würde? Also keine pepitas, sondern Gold?«

»Das kann ich auf Anhieb nicht sagen, weil das praktisch nie vorkommt. Wir kaufen. Der Verkauf findet in São Paulo statt. Ich tue das ebenfalls. Wenn ich, wie in diesem Falle, mal ein paar pepitas abgebe, dann weil Sie mir den São-Paulo-Ankaufspreis bezahlt haben.«

»Nun, das würden wir auch für das Gold tun. Wir würden sogar mehr bezahlen als die Leute in São Paulo.«

Jetzt musterte uns der Mann noch intensiver.

»Warum kaufen Sie es denn dann nicht direkt in São Paulo?«

Wolfgang überlegte nicht lange. »Das kann ich Ihnen sagen. Die Paulistas würden es ja nicht zu dem Preis verkaufen, den sie selbst zahlen müssen. Ihr Preis wäre höher. Natürlich könnten wir den zahlen. Wir denken aber, daß wir hier vor Ort etwas günstiger daran kommen. Bei den Mengen, die wir brauchen, fallen nämlich auch *kleine* Unterschiede ins Gewicht. Vielleicht wäre ein solches Geschäft für Sie genauso lukrativ wie für uns.«

Der Mann unterbrach Wolfgang.

»Sie sprachen von Mengen. An welche Quanten denken Sie denn da?«

Wolfgang blickte ins Leere und tat, als müßte er das mal kurz addieren. Dann hatte er die Summe beisammen.

»Nun – ich denke, äh, zwei Millionen werden es sicher werden.« Er wartete eine Weile. Dann fügte er hinzu: »Und zwar US-Dollar.« Und nach erneuter Kunstpause: »Das zweimal pro Jahr, wenn das zur beiderseitigen Zufriedenheit läuft, sind wir davon überzeugt, daß die Summe noch erheblich steigen wird.« Jetzt bat er uns hinter die Kulissen in sein Büro. Dort weihten wir den Mann nun in unser ›Geheimnis‹ ein. Daß wir das Geld nicht alles selbst zur Verfügung hätten, sondern die Vertrauensleute einer Gruppe deutscher Großverdiener seien, die ihre Schwarzgelder in Gold oder gar als Pächter in den garimpos anlegen möchten.

»Weil es sich dabei ausschließlich um Schwarzgeld handelt, können unsere Auftraggeber nicht selber aktiv werden. Sie täten es liebend gern und zahlen auch hohe Preise. In Deutschland ist das so nicht machbar. Wenn das je rauskäme, wären die Leute erledigt. Das ist bei uns anders als in Brasilien. Deshalb kam uns die Idee mit Roraima.«

Und Wolfgang fügte noch hinzu: »Wie hieß doch der neue Slogan Ihres Staates? ›Roraima – ein Staat, in dem sich das Investieren lohnt.‹ Genau das wollen wir tun.«

Ein paar Momente ließen wir ihn die Informationen verdauen. Dann ließen wir weiterer Gedanken freien Lauf.

»Ideal aus unserer Sicht wäre ein Partner, der sowohl einen großen garimpo besitzt als auch beste Verbindungen zu einer Bank hat. Denn wir können das Gold ja nicht nach Deutschland holen. Es muß hier im Tresor deponiert werden. Und je weniger Leute in die ganze Transaktion verwickelt sind, desto lieber ist es uns.«

Wir glaubten zu spüren, daß unsere Saat keimen würde. Wir mußten sie gelegentlich gut wässern und ihr Zeit lassen. Überstürzung könnte nur schaden.

Das erste Angießen besorgten wir beim Rausgehen.

»Wir haben noch eine Bitte. Horchen Sie mal rum, wo wir die restlichen pepitas kriegen. Wie gesagt – es können ruhig Mengen um fünftausend Dollar sein. Wir hatten nämlich gedacht, jeder Frau und Tochter unserer Auftraggeber ein Goldstück zu schenken.«

Dessen ungeachtet erzählten wir unsere Geschichte auch anderweitig. Und wir erkundigten uns weiter nach pepitas. Allmählich kriegten wir mehr zusammen und sogar ausgesprochen schöne Stücke.

Das versetzte uns in die Lage, weniger schöne wieder zu verkaufen. Mit etwas Geduld machte man dabei keinen Verlust, weil pepita-Preise nach Schönheit und Laune ausgehandelt wurden, während der nackte Goldpreis nur wenig differierte von Laden zu Laden.

Dennoch mußte man aufpassen, daß man nicht übervorteilt wurde.

Beim Ankauf war es wichtig, den Deckenventilator abzuschalten. Er konnte so ausgerichtet sein, daß er auf der Gewichtstückseite der Waage ein paar Gramm zusätzlich drückte.

Bei den Balkenwaagen mußten die Gewichtstücke Originale sein. Streichhölzer, Schrauben und sonstigen Ersatz, der angeblich soundsoviel wog, lehnten wir ab oder machten die Gegenkontrolle mit unserem eigenen Gewichte-Set. Es war komplett von zehntel Gramm bis zu zehn Gramm.

Wir gingen auch ungeniert hinter die Theke. Zu schnell war auf der falschen Seite ein Magnetchen unter die Waagschale geheftet. Bei fünfhundert Gramm fielen zehn Gramm Differenz nicht auf. Aber sie bedeuteten einen Verlust von zweihundert Deutschen Mark.

Vor allem war Vorsicht geboten, wenn es hieß: »Möchten Sie einen cafezinho?« Das konnte gut und gerne die traditionelle brasilianische Gastfreundschaft sein – Gott zum Lobe, halleluja –, aber es war auch nicht auszuschließen, daß dem Kaffee die hohe Aufgabe zufiel, uns abzulenken, um irgend etwas besser manipulieren zu können. Zu unserem Nachteil – versteht sich.

Es gab noch andere Tricks. Wer kleinkörniges Gold verkaufte, mußte darauf achten, daß der Käufer sich nicht mit schnellem Pusten ein paar Stäubchen – beim Wiegen und Verpacken – an die Seite blies. Oder sie mit befeuchteten Fingern wie ein Magnet an sich zog. Es soll Staub-Bläser geben, die einmal wöchentlich die hinter der Goldwaage raffiniert angebrachte Ritze leeren können und ihr einen satten Monatslohn entnehmen.

Immer, wenn jemand viel redete oder den Hektiker spielte,

verzichteten wir auf das Geschäft. Ein solcher Verkäufer führte etwas im Schilde. Man mußte ja nicht mit ihm arbeiten. Es gab noch neunhundertneunzig andere Verkäufer. Fast jede Familie handelte mit Gold, zumindest fast jeder Laden. Ob Bank oder Boutique, ob Hotel oder Bordell. Ob Polizei oder FUNAI.

Eine letzte Möglichkeit des Betruges ergab sich beim Ausrechnen des Preises. Denn dann trat der Taschenrechner in Aktion. Niemand vermochte mehr im Kopf zu rechnen, und jeder vertraute blind der Technik. Der Rechner wurde auf Null gestellt. Dabei konnte man gern zuschauen. Jeder Händler gab sich betont ehrlich. Jeder war schon ›zig Jahre am Ort‹ und konnte sich ›einen Betrug gar nicht leisten‹.

Für die Rechnung wurden die Gramm eingetippt, das Mal-Zeichen gedrückt und der Gramm-Preis. Und dabei geschah der Trick. Man stand daneben und kriegte es nicht einmal mit, wenn man nicht gezielt darauf achtete.

Prozentual fiel der Taschenrechner-Betrug besonders bei krummen Zahlen ins Gewicht. Wenn ein einfacher garimpeiro seine zum Beispiel 20,9 Gramm für 22,40 Cruzados verkaufen wollte. Dann rechnete das Taschengerät in Lichtgeschwindigkeit aus: 20,09 x 22,04. Also Doppelbeschiß. Ergebnis 442,78 Cruzados. Bei korrekter Eingabe von 20,9 x 22,4 hätte der Mann 468,16 Cruzados erhalten. Das sind solide 26,08 Cruzados mehr. Für einen armen Schlucker, der sich das Gold hart erarbeitet hat, ist das sehr viel mehr. Fast der Monatslohn für einen gewöhnlichen Arbeiter. Der lag bei 33 Cruzados.

Vor allem abends bemühten wir uns, andere Informationen zu sammeln, und wir wollten unsere beiden Vertrauensleute treffen, den Menschenrechtler Carlo Zacchini und den Bischof Dom Aldo Mongiano. Auf beide waren wir neugierig. Beide waren das rote Tuch für die Goldsucher-Gang. Beide waren erklärte Gegner der FUNAI und des korrupten Staatsapparats. Beide waren mehrfach mit dem Tode bedroht worden, und beide ließen sich davon nicht einschüchtern. Beide, das hatte Claudia immer wieder gesagt, durften wir nur des Nachts und unter Ausschluß der Öffentlichkeit treffen. Wenn wir eine solche Begegnung telefonisch vereinbarten, sollten wir nicht zu klar, nicht zu lange sprechen und nie aus dem Hotel anrufen. Das alles hatten wir

Carlo Zacchini

berücksichtigt. Und so war es zur ersten Verabredung gekommen.

Um zwanzig Uhr fünf wollte Carlo mit einem blauen Pritschenwagen am Gebäude der »Teleraima« vorbeifahren. Wenn kein anderes Auto hinter ihm wäre, würde er kurz bremsen, und wir sollten einsteigen.

Nachts ein blaues Auto von einem grauen zu unterscheiden war schwer, und Pritschenwagen fuhr fast jeder. Besser wäre es gewesen, er hätte uns die Kennzeichennummer gesagt. Aber das verbot sich am Telefon.

Es wurde zwanzig Uhr zehn, weil er zweimal einen fremden Wagen hinter sich hatte, den er abhängen mußte. Aber dann klappte es. Wir saßen neben Carlo, einem lächelnden Mann in den Vierzigern, mit Kinn- und Oberlippenbart.

Ziemlich bald erreichten wir ein Haus. Es duckte sich an einem Abhang hinter einer großen Mauer. Türen und Fenster waren vergittert. Seit in Boa Vista vor zwei Jahren die Goldgräber-Invasion begonnen hatte, war nichts mehr sicher. Die Kriminalität war derart gestiegen, daß man nachts nicht allein auf die Straßen konnte. Im Februar 1989 gab es in Boa Vista achtundvierzig Morde. Die meisten wurden nie aufgeklärt.

Carlo war uns eine große Hilfe, weil er das Yanomami-Land gut kannte. Fast zwei Jahrzehnte hatte er mit den Indianern gearbeitet. Er sprach ihre Sprache und war mit diesem Talent fast

97

konkurrenzlos. Nicht mal die FUNAI von Boa Vista konnte mit einem Dolmetscher aufwarten. Aber Carlos Hilfe beanspruchte die Indianerbehörde dennoch so gut wie nie. Denn Carlo war ein Gegner der FUNAI. Als Dolmetscher konnte er ihre miserable Arbeit bekanntmachen.

»Mich holen sie nur, wenn es sich nicht umgehen läßt. Wenn irgendein Vorfall zwischen Indianern und Brasilianern bereits Schlagzeilen gemacht hat und nichts mehr zu vertuschen ist. Ansonsten werfen sie mir nur Knüppel in den Weg. Im Moment hat FUNAI-Chef Raimundo Nonato eine Klage gegen mich angestrengt wegen Hausfriedensbruchs. Ich habe einigen Indianern, die in der Casa dos Indios, dem (FUNAI-)›Haus der Indianer‹ untergebracht sind, etwas zu essen gegeben!«

»Bist du gewaltsam dort eingedrungen, um ihnen die Nahrung zu bringen?«

»Quatsch. Ich habe einige Journalisten der ›Veja‹ ganz offiziell dorthin geführt. Wir waren sogar angemeldet. Aber Raimundo Nonato mag es nicht, wenn man mit den Indianern spricht und er es nicht versteht. Weil aber die Presseleute als Zeugen dabei waren und sie zu mir stehen, steht seine Klage auf kläglichen Füßen. Das steigert seinen Zorn noch. Überall wittert er Gefahr. Natürlich zu Recht. Denn er hat viel zu verbergen.«

»Was zum Beispiel?«

»O Gott – wo soll ich da anfangen und wo aufhören? Nehmt nur mal die Sache mit dem Goldsucher, der einen Yanomami-Jungen angeschossen hatte. Aus reiner Jagd- und Mordlust. Da sollte und wollte er, Nonato, das Tat-Protokoll fälschen. Ich erfuhr im Grunde per Zufall davon. Und das auch nur, weil ich die Yanomami-Sprache kann.«

Folgendes war passiert:

Ein Goldsucher hatte einen Indianerjungen im Baum gesehen. »Guckt mal, ein Affe. Den hol' ich runter«, hatte er seinen Begleitern zugerufen. Die hatten das für einen Scherz gehalten, weil jeder sah, daß es ein Indianerkind war. Aber da schoß er schon. Sie konnten es nicht verhindern. Mit Schrot zielt man bekanntlich nicht lange. Man hält drauf und drückt ab. Der Junge war von mehreren Kugeln getroffen und fiel vom Baum. Aber er lebte noch. Die anderen Goldsucher schleppten ihn augenblicklich zur Piste und veranlaßten seinen sofortigen Transport ins Krankenhaus von Boa Vista. Das klappte tatsächlich. Dort an der Piste, vor so vielen Zeugen, mußte man menschlich handeln.

Der etwa zwölfjährige Yanomami wurde tatsächlich ärztlich versorgt. Als er vernehmungsfähig war, gab er seine Geschichte der FUNAI zu Protokoll. Carlo machte den Dolmetscher. Den Aussagen zufolge hatte der Junge einen Vogel geschossen. Der Pfeil hatte dessen Körper durchschlagen und war zusammen mit dem Vogel im Baum hängengeblieben. Daraufhin war der Junge hinaufgeklettert. Er wollte seine Jagdbeute gerade runterholen, als ihn der garimpeiro abknallte.

»Daß es sich dabei nicht wirklich um einen Affen handelte, war dem Mann völlig klar gewesen. Denn unten hatten noch zwei andere Indianerkinder gestanden und zugeschaut.«

Der Bericht ging zur FUNAI-Zentrale nach Brasília. Dort war man sich sofort einig. »Das darf nicht rauskommen. Wenn die Öffentlichkeit davon erfährt, gibt es einen Skandal, der Stimmung macht gegen die Goldsucher.« Boa Vista erhielt Order, den Bericht zu ändern und den Vorfall als Resultat eines »Streites unter Indianern« darzustellen.

Der kleine Indianer verstand natürlich gar nicht, um was es da ging. Er wurde im Krankenhaus überrumpelt. Ein paar ›Zeugen‹ sollten mit ihrer Unterschrift die neue Version festigen, und dann hätte man seine Ruhe.

»Für diesen Akt verzichtete man wohlweislich auf meine Hilfe«, berichtete Carlos. »Aber als ich den Indianer im Hospital besuchte, erfuhr ich davon, und so kam der Betrug heraus. Aber niemals ist der Goldsucher bestraft worden. Er blieb bei seiner Darstellung, er habe den Jungen mit einem Affen verwechselt, und außerdem sei es dunkel gewesen. Daß es aber hellichter Tag war, hatten sowohl die Indianer als auch die übrigen Goldsucher bestätigt.«

Und wie das so ist: die Wochen vergingen. Die Goldsucher waren längst weitergezogen. Ihre echten Namen kannte sowieso niemand, und auch der kleine Indianer existierte nur unter einem Decknamen, weil die Yanomami ihre wahren Namen nie verraten.

»Ihr kennt das ja. Sie glauben, daß sie durch böse Geister leichter zu verletzen und zu töten sind, wenn ihr Name laut ausgesprochen wird und er so den Geistern zu Ohren kommt. Solange sie jedoch anonym bleiben, das heißt, wenn du sie ›He, du da‹ oder ›Kleiner‹ oder ›Großer Jäger‹ rufst, sind die Geister machtlos.«

Carlo hatte ein ansehnliches Repertoire solcher bewiesener Geschichten.

»Am unteren Mucajaí haben nicht nur Goldsucher, sondern sogar Militärpolizisten die Indianermänner mit dem Revolver an der Schläfe gezwungen, je eine ganze Flasche Cachaça zu leeren, die Männer wollen in aller Ruhe die Indianerinnen vergewaltigen. Gerade dort in Nordwest-Roraima spricht fast kein einziger Yanomami Portugiesisch. Sie könnten ihre Not deshalb gar nicht artikulieren. Das ist die Tragik!« erklärte uns Carlo.

Am liebsten hätten wir ihn als Dolmetscher mitgenommen. Nicht auszudenken, wieviel mehr wir dann erfahren würden. Vor allem von seiten der betroffenen Indianer.

Aber den Zahn zog er uns gleich. Er war davon überzeugt, daß er nie lebend zurückkäme.

»Auf diese Gelegenheit warten die Goldbosse schon seit langem. Ich kann die Stadt nur mit einer VARIG-Maschine in Richtung Manaus verlassen. Bus, Schiff und Privatmaschinen scheiden für mich aus.«

Wir trafen Carlo häufiger. Parallel kontakteten wir den Bischof Dom Aldo, unseren zweiten wichtigen Informanten.

»Wir haben einen Brief von Francisco Günther von der CIMI in Manaus. Wann können wir Ihnen den geben?«

Einen kurzen Moment blieb es still am anderen Ende des Drahtes. Wahrscheinlich überlegte der Geistliche, was wir mit der Frage bezweckten. Er war am Apparat, er war zu Hause, er war in der Diözese neben der Kirche, die jeder kannte – warum kamen wir also nicht einfach her?

»Können Sie nicht sofort kommen?«

»Nein«, umgingen wir die direkte Antwort, »wir haben noch zu tun. Wäre Ihnen der Abend recht?«

»Durchaus. Wollen wir neunzehn Uhr dreißig sagen, und würden Sie herkommen?«

Wieder mußten wir drumherumreden. Vielleicht hörte jemand das Telefon ab. Und ihn im Kirchengebäude aufzusuchen, erschien uns ein unnötiges Risiko.

»Wir sind hier fremd und ohne Wagen. Macht es Ihnen etwas aus, uns um halb acht vor der ›Teleraima‹ aufzugreifen?«

Unter normalen Umständen wäre es sicher unhöflich gewesen, einen solch hochrangigen, dazu noch älteren Würdenträger irgendwo hinzubeordern. Nur, weil der unbekannte Anrufer vorgab, einen Brief zu haben. Und dann auch noch ein Treffpunkt während der Dunkelheit und an einer menschenleeren Straße. Aber Dom Aldo kannte solche Verstöße gegen die Etikette sehr wohl. Sie gehörten zu seinem Alltag. Ohne weitere Fragen sagte er: »In Ordnung. Ich bin pünktlich da.«

Und das war er. Auch er hatte einen Pritschenwagen. Wir jumpten hinein und stellten uns vor: Name, Mikrobiographie, Grund des Besuches.

»Ah, dann kenne ich Sie ja bereits«, wandte er sich an mich, »und zwar von Ihrer Tretboot-Aktion. Das war eine Leistung, die mir sehr imponiert hat.«

Dieser Umstand erleichterte mir natürlich vieles. Günthers Brief tat ein übriges. Wir hatten inzwischen seine Residenz erreicht, waren im Schutz der Dunkelheit ins Haus gehuscht, saßen nun in seinem stilvoll und gemütlich eingerichteten Wohnzimmer und hatten das Schreiben überreicht. Es berichtete von meinen bisherigen Aktionen. Also auch vom Kurzgespräch mit Papst Johannes Paul II. Dom Aldo las den zweiseitigen Brief sehr gewissenhaft. Dann faltete er ihn zusammen und steckte ihn ein.

»Da haben Sie sich ja wirklich etwas vorgenommen. Streng betrachtet müßte ich Ihnen abraten. Aber ich will mich hier nicht lächerlich machen. Sie werden wissen, auf was Sie sich einlassen. Wenn es Ihnen gelingt, einen Blick unmittelbar vor Ort hinter die Kulissen zu werfen, könnte das von großer Bedeutung sein. Unsereins käme nicht einmal in die Nähe dieser Todeszone.«

Dom Aldo machte auf uns einen außerordentlich sympathischen Eindruck. Sein silberweißes Haar, seine Ruhe und sein Lächeln ließen ihn wie einen guten, weisen Vater erscheinen, dem man vertrauen und den man verehren konnte. Was den Bischof vor allem auszeichnete und was man niemandem vom Gesicht ablesen kann, war sein Mut. Seit dreizehn Jahren war seine Arbeit die Indianerbetreuung.

Dom Aldo

»Damals war das vergleichsweise wenig. Zu der Zeit hatte ich hauptsächlich mit einigen fazendeiros zu tun, die sich breitmachten – deren Landhunger auch vor indianischem Land nicht haltmachte. Heute habe ich mehr Feinde. Heute stehe ich gegen die Interessen von fünfundsechzigtausend goldgierigen Menschen. Da empfindet man nur noch Ohnmacht. Aber Resignation war nie meine Sache.«

Jemand brachte die neueste ›A Crítica‹ rein. Er warf einen kurzen Blick auf die Titelseite, blätterte um, lächelte und schob sie uns geöffnet rüber.

»Hier, das ist typisch. Anläßlich des Osterfestes wollte man von mir ein Grußwort für die Zeitung. Ich habe es mit einem Appell an die Menschlichkeit verbunden und auf unsere Verpflichtung den Indianern gegenüber hingewiesen. Fünf Stunden habe ich an dem Artikel gearbeitet. Und das ist davon übriggeblieben.«

Wir blickten hinein und suchten ›Das Wort zum Festtag‹. Wir mußten uns ziemlich anstrengen, wie bei einem Vexierbild. Und was wir letztlich fanden, war ein Hinweis auf die Anfangszeiten österlicher Gottesdienste. Kurze fünf Zeilen.

»Jede Woche werden in irgendeiner Weise mehr oder weniger starke Geschütze gegen mich aufgefahren. Der Haupttenor aller ist: Schmeißt den Bischof raus. Er hetzt die Indianer gegen die Goldsucher auf, obwohl alle doch so friedlich miteinander leben.«

»Sind Sie darüber verärgert?«

»Nein. Ganz im Gegenteil. Die Artikel zeigen mir, daß ich meinen Gegnern ein Dorn im Auge bin und daß meine Arbeit nicht resonanzlos und vergeblich ist…« Und nach einer nachdenklichen Pause: »…obwohl ich gern greifbare Erfolge erzielen möchte.«

Aber dann strahlten seine Augen wieder, und er fügte hinzu: »Vielleicht ist das ja Ihnen vergönnt.«

Dann schmiedeten wir Pläne bis in die späte Nacht. Die ausführlichen Gespräche vertieften unsere gegenseitige Sympathie und festigten das Vertrauen. Zum Schluß sagte er: »Sortieren Sie alles aus Ihrem Gepäck, was Sie verraten könnte. Sie können es bei mir deponieren. Irgendwie werden wir es schon herkriegen. Sie werden ja nicht gleich morgen ins Innere fliegen. Lassen Sie mir auch die Anschriften Ihrer Angehörigen hier. Wir sollten dann einen äußersten Termin vereinbaren, an dem Sie zurücksein werden, damit ich weiß, wann ich Alarm schlagen muß.«

Dom Aldo gefiel uns. Das war zügiges Handeln. Wir einigten uns auf genau drei Wochen nach Abflug. Wann der sein würde, wußten wir jetzt noch nicht. Aber wir würden es ihm telefonisch mitteilen.

Auch der Bischof wußte von Übergriffen der Goldsucher und der FUNAI zu berichten.

»Das Drama mit den Goldsuchern und Indianern begann im August 1987. Unter der Verantwortung des damaligen FUNAI-Präsidenten und heutigen Gouverneurs von Roraima, Romero Jucá, landeten die ersten Goldsucher auf Paa-Piú. Die Indianer setzten sich zur Wehr. Aber mit ihren Pfeilen hatten sie keine Chance gegen Flinten. Es gab vier tote Indianer. Um die Schockwirkung auf die übrigen Indianer zu erhöhen, wurden die Leichen anschließend noch vor deren Augen mißhandelt und in Stücke geschnitten.«

Wir hörten auch von den Schwierigkeiten, die wahre Anzahl der Ermordeten zu erfahren. »Die Goldsucher vergraben ihre Opfer sofort und behaupten meist, es habe Streit unter ihresgleichen gegeben. Und die Yanomami, das wissen Sie ja, verbrennen ihre Toten. Dazu kommt, daß die Indianer unsere Sprache nicht sprechen, daß sie nicht zählen können und daß sie Angst haben. Diese Angst wird auch gezielt geschürt. Wo Indianer aufmucken, fesselt man sie an Bäume und foltert sie. Bis jeglicher Widerstand gebrochen ist.«

»Man kann also sagen«, unterbrach ihn Wolfgang, »wer in Brasilien Indianer tötet, geht straffrei aus?«

»Ja, das ist leider so. Da haben wir eine neue, ideale Verfassung. Aber sie wird mißachtet, als ob es sie nicht gäbe. Nehmen Sie das Beispiel der Morde an den Ticuna-Indianern. Diese Leute sprechen gut Portugiesisch. Sie können sich also ausdrükken, und Mißverständnisse sind ausgeschlossen. Ihr Widerstand war dem Holzgroßhändler Carlos Castelo Branco ein Dorn im Auge. Er wollte ihr Holz, und die Ticuna waren dagegen. Da ließ er aus dem Hinterhalt auf sie schießen. Vierzehn fanden den Tod. Niemand wurde je zur Rechenschaft gezogen.«

Carlo Zacchini, der bei diesem Gespräch zugegen war, formulierte es noch härter.

»In Brasilien gilt der Indianer als Tier. Jedenfalls bei den Behörden und der Bevölkerung in den Grenzgebieten. Sie nennen sie sogar ›wilde Bestien‹, weil sie eine ›ständige Gefahr‹ darstellen für die Anrainer. Deshalb ist die Jagd auf sie nicht nur erlaubt, sondern eine Pflicht.«

Und während wir noch dreimal schluckten, schloß er seine Darstellung ab mit eigenen Beobachtungen.

»Hier in Roraima habe ich Indianer getroffen, denen die fazendeiros die Brandzeichen ihrer Rinder in die Haut gedrückt haben als letzte Warnung gegen weiteres Aufbegehren. Oder sie haben sie gleich umgebracht: an Bäume gefesselt und zu Tode gepeitscht oder hinter Pferden zu Tode geschleift.«

Man glaubte US-amerikanische Geschichte des letzten Jahrhunderts zu hören. Aber das ist Gegenwart. 1988/1989 nach Christus und 500 Jahre nach Kolumbus. Alles war jetzt passiert. Letztes Jahr, dieses Jahr, gestern, heute und wird morgen weitergeschehen. Genau auch in diesem Moment, wo Sie dieses

Buch lesen. Trotz Fernsehen, trotz Aufklärung, trotz UNO, trotz amnesty international, trotz Genfer Konvention, trotz brasilianischer Verfassung...

»Das sollten Sie wissen«, schloß Dom Aldo, »wenn Sie sich unter die Mörderbrut begeben. Man wird keine Gnade kennen, wenn rauskommt, was Sie vorhaben. Aber *wenn* Sie es schaffen, möchte ich Sie unbedingt mit einem Goldsucher bekanntmachen. Er hat ein Tagebuch über seine Arbeit geschrieben.«

Wir sagten okay, das würde uns interessieren. Aber mehr aus reiner Höflichkeit. Dom Aldo hatte uns geholfen, warum sollten wir ihm nicht eine Gegenfreude bereiten, wenn ihm an dem Goldsucher etwas lag? Daß der Mann oder sein Tagebuch für uns wirklich interessant sein könnten, glaubten wir eigentlich nicht. Denn was er da über die Mühsal seiner Arbeit geschrieben haben würde, hatten wir ja selbst erlebt und konnten das mit eigenen Worten sicher genauso überzeugend ausdrücken.

Wir ahnten natürlich nicht, welchen Zündstoff dieses Tagebuch enthielt, journalistisches Dynamit.

Während die Zündschnur für das Dynamit schon schmurgelte, legten wir weitere Köder aus. Wir dinierten im Hotel Tropical, gaben üppige Trinkgelder, so ärgerlich das war, weil die Bedienung allerorten unter aller Würde war, protzten mit angeblichen Bekanntschaften zu hohen Politikern, stimmten den Leuten zu, die die Indianer für ›dumm und faul‹ hielten; waren gleich ihnen der Auffassung, daß man für 9000 Yanomami unmöglich Brasiliens Fortschritt aufhalten dürfe, und schimpften auf das Gesocks der Umweltschützer, Journalisten und all der Ausländer, die sich das Recht anmaßten, über Amazoniens Wälder mitzubestimmen.

»Amazônia ist euer. Da hat niemand mitzureden.«

»Genau«, tönte es im Chor. »Amazônia é nossa.«

»Stellt euch mal vor, wie weit es diese Umweltschützer in Deutschland gebracht haben: Da darf niemand mehr ohne Erlaubnis einen Baum im eigenen Garten fällen, es sei denn, der Stamm hat in Augenhöhe weniger als fünfundzwanzig Zentimeter Umfang.«

»Fünfundzwanzig Zentimeter Umfang?« fragten sie ungläubig. »Das nennt ihr Baum? Weißt du, wie wir das hier nennen? Wir nennen das Busch. Oder Gestrüpp.« Haha!

Wenn wir gut in Form waren, setzten wir noch einen obendrauf. Vor allem, wenn höhergestellte Persönlichkeiten in Hörweite waren.

Von Tag zu Treff traf man mehr ›Freunde‹ in Boa Vista.

»Hey, Alemão!« rief es von mancher Seite, »tudo bem? Alles okay?«

Und zum Zeichen des Wohlwollens streckten sie uns ihre rechten Fäuste mit aufgerecktem Daumen entgegen. »Ja, alles in Ordnung.«

In Boa Vista selbst war hingegen gar nichts in Ordnung. Mord, Korruption, Entlassungen, Neuernennungen, Dementis, Schein-Versprechen, Verdächtigungen, Drohungen füllten die Spalten der Zeitungen. Aber auch goldtypische Gags. BILD hätte hier seine helle Freude und eine solide Existenzgrundlage. Es ereigneten sich Geschichten, die sich selbst BILD nicht ausdenken konnte, Geschichten, die auch ohne Auf-, Ab- oder Umrundungen gut genug waren und die nicht erst journalistischer Phantasie bedurften, um mitteilenswert zu werden.

Da war der Goldaufkäufer, der im Vorzeige-Hotel Tropical seine drei Kilo Gold vorsichtshalber im Hotelsafe deponierte.

»Man kann nie wissen«, soll er gesagt haben.

»Da haben Sie recht«, hatte der Geschäftsführer geantwortet.

Am anderen Tag war das Gold weg, der Tresor scheinbar unangetastet. Nur der Geschäftsführer besaß einen Schlüssel.

»Bestimmt hat noch jemand anders einen. Ich war es jedenfalls nicht. Sie sagten es ja gestern selbst, man kann nie wissen.«

Weder wurde der Fall ernsthaft untersucht, noch tauchte das Gold wieder auf. Der Geschäftsführer dafür aber bald unter.

In der Bamerindus-Bank stand Gold-Boss Ronaldo. Er hatte sein vieles Gold zu Geld gemacht. Einen großen Sack voll hatte er dafür erhalten. Jetzt wollte er es einzahlen. Erst auf dem Konto wäre es sicher. Gold konnte einem gestohlen werden. Geld auch. Aber eine Kontoeintragung nicht. Die monatelange Angst und Vorsicht im garimpo hatte hier endlich ein Ende gefunden.

Heute war viel los auf der Bamerindus-Bank. Die Leute drängelten. Es war Montag. Hochbetrieb. Da gab es besonders viel einzuzahlen. Denn im Gegensatz zu den Geldinstituten wurde im garimpo übers Wochenende durchgearbeitet.

Vorbei am schwerbewaffneten Türwächter schleppten, zerrten, karrten sie das Geld in Mengen, die man sonst nur in Drukkereien vermutete. Da waren Plastiksäcke, Eierkartons, Kisten und Rollkoffer. Vor der Zählmaschine stand eine endlose Schlange.

»Es wird höchste Zeit, daß die Fünfzig-Cruzados-Scheine rauskommen«, stöhnte der gerente.

Endlich wurde auch Ronaldo bedient.

»Geben Sie mal her«, sagte ein netter Beamter. »Sie haben so schwer zu schleppen. Ehe Ihnen da einer reingreift.«

Der freundliche Banker ließ sich den Sack aushändigen und zog ihn hinter die Theke. Diese sonst so wichtige Trennlinie zwischen Bankern und Kunden hatte hier nur noch symbolischen Wert. Es gab genauso viele Kunden davor wie dahinter. Denn der ursprünglich als Kundenraum geplante Teil der Bank war längst viel zu klein, die Kapazität erschöpft. Boa Vista explodierte und die Bank erst recht. Da hatte man kurzerhand auch im Kundenraum Arbeitstische aufgestellt, um den Anforderungen gerecht zu werden.

»Haben Sie schon den Einzahlungsschein ausgefüllt?«

»Nein.«

»Dann seien Sie bitte so freundlich.«

Er schob Ronaldo die Papiere rüber, und der tat wie geheißen.

Der Beamte sprach derweil schon mit dem Kollegen, der die Zählmaschine bediente. Was er sagte, konnte man nicht verstehen. Aber der nickte, und das trotz des Andrangs.

Der Sack Geld stand zählbereit neben der Maschine. Der nette Banker trat wieder zu Ronaldo.

»Ach, ich sehe, Sie haben schon die Summe eingetragen. Lassen Sie die lieber frei – falls die Maschine anders rechnet. Hier ist ein neues Formular.«

Während er es Ronaldo rüberreichte, spendete er gleichzeitig Trost. »Montags ist hier immer viel los. Aber wir sind sofort dran. Falls Sie zwischendurch einen cafezinho möchten – die Kanne steht da vorne. Und dort ist auch gerade ein Stuhl frei geworden.«

Ronaldo genoß den Service des Hauses. Er schenkte sich den

107

Kaffee ein, nahm die Bequemlichkeit des Stuhles wahr und füllte erneut den Beleg aus.

Er hätte sich das sparen können. Denn als er hochschaute, um zu sehen, wann der ihn betreuende Mann an der Reihe sei, fand er ihn in dem Gewühl nicht mehr. Er und Ronaldos Sack waren verschwunden. Wie sich herausstellte, war der hilfreiche Geist auch nur ein Kunde gewesen.

Damit niemand meiner Leser auf den Gedanken kommt, Banker seien ehrlich und nur die Kunden seien Betrüger – hier auch eine andere Meldung der ›A Crítica‹. Der gerente der Banco do Brasil von Boa Vista hatte lange auf diesen Moment gewartet. Bis dahin hatte er gewissenhaft und vorbildlich seine Pflicht getan. Bei seinen Mitarbeitern war er beliebt und bei seinen Chefs in São Paulo geachtet. Das ist vorbei. Als der Kunde O. eine besonders große Menge Geld zur Einzahlung brachte, nahm der gerente sie höchstpersönlich entgegen. Um damit durch die Hintertür auf Nimmerwiedersehen zu verschwinden.

Doch das sind nur Anekdoten am Rande. Sie können nicht die harte Realität verbergen. Die Geld- und Machtgier. Die Rücksichtslosigkeit gegenüber den Schwachen, die Skrupellosigkeit gegenüber den Yanomami. Die Mißachtung der brasilianischen Verfassung.

Da verkündete Militärchef Kleiton in der ›A Notícia‹ vor Ostern, er zöge sich mit seinen Leuten aus Roraima zurück.

»Wir sind völlig unterbesetzt und können kein Gebiet verteidigen, in dem der Colt und das Gesetz ›Auge um Auge, Zahn um Zahn‹ regiert.«

»Was nutzt es auch«, lamentierten andere, wie der Polizei-Militär-Chef Santos Rosa, »wenn wir zwanzigtausend Goldsucher rausholen? Dann strömen dreißigtausend andere ein.«

Er hielt das wohl für ein sehr logisches Argument. Mir wollte es nicht einleuchten.

Santos Rosas Leute waren es auch, die sich den Vorwurf gefallen lassen mußten, sich am Gold zu bereichern, total korrumpiert zu sein. Ein Untersuchungsausschuß des Justizministeriums:

»Statt für Ordnung zu sorgen, ließen sie sich bestechen, besserten ihren Sold durch Beschlagnahme aller greifbaren Waffen auf, die sie dann meistbietend wieder unter die Leute brachten, und suchten selbst Gold.«

Santos Rosa sah darin nichts Ehrenrühriges.

»Darf etwa ein Staatsangestellter kein Gold suchen? Haben wir etwa weniger Rechte als die übrigen Bürger, nur weil wir eine Uniform tragen?«

Man könnte vor Mitleid zerfließen. Auch Jucá, der ›ehrbare‹ Gouverneur, gab täglich neue Bonmots zum besten.

»Die Schließung der garimpos würde ein Chaos verursachen. Es geht nicht nur um die 65000 garimpeiros. Es geht um viel mehr. Es geht auch um deren Familien. Es geht um Sein oder Nichtsein von einer Viertel Million Menschen.« Und bei anderer Gelegenheit: »Es gibt Kräfte direkt aus dem Volk heraus, ich meine den Ansturm der Goldsucher, die stärker sind als jedes Gesetz.«

Er hatte auch keine Skrupel, noch zynischer zu werden, als wieder einige Morde an Indianern bekannt wurden.

»Die Indianer werden gut betreut. Sie sterben nicht an Mord. Das ist Lüge. Sie sterben an Altersschwäche.«

Und im Chor versichern Jucá und Komplizen: »65000 Goldsucher kann man nicht so einfach aus dem Wald holen. Das ist militärisch überhaupt nicht durchführbar.«

Natürlich ist dieses Argument entweder Schwachsinn, Leuteverdummung oder ein Eingeständnis bodenloser Unzulänglichkeit.

»Es ist alles drei«, versicherte Carlo Zacchini, »man braucht nur den Flughafen von Boa Vista zu sperren und die beiden Flüsse Uraricoera und Mucajaí. Sobald den garimpeiros der Nachschub fehlt, kommen sie von selbst raus. Und dann sprengt man die Landepisten. In ordentlich regierten Ländern schafft das eine Elite-Einheit von fünfzig Personen. Hier will das eine ganze Armee nicht in den Griff kriegen? Wo sind wir denn?«

Carlo hat recht.

»Bist du nicht schon so weit, zu resignieren bei all der Ungerechtigkeit?« forschten wir weiter.

»Vielleicht wären wir das. Aber es gibt ja durchaus auch Lichtblicke. Kleine Wunder gewissermaßen. Kürzlich tauchte hier unangemeldet eine Delegation des Justizministeriums auf. Und zwar der ›Rat der Verteidigung der Menschenrechte‹. Er

besichtigte das Yanomami-Land und verfaßte am 12. 1. 1989 einen beeindruckend objektiven Bericht. Dieses Dokument wurde dem Staatspräsidenten José Sarney und seinen Ministern zugestellt. In der Schrift wurde klipp und klar festgestellt, daß
– mindestens 45000 garimpeiros heimlich und illegal in einem Land schürfen, das einzig den Yanomami gehört
– die Landepiste von Paa-piu (aus Staatsmitteln erbaut, um der FUNAI den Indianerschutz zu erleichtern) völlig zweckentfremdet der Goldmafia gehöre. Weder die FUNAI noch sonstige staatliche Sicherungskräfte wären weisungsgemäß anwesend, noch hinderten sie die neuen Herren
– sogar eine Filiale der Firma GOLDMAZON dort illegal ansässig sei. Sie habe in Roraima gar nichts zu suchen (Mitinhaber ist der Ex-Gouverneur Gilberto Mestrinho, Manaus, Bundesstaat Amazonas)
– es nicht stimmt, daß die an der Piste ansässigen Yanomami pro Flugzeuglandung 30 bis 50 Cruzados erhielten. Weder könnten sie rechnen, noch vermöchten sie sich gegen die Goldbosse durchzusetzen. Die Wirklichkeit sähe anders aus.
»Die Indianer werden mit Brotkrumen abgespeist.«

Der Menschenrechtsrat kritisierte ferner
– die totale Deskontrolle des Luftverkehrs über Roraima
– die Steuerverluste für Land und Staat. (Im Dezember 1988 seien siebenhundert Kilogramm deklariert, aber drei Tonnen geborgen worden)
– die unkontrollierbare, steigende Kriminalität
– die Abgabe von Alkohol an Indianer.
Fazit:
– Der Luftfahrtminister muß einschreiten.
– Die FUNAI und die Bundespolizei müssen aktiv werden.
Wörtlich: »In Boa Vista sieht es heute so aus, daß jemand mit ehrlicher Arbeit nicht mehr zurechtkommt.«
Carlo: »Solche aufrichtigen, mutigen Zwischenbilanzen sind es, die mich vor der Resignation bewahren. Ich weiß, es gibt auch in Brasilien ehrbare Menschen, die sich von diesen Vorgängen hier oben scharf distanzieren. Entscheidend ist jetzt, welche Konsequenzen der Bericht haben wird.«
Der Bericht des Menschenrechtsrates empfiehlt den Rückruf

der Militärpolizei, weil sie vom Gold gekauft ist. »Sie kommen nur noch zum Zahltag nach Boa Vista. Die übrige Zeit arbeiten sie für das Gold.«

Nach Angaben dieses Reports soll der schon mehrfach hier erwähnte Santos Rosa allein im September 1988 elfeinhalb Kilo Gold kassiert haben.

»Er hat das Gold dafür bekommen, daß er die Einfuhr von Nachschub für die garimpos gestattet hat.«

Aber nicht nur der Chef der Militärpolizei hat seine Ehre irgendwo an der Garderobe abgegeben. Auch die FUNAI-Bosse versuchen abzusahnen. Das bestätigte uns auch Maximílian, ein Bürger aus Boa Vista. Er betreibt zwei Gold-Flöße am Rio Uraricoera im höchsten Nordwesten.

»Kürzlich verlangten die dort wohnenden Indianer dreißig Gramm Gold pro Floß und Monat. Ich war völlig perplex, und mir war gleich klar, daß sie nicht von allein darauf gekommen waren. Sie kennen ja nicht mal die Zahl dreißig. Also fragte ich sie: ›Wie kommt ihr denn darauf?‹

›Ja‹, meinten sie, ›die FUNAI hat uns das gesagt. Dafür geben sie uns Hemden und Salz und Reis.‹«

Carlo: »Daran seht ihr, was in Roraima an Gold geborgen wird. Offiziell ist natürlich nur von geringen Funden die Rede. Jeder Unternehmer gibt gerade so viel an, daß seine Schürferei noch glaubhaft bleibt. Denn das ist ja klar – je mehr er angibt, desto mehr Steuern muß er zahlen.«

»Hast du eine Ahnung, auf wieviel die offizielle Fördermenge beziffert wird?«

»Na klar.« Carlo blätterte seine Akten durch. »Im Janaur 1989 sollen es im gesamten Bundesstaat lächerliche siebenhundertneunundachtzig Kilogramm gewesen sein. Ich sage ›lächerliche‹, weil allein die offizielle Schätzung schon von drei Tonnen redet.«

Die wirkliche Menge liegt garantiert noch höher. Man könnte sie errechnen, indem man die barrancos zählt oder die fünfundsechzigtausend Goldsucher durch vier dividiert, wodurch man die Anzahl der barrancos erfährt und einen Durchschnitt von fünfhundert Gramm pro drei Wochen annimmt. Das ist nicht einmal viel. Es gibt Gruben, die über ein Kilo rausgeholt hatten. Und das in drei Wochen.

111

»Das ist unmöglich«, tönen Leute wie Jucá. »Man weiß ja gar nicht, wie viele barrancos es gibt.«

Natürlich weiß man das sehr wohl. Dasselbe wird auch von der Anzahl der Landepisten gesagt. Achtzig gibt man zu. Eingeweihte schätzen die Zahl auf einhundertvierzig.

»Sogar in Venezuela gibt es Pisten. Du brauchst nur die Piloten zu fragen. Sie alle kennen fast jede Piste. Und im Tower des Flughafens gibt es eine Landkarte, in die jeder Pilot seine Pisten selbst eingezeichnet hat. Genau mit Kompaßkurs. Aus Sicherheitsgründen. Falls er mal abstürzt und gesucht werden würde.«

Dieser Punkt interessierte uns besonders. Wir fuhren zum nahen Flughafen raus, schlenderten durchs Gebäude und bummelten aufs Flugfeld. Inzwischen gehörten wir schon zum Stadtbild, und niemand hielt uns auf. Als die Gelegenheit günstig erschien, sprintete Wolfgang ins Büro unterm Tower und fragte nach der Toilette. Da sah er die Karte mit eigenen Augen. Groß und deutlich prangte sie an der Wand – die Aeronautical Chart, 1:1000000, mit all den Handeintragungen. Und tatsächlich waren sogar die an der Orinocoquelle von Venezuela eingezeichnet. Wer die übersehen wollte, der mußte wirklich blind sein. Der junge Mann im Tower-Büro hatte Langeweile und freute sich über die kleine Unterbrechung. Wolfgang tat so, als könnte er mit dem Pinkeln noch einen Moment warten. Er deutete auf die Markierungen in Venezuela.

»Sagen die Venezulaner eigentlich nichts dazu, daß die Brasilianer einfach die Grenze überschreiten, Pisten anlegen und Gold abbauen?«

»Ach was«, lächelte der Tower-Typ zurück, »die sind froh, daß es nicht schlimmer wird. Denn immerhin ist die brasilianische Grenze noch die, die ihnen am wenigsten Ärger bereitet. In Guayana und Kolumbien ist mehr los.«

»Da hat Brasilien so tolle Luftkarten eigener Herstellung«, dachte Wolfgang laut, »jeder noch so kleine Bach ist darauf vermerkt. Nur wo die Pisten sind, will niemand wissen. Das ist grotesk.«

Das Wort Luftkarten brachte mich auf eine Idee.

»Man liest doch in Spionage- und Kriminalromanen so viel über die Brillanz von Satellitenaufnahmen. Alle paar Stunden

112

oder Tage würde jeder Winkel der Erde fotografiert, damit den Regierenden bloß nichts entgeht, wo Wolfgang Brög sich augenblicklich rumtreibt und ob Rüdiger gerade einen Karnickelstall baut. Wir müßten versuchen, NASA-Luftaufnahmen von West-Roraima zu bekommen, die genau zeigen, wo und wie viele Airstrips in den letzten drei Jahren gebaut wurden.« Wolfgang war begeistert. »Das ist überhaupt *die* Idee: Das ist ein unwiderlegbares Dokument.«

Wir ›feierten‹ diesen unseren Geistesblitz auf der Galerie im Obergeschoß. Es wehte frischer Wind, und man hatte einen guten Überblick über den *Aeroporto Internacional*. Warum er so großspurig betitelt ist, wissen die Stadtplaner. Das ›Internacional‹ beschränkt sich nämlich auf ein bis zwei Flieger wöchentlich, die aus Guayana und Venezuela kommen. Also tote Hose am Arm der Welt, könnte man sagen, wenn da nicht das Gesumm und Gebrumm, das Gewiesele und Gediesele der Kleinflugzeuge wäre. Laut ›A Crítica‹ vom 1. 3. 1989 war der aktuelle Stand der Dinge der, daß 66000 Goldsucher mit 183000 Familienangehörigen Roraima in ein Dorado verwandelten. Ihnen dienten 354 Flugzeuge mit 304 angemeldeten Piloten. In 300 Starts und 300 Landungen verkehrten sie zwischen Boa Vista und 80 Pisten, wie Vögel, die ihre Jungen im Nest zu versorgen hatten. Dabei verflogen sie monatlich 1,5 Millionen Liter Treibstoff. Mit Hilfe von 50 Agenturen transportierten sie täglich 500 Personen und 130 Tonnen Fracht.

Und immer noch mehr Leute strömen nach Boa Vista. Sie schlafen in Parks, am Flußufer oder am Flughafen. Die Hotels sind hoffnungslos überfüllt. Ob es die einfachen Schuppen sind, wo man nur seine Hängematte spannen kann, oder das preiswerte Hotel Roraima oder der Luxuskasten Tropical. Boa Vista ist rammelvoll und dicht. Und jeden Tag kommen Menschen, die ihr Glück machen wollen. Goldsucher.

Mancher der mittellosen Goldsucher wird zum Verbrecher. Hunger, Not, aber auch einfach Faulheit und Habgier treiben ihn in die Kriminalität. Pro Tag anderthalb Tote oder – weil das ja schlecht möglich ist – alle zwei Tage drei Tote.

Wir hatten uns irgendwo in der Stadt festgeklönt. Es war zweiundzwanzig Uhr geworden. Wir wollten zurück ins Hotel. Der
Weg führte durch die müllgefüllte, aber menschenleere Haupt-
straße, durch den Park, vorbei am Garimpeiro-Denkmal und
dem Gouverneurspalast zum Eusébio.

Der Abend war interessant gewesen. Deshalb hatten wir
reichlich Gesprächsstoff. Und da wir ja sowieso zu zweit und
gut bewaffnet waren, verschwendeten wir keine überflüssigen
Gedanken an irgendwelche Wegelagerer. Allenfalls schauten wir
kurz aus den Augenwinkeln zu den Gestalten auf den Parkbän-
ken, die da ihre Plastiktütenlager errichtet hatten. Wo mehrere
Menschen gleichzeitig ihr Nachtlager aufgeschlagen hatten,
würde uns niemand behelligen. Er hätte zu viele Zeugen, und im
übrigen waren zwei Personen nicht annähernd so gefährdet wie
eine einzelne.

Trotzdem blickten wir routinemäßig von Zeit zu Zeit hinter
uns. Vor allem, als es über den ausgedehnten gähnend leeren und
dunklen ›Platz des Goldsuchers‹ ging.

Plötzlich wurden uns die zwei Männer bewußt, die wir auf
den Fersen hatten. Sie waren aber satte zwanzig Meter entfernt.
Eigentlich kein Grund zur Unruhe. Was uns stutzig machte, war
ihr Richtungswechsel. Sie hatten ihn dem unseren angepaßt.
Einen von ihnen erkannten wir wieder, trotz Dunkelheit. Er war
klein und sehr gedrungen, hinkte ein wenig und – er trug einen
Rucksack, was wir hier noch bei keinem anderen gesehen hatten.
Normalerweise verstaute man sein Hab und Gut auf Kiepen.
Genau dieser Mann hatte uns eben im Park unter einer Laterne
um Feuer gebeten.

»Ist das nicht der kleine Bullige, der uns eben um Feuer ange-
hauen hat?« fragte ich Wolfgang.

Er schaute jetzt genauer hin.

»Genau. Das ist er. Die sind mir nicht geheuer.«

Unsere vier Hände glitten in die geräumigen Westentaschen
zu den Waffen. Rechts der Revolver. Links der Elektroschocker.
Unser Vorteil: wir mußten die Waffen nicht erst hervorholen
oder aus irgendeinem Holster ziehen. Wir konnten durch den
Stoff hindurchschießen. In den Beuteltaschen lagen sie schußbe-
reit in unseren Händen. Damit konnten wir die entscheidende
Sekunde Vorsprung vor dem Gegner gewinnen.

114

Wir schauten uns ständig um. Mal Wolfgang, mal ich. Es sollte nicht nach Angst aussehen. Das würde den beiden Mut machen. Es sollte lediglich unsere Vorsicht signalisieren und den beiden sagen, daß sie lieber umkehren sollten. Das taten sie aber nicht. Sie schienen sogar langsam aufzuholen. Wir beschleunigten ebenfalls unmerklich. Wir waren jetzt in Rufweite der Palastwachen. Aber die würden sich den Teufel um uns scheren. Vermutlich durften sie ihre Eingangsportale auch gar nicht verlassen. Sonst könnte man sie ja jederzeit mit einem inszenierten Überfall von dort weglocken und mit ein paar anderen Kameraden derweil den Palast einhämmern.

Unsere nächtlichen Fährtenleser hatten, ganz klar, einen anderen Vorteil auf ihrer Seite. Den des ersten Schusses. Zwar müßten sie ihre Waffen erst hervorholen. Aber bestimmt würden wir uns nicht gerade in dem Moment umblicken und ihnen dann auch noch zuvorkommen. Wir waren in der schlechteren Lage. Wir öffneten die Westen. Damit waren die Taschen beweglicher, und wir erhöhten den Bewegungswinkel von fünfundvierzig auf fast einhundertachtzig Grad.

»Laß uns jetzt scharf nach links gehen«, schlug ich Wolfgang vor. »Wenn sie uns dann folgen, ist alles klar.«

Ohne ein weiteres Wort zu wechseln, schwenkten wir ab. Die Schritte hinter uns verharrten einen Moment lang. Dann waren sie wieder auf Kurs.

»Und was machen wir jetzt?«

Das war die Frage. Nun war uns zwar klar, daß ihr Nachtmarsch uns galt – aber was sollten wir tun?

Kein Auto, kein Mensch weit und breit.

Mir fiel der Werbeslogan der Hersteller unserer Stromstoßgeräte ein. Ich murmelte ihn vor mich hin. »Ein 50000-Volt-Kuß von diesem Baby, und das nächste Ding, was du küßt, ist die Erde.«

»Sollen wir plötzlich auseinandergehen und nach zwanzig Metern stehenbleiben? Dann haben wir sie genau zwischen uns.«

Wir überlegten drei Sekunden lang. »Ich weiß nicht so recht. Da sind wir vierzig Meter auseinander, und sie stehen mitten zwischen uns. Wenn wir dann schießen müssen, gefährden wir uns sogar selbst und können einander schlechter helfen.«

Wir gingen zügig weiter. Abwechselnd sicherten wir von uns ständig nach hinten ab.

Wir vereinbarten, bei Gefahr »Schieß!« zu rufen, um dann eine halbe Rechtsdrehung zu machen und zu feuern. Damit wollten wir verhindern, daß wir uns zueinander drehten und ein in der Nervosität zu früh abgegebener Schuß den Freund treffen könnte.

»Wir ändern noch einmal die Richtung«, befahl Wolfgang, und schon schlugen wir den nächsten Haken.

Diesmal zögerten die beiden nicht. Sie folgten uns sofort diagonal, als hätten sie das erwartet. Als hätten wir ihnen ihre Idee geklaut.

»Hast du dein Signalgerät dabei?« Mein Nebennierenmark arbeitete auf Hochtouren. Es spie Stoß um Stoß des treuen Adrenalins aus, und ich stand voll unter ›Strom‹. Wolfgang genauso. Fast sprangen die Funken zwischen uns über.

Wolfgang hatte in den Städten mitunter den einschüssigen Kugelschreiber dabei. Allerdings ohne den Lauf und die 22er-Patrone, sondern mit der dafür bestimmten Leuchtrakete. Auch diese Rakete ist nicht zu unterschätzen. Mit ihr kann man zumindest erschrecken und irritieren, blenden und alarmieren und – bei Treffer – Fleisch braten. Denn die erzeugte Hitze ist immens. Der reinste Mikrogrill.

Wolfgang hatte!

»Ich drücke jetzt ab, und in diesem Moment ziehen wir sofort unsere Colts und werfen uns zu Boden. Wenn sie nicht fliehen, schießen wir scharf.«

Okay. Wir waren bereit. Er zog das Gerät aus seiner Brusttasche, ertastete den runden geriffelten Abzugsknopf, drehte sich um und drückte ab.

Die weiße Kugel zischte auf die wackeren Wanderer zu, berührte vor ihnen den Boden, hüpfte zwei-, dreimal wie ein Frosch, verfing sich an der Gehwegkante und gleißte und blendete die amigos garimpeiros.

Sie sprangen zur Seite, wie Flöhe, denen jemand auf die Hühneraugen getreten hatte, und gönnten uns überhaupt keinen Blick mehr. Sie fixierten wie hypnotisiert den weißen Kugelblitz, der sich durch den Straßenstaub fräste wie ein verrücktgewordener Laserstrahl – und dann rasten sie davon. Die ganze

Zeit hatten wir deutlich ihre Silhouetten vor uns gehabt, während sie geblendet waren und uns nicht mehr ausmachen konnten. Zumal wir flach auf dem Asphalt lagen.

Idealer hätte sich die Situation nicht erledigen können. Wolfgang schraubte die leergeschossene Hülse ab und ersetzte sie durch eine neue Patrone.

»Hätte ich gewußt, daß er noch mehr Feuer haben wollte, hätte ich es ihm ja auch gleich im Park geben können.«

Drei Tage später zierte wie alltäglich die ›A Crítica Roraima‹ das Foto eines Toten. Wir erkannten sein Gesicht wieder. Neben ihm lag ein Rucksack. Bildunterschrift: Räuber in Notwehr erschossen.

Bei den Gold-Mafiosi I

»Ihr seid doch nicht etwa Journalisten?«

Alle Blicke richteten sich auf uns. Wie beim Tennis auf den Ball. Aber ein jeder versuchte auch, den Blick gleichgültig, wie nebenbei erscheinen zu lassen, und dennoch waren es Röntgenblicke. Wolfgang und ich taten so, als hätten unsere Gegenüber sich lediglich danach erkundigt, ob Hamburg im Norden oder im Süden von Deutschland läge. Ich spielte ohnehin den, der nur wenig verstand, denn Wolfgang machte den Dolmetscher. Das hatte unbeabsichtigt einen bedeutenden Vorteil: Ich hatte Zeit, ›gelangweilt‹ umherzublicken und das Terrain im Auge zu behalten. Das sollte uns gerade hier in dieser Lagerhalle später sehr von Nutzen werden.

»Wie kommt ihr denn darauf, daß wir Reporter sein könnten? Sehen wir so aus? Sehen so Reporter aus? Ich bin Ingenieur und Rudi ist Banker.« Dann fügte er hinzu:»Das heißt: er *war* Banker. Irgendwann gab es Probleme bei seiner Bank, und jetzt arbeitet er freiberuflich.«

Der Schnack von den ›Problemen bei der Bank‹, begleitet von einem vertraulichen Augenzwinkern, löste allgemeine Heiterkeit aus und lockerte die kühle Anfangsstimmung. Dabei war die Redewendung nicht einmal Wolfgangs Idee. Er hatte sie geklaut, von jenem Banker im Übungsclaim bei Cachorro ladrando, wo wir genauso hatten grinsen müssen.

»Nein, eigentlich sehen Journalisten anders aus. Lange Hose, tausend Kameras, Notizblöcke.«

Das waren sicherlich richtige Äußerlichkeiten. Aber es war auch ein anderes Auftreten. Frecher, dynamischer, neugieriger, selbstbewußter. Wir hingegen hockten hier eher desinteressiert und müde.

Dabei waren wir hellwach. Denn unsere lieben, neugierigen Gesprächspartner waren vier Bosse der Goldmafia und zwei ihrer loyalen Büroangestellten. Also sechs gegen zwei. Ganz unerwartet hatte uns einer der Goldaufkäufer wissen lassen, Bai xinho, der Goldgräber-Gewerkschaftsboss, und seine Freunde würden uns gern mal kennenlernen. Ob wir Zeit hätten. Dann möchten wir pünktlich um siebzehn Uhr in der Avenida Benjamin Constant sein. Dort, Haus an Haus neben dem venezolanischen Konsulat liege die Agência Chapona. Man könne sie nicht verfehlen.

Eine sofortige Rückfrage bei Carlo gab uns die Gewißheit: Wir waren fündig geworden.

»Das ist eine der vielen Scheinfirmen. Sie hat ausschließlich mit Gold zu tun, und wenn ich richtig informiert bin, gehört sie vier Inhabern, die zu den Großen von Boa Vista gehören. Ihr gemeinsamer garimpo liegt unmittelbar vor der venezolanischen Grenze.«

Unsere Gefühle schwankten zwischen irrer Freude und großer Beklemmung. Pünktlich sollten wir sein. Um siebzehn Uhr. Und ob wir pünktlich waren! Ein Taxi hatte uns auf den Glokkenschlag genau vor dem Haus abgesetzt. Es war eine Lagerhalle, die sich von der Straße nach hinten aufs Grundstück zog. Sie war eingeschossig, neu und gepflegt. Die mit eisernen Rolläden bestückten Fenster und das Einfahrtstor waren mit blauer Ölfarbe umrahmt und stachen sauber vom cremefarbenen Gebäude ab. Wir gingen sofort locker-flockig hinein und schwatzten unbekümmert miteinander. Dabei rotierten unsere Augen und Sinne, um möglichst viel zu registrieren und mögliche Gefahren rechtzeitig zu erkennen.

Die Längswände des Lagers waren mit großen Ziffern in sechs Abschnitte eingeteilt. Von 01 bis 06. An jeder Seite drei. Jede Nummer stand für eine Landepiste. Davor türmten sich Lebensmittel und Gerät. Mitten im Raum eine Dezimalwaage. Mehr als 500 kg durften nicht in die Maschinen geladen werden. Da war man korrekt.

Quer durchs letzte Viertel der Halle war eine Mauer gezogen, die links kurz vor einem kleinen gläsernen Büro endete. Zwischen Mauer und Glaskäfig war ein türbreiter Durchgang. Hinter dem Kontor wieder eine Mauer mit einer Eisentür.

Das Büro war klein und eng. Etwa drei mal vier Meter. Ein Schreibtisch, ein Tresor und acht Stühle füllten es voll aus. Vor allem heute, als die sechs Goldjungen und wir zwei darin waren. Einen von ihnen erkannten wir auf Anhieb. Es war José Teixeira Peixoto, vierzig Jahre, besser bekannt unter dem Spitznamen Baixinho, ›Kleinerchen‹. Das lag an seiner Statur. Er war nur einsfünfundsechzig groß. Aber oho. Oho insofern, als er ein absolut abgebrühter Mafioso war, zwar nicht überragenden Geistes, aber raffiniert, durchtrieben, korrupt, reich und machthungrig. So jedenfalls beschrieben ihn seine Gegner Dom Aldo und Carlo. Das glich sich insofern aus, als er sie, vor allem den Bischof, als Erzfeind bezeichnete. Er haßte nicht nur ihn und ersann täglich neue Verleumdungen, sondern er haßte die Kirche generell.

»Wenn es wirklich einmal zu einem Totschlag im Indianerland kommt, ist Dom Aldo und seine Kirche schuld. Er hetzt die Indianer gegen die Goldsucher auf.«

Das war seine feststehende Redewendung.

Neben dem Chef des Sindicato waren da noch Louro, ein ebenfalls kleinwüchsiger, kräftiger Mann mit krausem Haar, der seinen Spitznamen ›Blonder‹ seinem hellem Kraushaar zu verdanken hatte. Er war uns optisch bereits bekannt. In der ›Manchete‹ hatten wir ihn ganz groß abgebildet gesehen.

Auf einer Doppelseite, mit einer gut gefüllten Goldpfanne in der Hand und zwei Nuggets am Hals, neben einem strahlenden, pfeilschießenden Yanomami-Kind. Und auf einer anderen Doppelseite lag er in der Hängematte einer maloca. Bildunterschrift: ›Louro, Entdecker des 20. Jahrhunderts – der neue Herr der maloca. Die Indianer freuen sich. Sie nennen ihn Häuptling. Er bringt ihnen Neuigkeiten, Maschinen, Essen und Geld.‹ Kein Wort in jenem unkritischen Bericht davon,

- daß die Indianer auf diese Art Neuigkeiten gern verzichten könnten,
- daß es unwahr ist, daß sie sich über diese Art Maschinen freuen, die ihre Welt zerstören,
- daß sie sich seit Jahrhunderten auch ohne die Goldsucher ernähren konnten,
- daß sie erst jetzt auf Unterstützung und Bettelei angewiesen sind, seit ihre Lebensgrundlage restlos zerstört ist,
- und daß sie Geld weder kennen noch bekommen.

Es war ein Bericht, den die vier Bosse der Redakteurin Míriam Malina in die Kladde diktiert hatten.

Trotzdem haßten sie seitdem Journalisten. Denn der Artikel hatte Proteste von Menschenrechtlern zur Folge. Nie wieder würde man sich mit Journalisten einlassen.

Die heile Welt der Yanomami-
Indianer, bevor die Gold-
sucher kamen: Vater und
Sohn (oben), Vorbereitungen
zum Fest (links) und spielende
Kinder.

Die vorgeschobenen Posten der Goldsucher rücken immer näher: oben links da
Goldsucher-Camp, im Vordergrund das Indianer-Runddorf.

Eine der über hundert illegalen Pisten im Indianergebiet.

Pfeile und Keulen haben gegen Gewehre und Revolver keine Chance.

Hubschrauber transportieren das schwere Gerät zu den Goldgruben

Der Boden wird mit scharfem Wasserstrahl aufgeschlämmt.

Der goldstaubhaltige Schlamm wird abgesaugt.

Mittagspause im *rancho*.

Der goldhaltige Schlamm wird
über eine Wassertreppe geleitet.
In den Tüchern setzen sich
Sand und Goldstaub ab.

Nun gilt es, Sand und Goldstaub zu trennen.

Quecksilber wird beige-
geben, das den feinen
Goldstaub bindet. Beim
Schmelzen entweicht das
Quecksilber in die Luft.

Ein geschlossenes System
zur Rückgewinnung des
Quecksilbers steht zur
Verfügung, es wird aber
nicht benutzt.

An der Piste gibt es fast alles zu kaufen.

Alles wird mit Gold bezahlt, die Preise sind überhöht, so bleibt dem einfachen Goldsucher nichts.

Je mehr Gold gefunden wird, desto höher ist der Preis für eine Nacht.

Keiner geht unbewaffnet.

Mord und Totschlag unter Goldsuchern sind alltäglich.

Ängstlich geht eine Indianerin mit ihrem Kind in Deckung – noch vor wenigen Wochen war hier nur Wald.

Indianer kommen zum Betteln in das Camp

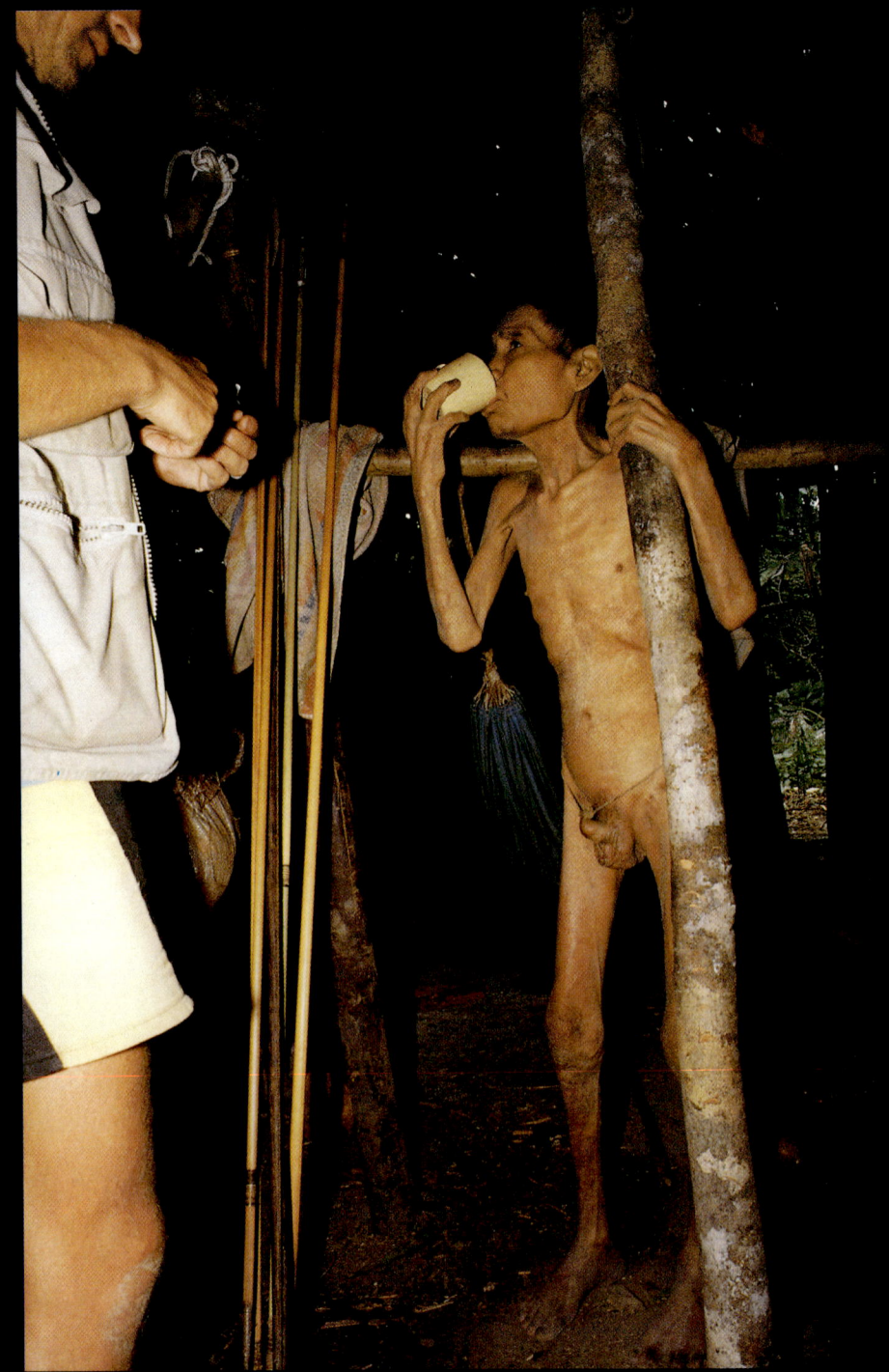

Nur Kranke und Alte bleiben im Indianerdorf zurück.

Das steinerne Symbol von
Boa Vista.

Hunderte solcher Läden säumen die Straßen von Boa Vista.

Zurück bleibt eine verwüstete Landschaft. Der Lebensraum der Indianer ist zerstört.

Der dritte Mann dieses ›Freundeskreises Gold‹ hieß Baiano. Er hatte europäische Gesichtszüge; eine feingeschnittene Nase, glattes Gesicht, und einen Mund, der sich beim Lächeln schief verzog. Nach ihm war die Piste benannt, zu der wir fliegen sollten: Pista Baiano Formiga (Ameise). Sie liegt im Quellgebiet des Rio Mucajaí vor der venezolanischen Grenze, im Herzen des Yanomami-Landes.

Der letzte Mann dieses ehrenwerten vierblättrigen Kleeblattes nannte sich Mineiro. Er war schlank, drahtig und wirkte als einziger einigermaßen sympathisch – ein guter Schauspieler also. Er wurde als der Vorkämpfer beschrieben, der Mann, der hervorragende Führungseigenschaften besäße.

Und dann waren da noch diese beiden servilen Angestellten. Sie nannten sich António und Herbert. Beides richtige Frauentypen. Besonders Herbert, der neben dem attraktiven Äußeren eine leicht heiser-erotische Stimme ins Schlachtfeld werfen konnte und seine Augen mit einem leichten Schleier abzuhängen vermochte. Frauen würden sicher zittrige Knie bekommen, wenn sie Herbert sahen.

António sah ebenfalls blendend aus. Typ Alain Delon. Er schaute ständig zu uns herüber und wirkte so, als wollte er jeden Moment eine Frage stellen. Aber immer – so schien es – kam ihm Herbert zuvor, und deshalb blieb er stumm.

Wir hatten beim Betreten des Raumes ein allgemeines *boa tarde*, guten Tag, gesagt und uns auf die einzigen beiden Stühle gequetscht, nachdem Baixinho und Herbert sie uns angeboten hatten. Man servierte uns Bier, an dem wir anstandshalber nippten.

»Ihr interessiert euch für Gold?« begann Baixinho.

»Klar, was könnte einen Ausländer anderes nach Boa Vista führen als Gold?« antwortete Wolfgang lächelnd.

»Hm – Journalismus zum Beispiel…« Das war schon wieder dieser Herbert. »Ich hoffe, ihr wißt, was es bedeutet, wenn ihr doch Reporter seid?«

Wir ignorierten den Einwurf, dachten ›Blödmann‹ und hielten uns an den Gewerkschaftsboss.

»Ja, natürlich das Gold. Ich weiß nicht, was dein Informant dir, euch berichtet hat. Wir suchen Partner für ein größeres Geschäft. Vorzugsweise solche Unternehmer mit eigenem garimpo. Denn im Auftrag einer größeren deutschen Interessentengruppe sollen wir hier drei Dinge sondieren. Erstens, ob die Möglichkeit besteht für Ausländer, als Pächter im garimpo mitzumachen. Zweitens, ob man, egal ob als Pächter oder nicht, hier Gold kaufen kann. Und drittens suchen wir einen seriösen Bankkontakt.«

Einige Augenblicke herrschte Schweigen. Die vier Partner warfen sich kurze Blicke zu. Dann hatten sie sich darauf geeinigt, daß Baixinho weiterreden sollte.

»Nun«, begann der sich anzupirschen, »da seid ihr im Prinzip schon richtig hier. Uns gehört ein größeres Gebiet der südlichen Sururucú. Aber vielleicht erzählt ihr erst einmal, um welche Summen es sich handelt.«

Das taten wir. Wir erklärten ihnen, wir wir auf diese Idee verfallen seien, als wir unerwartet zu viel Geld gekommen waren, das in Deutschland nicht wieder auftauchen dürfe.

»Und genauso geht es diversen Freunden – Ärzte, Architekten, Industrielle –, die ihr Schwarzgeld sichern möchten. Entweder als Subunternehmer im garimpo oder durch Kauf von Gold, das hier in Brasilien dann in einer Bank bleiben soll.«

Wir redeten von einem Pilotprojekt, das erst den Anfang darstelle. Falls es sich bewähre, könnten wir uns gut vorstellen, daß sich das schnell rumspräche und der Kreis der Investoren bald erheblich anschwellen würde.

»Ihr kennt das ja. Gleich und gleich gesellt sich gern. Leute mit denselben Interessen kennen sich untereinander, und da spricht sich das schnell herum.«

Nur einmal mischte sich Mineiro ein.

»Kommt das Geld in Dollar oder Cruzados?«

»Selbstverständlich in Dollar«, behaupteten wir. »Aber auch die Deutsche Mark ist eine solide Währung. In Manaus wird ein guter Kurs dafür gezahlt.«

Wir erzählten noch ein wenig von uns. Zum Beispiel, woher Wolfgang so gut Portugiesisch könne und wie man die Transaktionen durchführen solle.

Das Gespräch hatte keine halbe Stunde gedauert. Dann gaben Mineiro und Baixinho grünes Licht.

»Also von uns aus könnte das klargehen. Wollt ihr schon jetzt kaufen, oder wie sieht euer Zeitplan aus?«

»Nein. Jetzt wollten wir einfach nur Grundsätzliches klären. Das einzige, was wir im Moment an Gold mitnehmen möchten, sind vielleicht ein paar hübsche pepitas für vier-, fünftausend Dollar. Also nur ein paar Mitbringsel für die Damen unserer Kunden.«

Alle schmunzelten, und Louro meinte: »Mit den pepitas ist das immer so eine Glückssache. Mal hat man welche, und dann sind sie wieder rar.«

»Verkaufst du mir deine?« warf ich ein. Denn erstens waren sie wirklich schön, und zweitens wollte ich ihm damit ein Kompliment machen.

Louro lachte schallend.

»Nein, die haben für mich einen bestimmten Erinnerungswert. Und diese eine hier liebe ich, weil sie wie Südamerika aussieht.«

Er reckte seinen Hals vor und hielt uns die Kette entgegen, und tatsächlich, genauso sah sie aus.

»So was findest du unter eintausend Goldstücken nicht zweimal«, verkündete er stolz. »Aber in eurem Falle, wo ihr so viele auf einen Schlag braucht, würde ich vorschlagen, ihr laßt sie euch einfach vom Juwelier machen. Herbert kann euch einen guten nennen.«

Während er das sagte, war er aufgestanden. Mineiro und Baiano auch. Nur Baixinho blieb sitzen. Die drei verabschiedeten sich mit Handschlag und hochgerecktem Daumen.

»Baixinho wird noch das Nähere mit euch bereden. Wir sehen uns dann. Até logo.«

Während das Büro sich leerte, hatte Herbert schon eine Adresse zu Papier gebracht und ein paar Worte dazugeschrieben.

»Das ist für den Goldschmied. Er macht ganz tolle pepitas. Grüßt ihn schön von mir.«

Verwundert nahmen wir den Zettel entgegen. Pepitas machen, das wollten wir uns zumindest mal ansehen.

Als Ruhe eingetreten war, wandten wir uns an Baixinho.

»Bist du hier aus Boa Vista, Baixinho?«

Er biß sofort an.

»Nein, aber seit sechs Jahren wohne ich hier.«

»Wie bist du denn zum Gold gekommen?«

»Oh, mit Gold habe ich fast schon mein ganzes Leben zu tun. Es gibt kaum einen Gold-Ort, wo ich nicht schon war. Und dort habe ich mein Geld gemacht.«

Wir nickten beflissen und forschten weiter. António schleppte derweil ein paar Flaschen Bier rein. Er animierte uns zu trinken. Wir nippten auch weiterhin an unserer ersten Flasche, um klarzubleiben.

»Wenn wir soviel trinken, müssen wir so sehr schwitzen«, entschuldigten wir uns.

Baixinho trank auf ex. Seine siebte Flasche.

»Während meiner Arbeit als garimpeiro habe ich erfahren, daß der kleine Mann überall nur ausgebeutet wird. Da habe ich mir vorgenommen, das sindicato, die Gewerkschaft zu gründen, um den amigos garimpeiros zu helfen.«

»Hast du denn ausreichend Mitglieder organisiert, um deren Interessen auch wirkungsvoll durchsetzen zu können?«

Baixinho gönnte sich einen kleinen Schluck und wischte den Schweiß von der Stirn.

»Es sind erst fünftausend. Aber es ist ein Anfang. Mein Ziel ist, alle fünfundsechzigtausend Männer vereinigen zu können. Dann läßt sich was machen. Nur – die meisten wissen gar nicht, daß es jemanden gibt, der ihre Rechte verteidigt.«

So ganz wollte uns nicht einleuchten, warum er dann mit den anderen drei Bossen hier gemeinsame Sache machte. Oder sie mit ihm. Denn eigentlich vertrat er doch deren Gegenseite. Deshalb fragten wir weiter.

»Was würdest du denn gern machen? Was sind deine Ziele?«

Nun – da hatten wir ein Faß angestochen! Ohne Pause und mit wahrem Enthusiasmus erzählte er, daß er zum Beispiel das größte Hotel zu bauen beabsichtigte, ›damit kein Goldsucher mehr auf den Straßen nächtigen muß‹. Oder:

»Ich strebe an, alle ehrbaren Goldsucher zu registrieren. Jeder muß einen Ausweis erhalten, dann können wir die Kriminalitätsrate senken. Ich finde es beängstigend, daß sich hier Elemente einschleichen, die zu faul zum Schürfen sind und die sich auf Kosten fleißiger garimpeiros bereichern, indem sie ihnen auflauern und sie totschlagen und berauben. Das muß ein Ende haben, und in diesem Punkt weiß ich mich mit dem Gouverneur auch völlig einig.«

Den Gouverneur erwähnte er gern. Angeblich ging Baixinho in dessen Palast ein und aus, beriet ihn sogar und sagte ihm klipp und klar seine Meinung, wenn es ihm nötig erschien. Solche Aussagen waren für uns sehr aufschlußreich. Sie offenbarten Zusammenhänge.

»Erst gestern habe ich wieder mit Romero (Jucá) gesprochen. Ich habe ihm vorgeschlagen, Sanitätsposten im Wald anzulegen, um schneller und wirksamer Erste Hilfe leisten zu können. Er fand das gut und hatte ebenfalls einen lobenswerten Vorschlag.«

»Und was war das für ein Vorschlag?«

»Romero will dringend die Situation der Brüder Indianer verbessern. Die Goldsucher sollen drei Prozent ihres Fundes abgeben. Dieses Geld soll der FUNAI zufließen, die dafür wiederum Garderobe, Medikamente und Nahrung für die Indianer beschafft.«

Päuschen. Bierchen. Brüderlichkeit. Die FUNAI sollte also einen offiziellen Anteil erhalten. Das war Team-Arbeit.

»Ende des Jahres (1989) erwarten wir hier den hunderttausendsten Goldsucher. Wenn ich die alle für drei Cruzados pro Monat in meinem Syndikat vereinigen könnte, würde ich das ganze Land reformieren. Zum Wohle aller. Im Moment lebe ich nur vom Zusetzen. Alles, was ich verdient habe und noch verdiene, gebe ich wieder aus für meine Brüder Indianer und die Genossen garimpeiros. Hier – seht nur diesen Hubschrauber.«

Mit regelrechtem Lebensretter- und Mutterstolz präsentierte er uns das große Farbfoto, das er von der Wand genommen hatte. Es hatte neben der Landkarte gehangen, auf der auch die sechs Chapona-Pisten eingezeichnet waren. Es war uns bis dahin gar nicht aufgefallen.

»Das ist meine neuste Errungenschaft. Es ist der größte Hubschrauber von ganz Roraima, und bald kaufe ich einen zweiten. Jeder einzelne faßt dreißig Personen oder zweitausend Kilogramm Fracht. Ist das nicht das absolute Prachtstück? Im ganzen garimpo Roraima gibt es keinen einzigen Helikopter, der sich mit diesem Juwel messen könnte.«

»Verdienst du das alles mit der Gewerkschaft?«

»Nein, was meint ihr, was der kostet? Der ist von meinem Gewinn aus früherer Arbeit bezahlt. Und ich habe natürlich auch hier im Wald einige Anteile. Auf jeden Fall gibt mir dieser

Hubschrauber die Möglichkeit, den garimpeiros schon jetzt zu helfen. Jedes Mitglied des sindicato erhält dreißig Prozent Rabatt auf den Flugpreis. Ist das ein Angebot?«

»Ja – das ist wirklich ein gutes Angebot. Dann holt solch ein Mitglied ja seinen Monatsbeitrag locker wieder raus, oder?« Wolfgang konnte es nicht lassen.

»Das sag' ich doch. Und das ist nur *eine* Vergünstigung. Mein neuster Plan ist die Eröffnung einer Bank mitten im Yanomami-Land. Damit will ich erreichen, daß der Bruder Goldsucher nicht erst immer für teures Geld hier nach Boa Vista fliegen muß, um sein verbliebenes Gold in Sicherheit zu bringen. Ihr wißt ja, wie hart das Gold erarbeitet wird, wie schnell es wieder ausgegeben ist und was allein die Flüge kosten.«

»Eine revolutionäre Idee.«

»Wird Jucá die Bank bauen? Hat er zugestimmt?«

»Jucá? Der war gleich einverstanden. Aber er will sie nicht bauen. Bauen werde ich sie. Da werden sich die Banken hier in Boa Vista ganz schön ärgern.«

»Und wenn sie dann auch eine Filiale dort eröffnen?«

Kleinerchen lachte. Lang und schallend.

»Ihr seid gut. Wie denn? Das Land gehört uns. Da landet nicht eine einzige Maschine ohne unsere Erlaubnis. Oder läßt du jemanden in deine Wohnung, den du nicht haben willst?«

»Dann kannst du uns ja sicher später auch beraten, in welcher Bank und Stadt man das Gold am besten aufbewahrt.«

Baixinho lachte.

»Na klar. Ich kenne sie alle. Wenn es soweit ist, könnt ihr gern auf mich zukommen.«

Die Stimmung war gut. Gut genug, Baixinho wegen des Mitfluges anzusprechen.

»Wir würden uns das alles schon sehr gern auch aus der Nähe anschauen. Können wir mal mit in die Wälder?«

»Warum nicht?« sagte der Gewerkschafter ohne Zögern. »Man muß doch wissen, wovon man redet. Habt ihr morgen Zeit?«

Vor Freude wären wir fast vom Stuhl gerutscht. Oder Mitglied seiner Gewerkschaft geworden. Wolfgang sprach das sogar aus. Als Witz des Abends. Aber Baixinho grinste nur.

»Du willst drei Cruzados bezahlen für einen Monatsbeitrag

und dann dreißig Prozent Discount auf den Flug haben, was? Ich merke schon – mit euch kann man keine Geschäfte machen.« Er wollte sich kaputtlachen.

Wir nutzten die gute Stimmung für einen weiteren Vorstoß.

»Stimmt es, daß es da draußen im garimpo noch Indianer gibt?«

»Na aber klar. Sie kommen jeden Tag zur Piste, um zu betteln. Wir sind gerade im richtigen Moment aufgetaucht, um sie zu retten und ihr Aussterben zu verhindern.«

Obwohl uns beinahe die Spucke wegblieb, fragten wir weiter.

»Mögen die denn überhaupt unsere Art von Nahrung? Also Bohnen, Reis und Maniok?«

»Aber klar doch«, lachte Baixinho. »Die essen alles wie die Pecaris. Es bleibt ihnen ja auch keine andere Wahl. Ihr werdet es ja selbst sehen. Doch wir geben ihnen gerne. Die Indios und die Goldsucher sind Brüder.«

Wir schwiegen einen Moment, als hätten uns seine Worte eine völlig neue Welt eröffnet.

»Daß es so was überhaupt noch gibt«, staunten wir schließlich. »Wenn wir das später unseren Partnern in Deutschland erzählen, werden sie es uns nicht glauben. Wie sehen diese Indianer eigentlich aus? Habt ihr mal ein Foto von ihnen?«

»Nein. Also jedenfalls nicht hier. Wenn ihr da seid, werdet ihr sie ja selbst sehen.«

»Wäre es denn möglich, sie zu fotografieren? Oder erlauben die Indianer das nicht?«

Baixinho lachte erneut aus tiefster Seele.

»Hast du gesagt ›erlauben‹? Die wissen doch gar nicht, was das ist. Natürlich könnt ihr sie fotografieren.«

Damit hatten wir die ›offizielle‹ Fotografier- und Filmerlaubnis.

Doch jetzt mischte sich Herbert wieder ein.

»Was wollt ihr denn mit den Fotos? Wollt ihr sie veröffentlichen?«

Wolfgang setzte sein blödestes Gesicht auf.

»Hast du gesagt veröffentlichen? Hältst du uns für verrückt? Soll die deutsche Polizei denn erfahren, wo wir uns aufhalten? Dann können die sich auch schnell ausrechnen, was wir hier wollen. Nein. Die Bilder sind für uns privat. Wo gibt es auf der Welt denn noch Indianer? Unsere Freunde in Deutschland werden staunen, wenn sie das sehen.«

Baixinho beendete die Diskussion schließlich.

»Das ist schon in Ordnung, Herbert. Laß sie doch ihre Bilder machen. Es sind ja immer Leute von uns dabei.«

»Bist du selbst auch an der Piste, Baixinho, oder bei wem müssen wir uns melden?«

»Nein. Ich habe hier zu tun. Wir haben Gewerkschafts-Sitzung. Aber Mineiro wird in zwei Tagen rauskommen. Herbert wird euch außerdem über Funk anmelden. Wenn ihr ankommt, meldet ihr euch bei Leonel. Er ist unser gerente.«

Um achtzehn Uhr dreißig standen wir wieder auf der Straße. Der Himmel war violettrot. Es wurde gerade dunkel. Zikaden stimmten ihr Abendlied an. Eine Stimmung des Friedens. Wir atmeten tief durch und genossen die frische Luft und unseren Erfolg. Morgen früh um sieben Uhr sollte es losgehen. Am liebsten wären wir schnurstracks zu Dom Aldo und Carlo gelaufen. Aber wir beherrschten uns und erledigten das später telefonisch aus der Zelle. Statt dessen suchten wir den Juwelier auf. Er hatte noch geöffnet.

Ja – das sei eine seiner leichtesten Übungen, erklärte er.

»Das Nugget, das ich umhängen habe, ist ebenfalls selbstgemacht.«

Er reichte es uns rüber. Wir waren sprachlos. Wenn er es nicht gesagt hätte, daß es sein Werk war, wir hätten es für echt gehalten.

»Was heißt hier echt und nicht echt?« erklärte er. »Staub war irgendwann ja auch mal ein Nugget oder gar Teil einer Ader. Und durch Erosion hat er sich davon gelöst. Was ich hier tue, ist weiter nichts, als den alten Zustand wieder herzustellen. Ich schmelze Staub zusammen.«

»Darf man wissen, wie das funktioniert?«

»Ja. Wenn ihr Lust habt, könnt ihr euch das ansehen. Aus diesen zwanzig Gramm Schmelzgold soll ich fünf kleine pepitas à zirka vier Gramm machen.«

Der Mann legte das Rohgold in einen kleinen Tiegel. Dann

entzündete er den Lötkolben und schmolz das Metall. Das dauerte nur wenige Augenblicke. Dann zitterte die wertvolle flüssige Flachkugel im Tiegel hin und her, genau wie Quecksilberkugeln. Ein Gehilfe hatte derweil einen Eimer kaltes Wasser bereitgestellt. Mit einem Schneebesen versetzte er es in schnelle Rotation.

»Paßt auf! Jetzt geschieht es.«

Und in diesem Moment schüttete der Juwelier das Flüssiggold in das wirbelnde Wasser. Es gab einen kurzen Zisch, einen kurzen Gegenschlag mit dem Schneebesen – und das Wasser stand still. Ein Vorgang wie Silvester beim Bleigießen. Das Wasser wurde in den Spülstein entleert. Zurück im Eimer blieben diverse kleine Goldklümpchen. Es waren bestimmt 25 Stücke in verschiedensten Größen und Formen. Vom Stecknadelkopf bis zur Erbse.

Der Gehilfe legte sie vorsichtig auf eine Asbestplatte.

Der Juwelier hatte sich derweil eine Schweißbrille aufgesetzt und arrangierte die Stückchen zu fünf fast gleich großen Häufchen. Er setzte erneut den Lötkolben in Gang, und im Handumdrehen verbanden sich die Stückchen eines Haufens, bevor sie ganz schmelzen konnten, zu einem Klumpen, zu einer pepita.

Der Juwelier hatte lediglich mit einer feinen Pinzette nachgeholfen und dafür gesorgt, daß sie formschön wurden und sich nirgends eine gerade Fläche bilden konnte.

»Eine tolle Arbeit«, lobten wir und gaben sofort für eintausend Dollar pepitas in Auftrag.

»Das kostet aber fünf Cruzados pro Gramm extra«, belehrte uns der Juwelier.

»Freund«, sagten wir, »das ist doch keine Frage des Preises. Die pepitas gefallen uns. Und wenn wir aus dem garimpo zurückkehren, werden wir noch viel mehr ordern.«

Morgens um sieben standen wir in der Halle auf der Matte. Beziehungsweise auf der Waage. Wolfgang hatte darauf bestanden, daß wir unsere Flüge bezahlen, er erklärte den Gold-Herren, daß wir in den geschäftlichen Angelegenheiten und Entscheidungen absolut unabhängig bleiben wollten.

»Das kostet pro Flug zweihundert Cruzados. Macht vierhundert für euch beide. Plus zweihundert für einen Begleiter, der euch führt und betreut.«

Das war neu und überraschend. Ein Schnüffler sollte uns beschatten. Aber die Chance, mitten an die hart umkämpfte Front zu kommen, ließ uns das schlucken. Kam Zeit, kam Rat. Wir blätterten sechzig mal zehn Cruzados auf Herberts Tisch.

António wog uns gewissenhaft, notierte die Gewichte, auch die des Gepäcks und diverser Kartons und einer Maschine und entschied dann: »Das ist die erste Fuhre. Mehr paßt nicht rein. Euer Begleiter kommt mit der nächsten Maschine.« Und an einige der durcheinanderlaufenden Helfer gewandt: »Packt das aufs Auto.« Die Jungs spurten. Wir brauchten nicht zu helfen. Der Service war in den sechshundert Mäusen enthalten.

Wir gingen ins Büro, um Herbert-Schatz Lebewohl zu wünschen. Wir mußten uns beherrschen, ihn unser Glücksgefühl nicht merken zu lassen. Gestern mittag tappten wir immer noch nichtsahnend, hoffend und ›betend‹ durch die Stadt – und gleich würden wir ins garimpo fliegen. Die Geduld und die Umsicht hatten sich gelohnt.

Herbert telefonierte gerade. Wir warteten geduldig. Mein Blick schweifte durch die Halle, zum Auto, zum Gepäck. Damit alles schön beisammen bliebe.

In genau diesem Moment stockten mir Atem und Herzschlag. Mir war zumute wie jemandem, der in klares Wasser springt und im Sprung unter sich einen Hai mit offenem Rachen sieht.

Ich sah keinen Hai. Wo sollte der auch herkommen? Aber ich erblickte etwas sehr Ähnliches. Ich sah Ribas. Ribas, den großen Überlebenstrainer aus Manaus. Ribas, der Mann, der uns so viel Wichtiges erzählen wollte und dann doch nichts rübergebracht hatte. Ribas, der uns ständig den Weg versperrte, um seine Endlos-Langweiler-Geschichten noch mehr auszuwalzen. Ribas, den wir dann schnöde hatten abblitzen lassen.

Ribas sprach am Hallentor neben unserem Wagen mit einer hübschen jungen Europäerin. Sicherlich eine Touristin, der er im Urwald das Überleben zeigen wollte.

Ich war so überrascht, überrumpelt und entsetzt, daß mir die Spucke zum Kloß gerann.

Da waren wir nach Wochen der Vorbereitung eine Minute vorm Ziel, und da wagte das Schicksal, so hart zuzuschlagen und uns Ribas über den Weg zu schicken.

Ich sah gleich, Ribas kannte sich hier aus. Er war hier zu Hause.

Womöglich flog er zur selben Piste. Womöglich war er Teilhaber. Ausgerechnet er, der genau wußte, daß wir als Journalisten unterwegs waren. Okay – Herbert würde uns nicht gleich hier erschießen können. Aber unser Plan war damit ein für allemal gescheitert und in Boa Vista nicht mehr wiederholbar.

Gott sei Dank telefonierte Herbert noch immer. Das ließ mir Zeit zum Reagieren. Seine Worte von gestern klangen mir noch im Ohr: ›Ich hoffe, ihr wißt, was es bedeutet, wenn ihr doch Reporter seid.‹

So gleichgültig wie möglich sagte ich zu Wolfgang – und zeigte dabei ablenkend auf das Hubschrauberfoto: »Bleib jetzt ganz ruhig und lächle.«

Ich weiß nicht, was Wolfgang gedacht hat. Es ist auch unwichtig, er grinste jedenfalls gehorsam.

»Am Eingang neben unserem Gepäck steht ein Freund von uns aus der Hauptstadt Amazoniens.« Das Wort Manaus wollte ich vermeiden. Erst recht den Namen des Freundes.

»Wer denn? Der große Indianer-Häuptling?« Auch Wolfgang umging Namensnennungen.

»Fast richtig. Der Überlebens-Fachmann. Der mit den achtzehntausend Stunden Urwalderfahrung.«

Nun fiel Wolfgang doch der Unterkiefer runter. Einfach klapp. Bis auf die Brust. Er blickte sich ohne Hast um, und im selben Augenblick schon ging er langsam an mir vorbei. Raus aus dem Büro, durch die Halle. Das war Reaktion! In diesem Moment hatte sich auch Ribas in Bewegung gesetzt. Seine Touristin eilte ihm einige Meter voraus.

Herbert telefonierte, Gott sei Dank war er ein Gernequatscher. Ich sah Wolfgang mit Ribas zusammenprallen. Beide blieben wie zufällig nebeneinander stehen.

Ich fing die Frau ab. Sie redete auf mich und einige der Helfer ein, die vor der Bürotür standen. Aber wir verstanden sie nicht. Ausländerin. War ja auch leicht zu erkennen. Herbert hatte sie ebenfalls erspäht, und plötzlich konnte er das Telefonat beenden. Er scharwenzelte raus. »Kann ich etwas für Sie tun?« Der Samthauch in seiner Stimme verriet deutlich, was er am liebsten für sie getan hätte.

Aber die Frage wunderte mich. Zeigte sie doch, daß er die Frau nicht kannte und sie wohl auch nicht erwartet hatte. Sie

131

sprach kein Portugiesisch und nur gebrochen Spanisch. Ich redete sie auf Englisch an. Aber auch das war nicht ihre Muttersprache. Die Frau sprach es zwar gut, aber mit, wie ich meine, deutschem Akzent. Beinahe hätte ich sie gefragt, ob sie Deutsche sei. Ich konnte es gerade noch unterdrücken. Schließlich konnte sie sich doch verständlich machen. Sie habe hier so viele Männer gesehen. Ob ihr wohl einer von denen freundlicherweise für fünfzehn Minuten eine Hose leihen könnte. »Ich muß nebenan ins venezolanische Konsulat. Und mit der kurzen Hose lassen die mich nicht rein.«

Allgemeines Gelächter. Aber niemand hatte eine Hose übrig. Doch Herbert, ganz Weltmann und frauenerfahren, wußte Rat. Er nahm einen Jutesack, schlitzte ihn auf und drapierte ihn ihr als Rock um den Körper. Dabei ließ er sich Zeit, damit sie beide etwas davon hatten.

Vor allem nutzte das Spielchen uns. Wir gewannen Zeit. Poussier nur, du Pfeife, dachte ich. Ein Seil diente als Gürtel. Fast sah seine Modekreation sogar schick aus. Die Frau war glücklich, verschwand aus der Halle und durfte ins Konsulat.

Diese Einlage hatte mich ganz von Ribas abgelenkt. Er saß inzwischen im Büro. Wohlgefällig, erschöpft, breitbeinig.

Wolfgang blinzelte mir zu. Ribas blickte durch mich hindurch. Entweder hatte er mich nicht erkannt, oder Wolfgang hatte ihn auf Kurs getrimmt. Wir sagten, so lässig es ging, ade und torkelten mehr, als daß wir gingen, zum Auto.

Im Büro blieb es ruhig. Ribas redete mit Herbert. Würde er uns jetzt verraten? Hielten Brasilianer nicht gegen estrangeiros zusammen, wenn es darauf ankam?

Wir sprangen sportlich-salopp auf die Pritsche. Mitten in zwanzig Kilo ekelhaften, weißen und glitschigen Bauchspeck vom Schwein. Wir schauten uns nicht um. Bloß keine Panik anmerken lassen. Wir kamen uns vor wie die Strauße, die ihren Kopf in den Sand stecken.

Endlich ruckte der Wagen an. Es ging los. »Zum Flughafen«, hatte António noch gerufen, und dann spürten wir den kühlenden Fahrtwind, der uns den Angstschweiß von der Stirn wehte.

»Was hast du ihm gesagt?« wollte ich wissen. Denn jetzt konnten wir sprechen.

»Ich habe nur gesagt: Ribas. Tu mir einen Gefallen. Du kennst uns unter keinen Umständen. Es geht um Leben und Tod.« Ribas hatte ihn genauso sprachlos angeschaut wie mich. Er hatte wohl alles und jeden hier erwartet. Nur nicht uns. Und schon gar nicht mit solch einem dubiosen Zuruf. Die Begegnung hatte nur Sekunden gedauert. Es sollte niemand etwas merken. Eine Antwort hatte er nicht gegeben. Jeder war weitergegangen. Wolfgang zum Auto. Ribas ins Büro. Nun hockten wir im Fahrtwind und fürchteten, alles sei vorbei.

»Die Chancen, daß er die Klappe hält und zu uns steht, stehen fifty-fifty. Noch sind wir nicht am Flughafen.«

»Selbst wenn wir in der Luft sind, können sie uns noch zurückordern. Oder auf der Piste. Sie stehen doch in ständigem Funkkontakt. Womöglich lassen sie uns sogar in dem Glauben, alles sei okay. Und dann räumen sie uns auf der Piste beiseite. Wir müssen höllisch aufpassen.«

Das wollten wir tun. Doch so lange mußten wir gar nicht warten. Im Führerhaus vor uns kam über Funk ein Anruf. Der Fahrer nahm das Mikro, fragte mehrmals nach, schien nicht zu verstehen oder ob des Unglaublichen schier fassungslos zu sein, blickte auch kurz zu uns nach hinten und hängte wieder ein.

Im selben Moment betätigte er den Blinker und bog ab in eine Nebenstraße. Es ging links und rechts und kreuz und quer. Auf jeden Fall fuhren wir nicht mehr zum Flughafen.

Da ist die Welt so groß, und das Jahr hat dreihundertfünfundsechzig Tage. Und auch Boa Vista ist so groß, daß es hier fünfzig Agenturen gibt wie die Agência Chapona. Und ausgerechnet Ribas muß an diesem Tag, in dieser allerungünstigsten Sekunde in genau dieser Stadt und Agentur auftauchen...

Wir konnten es nicht begreifen. Das mußte Schicksal sein. Vorbestimmt. Wußte der Himmel, wofür das nun wieder gut sein sollte. Unser Verstand war überfordert.

Statt dessen kontrollierten wir die Waffen, schmiedeten erste Pläne. Aber sie alle endeten mit der Feststellung: Boa Vista ist damit für uns gestorben.

Das Auto stoppte in einer Seitenstraße vor einem schmuddeligen Haus, nicht vor der Agência Chapona.

»Absitzen«, brüllte der Fahrer. Uns war gleich klar, den Ton erlaubte er sich nur, weil Ribas uns verpfiffen hatte.

»Nehmt hier einen Moment Platz.« Der Junge, der das sagte, sah ehrlich aus. Nichts an ihm wirkte unruhig. Oder er war nicht eingeweiht. Er konnte uns geradewegs in die Augen blicken. Unser Trost: Wir befanden uns im Blickfeld einer Straße. Und wenn sie noch so menschenleer war. Ein Hinterhof wäre suspekter gewesen. Das einzige, was uns nicht gefiel, waren die vielen unheimlichen Gestalten, die da ein und aus gingen. Wahrscheinlich Goldsucher, die ebenfalls auf einen Flug warteten.

»Wartet hier. Ich komme sofort wieder.« Der Fahrer hastete an uns vorbei, sprang zurück in den Wagen und fuhr fort. Pustekuchen mit Airport und Urwald. Die Sache war gelaufen. Und nun war sogar unser Gepäck weg.

»Ich könnt' mich in den Arsch beißen. Wir hätten es sofort abladen müssen, um fluchtbereit zu sein«, fluchte einer von uns. Aber dafür war es zu spät. Der Wagen war weg. In Richtung Agência Chapona.

»Garantiert durchwühlen sie unser Gepäck.«

»Das können sie ruhig. Alles Verdächtige haben wir ja aussortiert. Wenn sie es wirklich tun, müßte unsere ›Unschuld‹ für sie bewiesen sein.«

So trösteten wir uns hin und so bangten wir her.

Nach zwanzig Minuten kam der Wagen zurück. Im Fond ein neuer Mann.

»Das ist der Pilot. Wir haben ihn zu Hause abgeholt. Steigt wieder auf. Es geht los.«

Tatsächlich. Fehlalarm. Entwarnung. Die schnelle Blickkontrolle auf unser Gepäck ergab: Unberührt.

Sollten wir noch mal mit einem blauen Auge davongekommen sein? Wir schöpften Hoffnung.

Bei den Gold-Mafiosi II

»Reporter?«

Das war das erste Wort, das wir auf der Pista Baiano Formiga zu hören bekamen. Der dicke gerente Leonel donnerte es uns mißtrauisch entgegen, als die einmotorige Maschine vor der Verwaltungsbaracke zum Stehen gekommen war und wir die Tür geöffnet hatten.

Im ersten Moment wußten wir nicht, ob das eine Frage, eine Feststellung oder der Aufschrei eines weiteren Reporter-Allergikers war. Immerhin konnte Ribas inzwischen in aller Ruhe gepetzt haben. Anderthalb Stunden hatte der Flug gedauert. Exakter Kurs 275 Grad bei einer Mißweisung von 7,5 Grad West. Neunzig Minuten also, um die Warnung per Funk weiterzugeben. Oder es war noch kein Funkspruch durchgekommen, und er reagierte nach der letzten Anweisung seiner Bosse. Wir verhielten uns ruhig und abwartend.

»Bist du Leonel?« fragten wir ihn, und als er bejahte, händigten wir ihm Herberts Schreiben aus. Der Dicke legte es auf seinen Bauch wie auf ein Pult. Wir beneideten den Mann. Praktischer ging's kaum. Schleppte sein wichtigstes Mobilar, den Tisch, ständig und arbeitsbereit mit sich herum. Wie eine Schildkröte ihr Haus. Mensch und Möbel in einem Guß. Bifunktional. Phänomenal. Leonel las das Schreiben gewissenhaft durch. Dann war er beruhigt. Und wir auch. Kein Funkspruch also. Ribas hatte dichtgehalten.

»Hier – der Junge da zeigt euch eure Unterkunft. Sie ist noch im Rohbau, aber dort sind eure Sachen sicher. Paßt trotzdem gut auf. Es treibt sich viel Gesocks herum.«

Wen er damit meinte, konnten wir nicht wissen. Vielleicht zählte er sich selbst dazu. Egal. Für Leonel waren wir erst mal abgehakt. Er wandte sich dem Frachtgeschäft zu. Jedes ausgeladene Teil wurde sorgfältig kontrolliert und auf einer langen Liste abgehakt. Dann verlud man ein paar defekte Pumpen, und fünfzehn Minuten später startete die Maschine schon wieder. Zeit war Gold. Wir rutschten über lehmigen Boden in unseren Barackenraum. Er roch nach ganz frischem Holz. Wir waren die ersten Gäste. Eigentlich wollten wir uns zwischen all die anderen Goldsucher in den Wald hängen, aber nun war uns der Raum doch lieber. Man konnte schnell ein paar Notizen machen und sie verstecken, ohne ständig beobachtet zu werden. Während der ersten zwei Tage ließen wir unsere Kameras im Gepäck. Wir bummelten über die Piste und durch die Umgebung und machten ›Bestandsaufnahme‹. Wir ließen der allgemeinen Neugier Zeit, sich zu legen, erkundeten Preise und mimten die Investoren.

Baiano Formiga war erst vier Monate alt. Die zweihundert Meter lange Piste war zwar in gutem Zustand, aber an beiden Seiten werkelten Männer und mühten sich, die Randzone der Landebahn von restlichen Baumwurzeln zu reinigen. Dazu nahm man die Hände und manchmal eine Hacke. Besseres Gerät gab es nicht. Es war mühsam, und sie kamen nur langsam voran.

Leonel berichtete uns stolz: »Diese Piste habe ich gebaut. Mit zweihundert Männern habe ich dafür zwei Monate benötigt.«

Und João Fereiro, der soeben einen Ausrüstungsladen eröffnet hatte, erklärte: »Für die Fläche von meinem Laden bis zur Piste kriegen sie zwanzig Gramm.«

Sein Grundstück war acht Meter breit, und bis zur Piste mochten es fünfzehn Meter sein. Für diese Fläche also erhielten die Arbeiter zwanzig Gramm. Das Gramm zu zwanzig Mark.

Was auch sonst sich immer hier an der Piste abspielte, wurde in Gramm bewertet. Das Essen, die Waffen, der Rückflug, die Spritze gegen Tripper, der Eintritt ins Pornokino und die Frauen.

Da hier alles noch erheblich teurer war als in cachorro ladrando, erkannten wir Halb-Insider, daß die Funde hier größer sein mußten. Wir erkundigten uns bei vielen garimpeiros und erfuhren, daß ein barranco vierhundert bis eintausenddreihundert Gramm erbrachte.

Weil die Piste noch neu war, lagen auch die aktiv bearbeiteten Goldlöcher noch in Sichtweite. Der Maschinenlärm war gewaltig. Es knatterte und dröhnte und stank nach Diesel. Das Getöse wurde nur überboten von den beiden Helikoptern, die ständig Material an die vorderste Front flogen: Pipelines, Motoren, Lebensmittel, Ersatzteile. Jeder Flug brachte den Piloten vierzig Gramm. Egal ob nah oder weit geflogen werden mußte. Sie hatten es nicht nötig, zu feilschen und Sondertarife für Kurzstrek-ken anzubieten. Wer da meinte, sein Zielort sei ganz in der Nähe, der sollte seine Siebensachen selbst schleppen.

Dennoch blieb für die fliegenden Libellen genug zu tun. Von früh bis spät, sobald sich die Wolken in dieser Fünfhundert-Me-ter-Lage aufgelöst hatten, packten die Piloten Martin und Enri-que ihre Schrotflinten ins Cockpit – und ab ging's.

»Wofür braucht ihr die Knarren?« wollten wir erfahren.

»Man kann nie wissen«, so Martin. »Vielleicht gibt's ein paar tollwütige Affen zu schießen.« Dabei lachten sie, als sei das der Witz der Woche gewesen. Wir verstanden ihn erst, als einer der Goldsucher auf drei Indianer zeigte, die soeben aus dem Wald auf die Piste getreten waren.

»Da kommen ja welche.«

Alle schauten hin und bogen sich erneut vor Lachen.

»Hier ist Schonzeit. Hier auf der Piste.«

Während Martins Helikopter hochstieg, hatte Enrique an sei-nem einen Defekt zu beklagen. Er mußte repariert werden. Das konnte Tage dauern. Mein Gott, was ging ihm da alles an Gold verloren?

Wir bummelten weiter. Wir kamen uns vor wie Berichterstat-ter an einem Kriegsschauplatz. Alle dreißig Minuten landete und startete eine Maschine. Dazu die Helikopter, die mitunter im Zehn-Minuten-Rhythmus gingen und kamen, und das Gedon-nere der Dieselmotoren.

Was müssen nur die Indianer denken, wenn dieser Wahnsinn über sie hereinbricht? ging es uns durch den Kopf. Wenn wir es schon als ungeheuerlich empfanden, was wir hier sahen, um wie-viel mehr mußte ein Indianer entsetzt und fassungslos sein.

Vor gut vier Monaten waren hier noch Wald und Friede. Jetzt herrschten Lärm, Chaos, Zerstörung und Gewalt.

»Die müssen sich fühlen wie Grashalme, die plötzlich von Heuschreckenschwärmen überfallen werden«, fühlte sich Wolf-gang in die Seelen der Indios ein. Und ich meinte: »Das müssen sie um so mehr, als es für sie unfaßbar ist, warum wir das tun. Sie können den Goldstaub ja nicht sehen, und noch viel weniger wissen sie, daß er irgendeinen Wert haben könnte.«

Müde kehrten wir zurück in unsere Baracke. Wolfgang mixte sich Müsli-Pampe mit Flußwasser.

»Wenn man die garimpeiros so kennenlernt, sind sie eigentlich alle Menschen wie du und ich«, resümierte er.

»Trotzdem dürfen wir uns nicht täuschen lassen. Wir sind letztlich ihre Gegner. Wenn aus irgendeinem Grunde herauskommt, was wir wirklich wollen – Ribas braucht nur undicht zu werden –, wird es mit ihrer Kumpelhaftigkeit vorbei sein.«

»Das ist mir klar«, meinte er und verdünnte seinen Hafer-Pamps, um ihn schluckiger zu machen.

»Wenn wir auch manchmal einiges in der Barracke zurücklassen – zum Beispiel beim Bummel an der Piste –, sollten wir auf jeden Fall die Waffen und das ›Fluchtgerät‹ immer am Körper haben. Tag und Nacht. Selbst jetzt beim Schlafen. Wir müssen in jeder Sekunde quasi aus dem Stand fliehen können.«

Eigentlich war uns das klar, denn die ständige Unsicherheit veranlaßte uns, unsere Rettungschancen immer wieder anzusprechen. So kam keine Fahrlässigkeit auf, wir fühlten uns autark und behielten unseren Optimismus.

Die Fluchttaktik und das sogenannte ›Fluchtgerät‹ sollte ich vielleicht kurz erklären. Beides war denkbar simpel.

Zunächst einmal hatten wir festgelegt, im Falle einer plötzlichen Lebensgefahr in Richtung Südwest zu türmen. Dieses Schlagwort ›Südwest‹ war inzwischen ein fester Bestandteil unseres Denkens. In dieser Richtung würden wir bereits nach wenigen Kilometern über ein Gebirge müssen, dessen Kamm die Grenze zu Venezuela bedeutete. Das wußten wir von unseren Karten. Selbst ohne Kompaß und wenn der Himmel bedeckt wäre, würden wir Venezuela finden, weil die Grenze sich im Halbkreis um die Baiano Formiga zog. Wir konnten also auch nach Süden laufen oder gar Westen, nach Westen wären es lediglich ein paar Kilometer weiter. Selbst die Nordrichtung brächte uns nach Venezuela. Dann aber erst in vielen Tagen. Das Land um Baiano Formiga ragte als Landzunge in das Nachbarland Venezuela. Aber immer wäre der Gebirgskamm die deutliche Grenze. Ein unübersehbares Zeichen.

Normalerweise wären wir dann in Sicherheit. Für die Goldsucher existierte die Grenze jedoch nicht. Von unseren ›Kameraden‹ wußten wir längst, daß sie diese Linie nicht respektieren.

»Da wohnen nur Yanomami. Also gehört das Land niemandem«, war ihr bezeichnender Kommentar.

Brasilianische Goldsucher arbeiteten hüben wie drüben. Die vielen kleinen Maschinen und die DC-3, die täglich zweimal über uns hinwegflogen, in ebendiese Richtung, waren ausreichende Beweise.

Wir wären in Venezuela also keinesfalls in Sicherheit. Wir kämen vom Regen in die Traufe. Und waren die Pisten-Chefs sonst auch harte Konkurrenten – im Falle des Auftauchens solcher Feinde, wie wir sie waren, würden sie zusammenhalten wie Gold und Quecksilber. Mit Hilfe ihrer Funkgeräte würden sie eine Alarmkette spannen und unsere Überlebenschancen stark vermindern.

Aber allein der Umstand, daß wir uns über diese Tatsachen im klaren waren, bedeutete schon ein grundsätzliches Plus für uns. So mußte man das sehen. Wir würden alle Pisten meiden, wie die Malariamücke den Genuß von Lariam.

Auch daß die Goldbosse uns niemals die Fähigkeit zutrauten, ohne ihre Flugzeuge, ohne Nahrung und Gepäck nach Hause zu kommen, war ein Vorteil. Sie würden meinen, so wenigstens unsere Illusion, irgendwann müßten wir zwangsläufig an einer Piste in ihre Fallen tapsen. Sie würden uns dort auflauern und nicht ihre Sklaven hinter uns her durch die Wälder hetzen. Würde das nämlich geschehen, dann sähen wir alt aus. Denn die einfachen garimpeiros waren fast alle relativ gut mit dem Wald vertraut. Dazu kam, daß sie Strapazen aushalten konnten. Jemand, der zeitlebens gehungert hat, der mehr wie ein Tier als ein Mensch gelebt hat, der mit ständiger Improvisation groß geworden ist, daß der ganz anders durchhält als ein feister Goldboss oder ein verhätschelter Europäer, wie wir es waren, war einfach logisch.

Sobald wir den Gebirgskamm und damit die Grenze überschritten hätten, würde uns – gelobt seien goldene Faustregeln – jeder noch so kleine Pinkelbach den rechten Weg in die Freiheit weisen. Denn jenseits des Kammes flossen alle Wasser in den Orinoco. Und der gehört zu Venezuela, scheinbarem Freundesland. Man mußte den Bächen nur folgen, dann kam man spätestens nach zwei Monaten in die Obhut einer Zivilisation. Ob man nun wollte oder nicht. Man hatte lediglich die zwei Monate durchzuhalten. Und das war für uns beide überhaupt kein Thema.

Wolf und ich hatten wiederholt auf diese Situation hin trainiert. Wir wußten, Faustregel eins, daß wir wochenlang in diesem warmen Klima notfalls ohne Nahrung auskämen. Wir wußten, Faustregel zwei, daß wir auch dann, wenn wir splitternackt und unbewaffnet waren, immer noch ein Minimum an Nahrung finden würden: Wasserflöhe, Mückenlarven, Termiten, Ameisen, Fliegen, Wespen, und – ja, ihr habt's erraten: Rüdigers Markenzeichen, die Würmer. Schieres Eiweiß also und Fett. Genug zum Überleben, genug zum Durchkommen.

Apropos Würmer! Für ›Würmerfresser‹ à la Sir Vival ist gerade Amazonien das absolute Traumland. Prachtexemplare von achtzig Zentimeter Länge sind die absolute Norm und keine Seltenheit. Man muß sie nur zu finden wissen. Ein solcher Superwurm (bestimmt ein stiller Verwandter des Bandwurms) ist, das wird niemand bestreiten, so gut wie ein Hühnerei. Oder ein Würstchen. Für so was hab' ich ein Gefühl. Wenn man nun aber, Survival in Vollendung, diese achtzig Zentimeter Eiweiß in die Länge zieht, erzielt man mühelos das Doppelte, das bedeutet (schneller Griff zum Taschenrechner!) einhundertsechzig Zentimeter und – ergo zwei Hühnereier, zwei Würstchen. Ist das nicht der eiweißhelle Wahnsinn? Wer jetzt noch nicht begreift, wie wichtig ›Survival‹ ist, dem ist nicht mehr zu helfen.

Was sollte dann das Fluchtgerät?

Uns war klar, daß wir am besten tagsüber vorankommen würden. Nachts im Wald sah man keine Sterne. Nachts verirrte man sich leichter. Nachts stolperte man eher in ein Goldcamp. Und nachts fand man keine Nahrung. Außer Glühwürmchen.

Also blieb die Flucht bei Tage und möglichst über die Flüsse als optimale Lösung. Selbst wenn sie endlos meandern, sind sie immer noch der schnellste und der sicherste Weg. Die Autobahnen des Waldes.

Aber ebendiese Flüsse waren durch Goldsucher blockiert. Deshalb hatten wir uns das Fluchtgerät erdacht.

Es bestand aus drei Teilen. Einem Schnorchel, einem Schwimmer und einem Stein. Das wichtigste Teil war der Schnorchel. In unserem Falle ein Stück Schlauch. Fünfundzwanzig Zentimeter lang, fünfundzwanzig Millimeter Durchmesser. Einen echten

Schnorchel wagten wir nicht zu nehmen, weil der unsere Absichten verraten hätte. Bei einem Schlauch hingegen würden uns viel eher Ausreden einfallen.

Wenn man nur mit einem Schnorchel schwimmt, oder besser gesagt: sich treiben läßt, besteht die Gefahr, daß der Hintern aus dem Wasser auftaucht und zum Verräter am eigenen Herrchen oder Frauchen wird. Egal ob er fett ist oder ob man gar keinen besitzt. Immer wird es so viel sein, daß er als Zielscheibe für lauernde Schrotladungen ausreicht.

Um den Flinten die Schau zu stehlen, mußte der Stein her. Den schleppten wir natürlich nicht mit uns herum, sondern suchten ihn erst bei Bedarf. Mittels eines Bindfadens oder einer Liane wurde er mit einem Griff versehen und in die Hand genommen. Er hatte dafür zu sorgen, daß wir senkrecht im Wasser standen und der Allerwerteste sich nicht hervortat...

Das dritte Teil war ein kleiner Schwimmer. In unserem Fall zwei faltbare Ein-Liter-Gummiflaschen, die wir mit Luft füllen konnten. Im anderen Fall vielleicht ein Stück Styropor oder Holz. Der Schwimmer wurde um das herausragende Schlauchende drapiert und mit Wasserpflanzen zu einem bildschönen Gesteck arrangiert, und ab ging's. Als kleine schwimmende Insel, als Fleurop-Gruß oder als losgerissener Ast, den Bach hinunter, treib-treib, drift-drift, in Richtung Heimat.

Bei den Vorbereitungen hatte sich das Modell gut bewährt. Je nach Landschaft konnten wir uns auch größere Fluchthilfen bauen. Bis hin zu regelrechten Inseln. Dann brauchte man nicht einmal den Schnorchel. Dann konnte der Kopf getarnt und dennoch Landschaft genießend mitten aus der Insel herausgucken. Kaffeefahrt ins Grüne!

Das alles rekapitulierten wir zum wiederholten Male. Es mußte eins werden mit uns, eine Vollautomatik wie der Herzschlag und das Atmen.

Vorm Einschlafen beschlossen wir, morgen zu den Indianern zu gehen.

Die Nacht wurde kalt. Das gesamte garimpo war in Wolken gehüllt. Kleine Feuer versuchten, die Kälte nicht übermütig werden zu lassen. Hier und da hockten durchgefrorene Männer um die Glut, streckten Hände, Arme und Beine darüber und spielten mit diesen Körperteilen Schaschlik, um ihr Blut wieder auf siebenunddreißig Grad zu temperieren.

Erst um zehn Uhr morgens hob sich der Wolkenschleier allmählich, zerriß kurz darauf in große Stücke und ließ die ersten Sonnenstrahlen hindurch, die die Feuer unterstützten. Sofort begann der Alltag. Ein Körperdehnen und letztes Gähnen ersetzten die Morgenwäsche, ein heißer Kaffee das Zähneputzen. Dann wurden die Dieselmotoren angeworfen, der Hubschrauber griff sich die Netze mit der Fracht, die Funkgeräte übermittelten Befehle und Nachrichten, und das erste Flugzeug landete mit der nächsten halben Tonne Menschen und Material. Der Kriegsschauplatz vibrierte. Die Mordmaschinerie lief.

Wir hatten unser remanchim gepackt und marschierten los. Bachaufwärts, Richtung Indianerdörfer. Vier dieser Rundbauten hatten wir bereits vom Flugzeug aus gesehen. Sie lagen alle westlich der Piste, aber in deren unmittelbarer Nähe. Die am weitesten entfernte maloca war zwei Kilometer entfernt. Aber das bescherte ihr keinesfalls Ruhe und mehr Sicherheit. Denn der am weitesten vorgeschobene barranco war bereits auf zweihundert Meter heran.

In unmittelbarer Nähe der Piste war der Boden infolge starker Regenfälle stark aufgeweicht. Wir mußten durch knöcheltiefen Schlamm. Schuhe und Beine waren sofort mit Matsch verziert. Es wäre sinnvoller gewesen, die Schuhe auszuziehen. Aber das wagten wir nicht, weil überall Müll herumlag: scharfkantige Dosen, Holzsplitter und zerschlagene Flaschen. Eine Verletzung konnten wir gerade jetzt nicht brauchen.

Die garimpeiros störte das nicht. Sie gingen barfuß oder in Autoreifensandalen. Mit der Sicherheit derer, die jede Glasscherbe genau kannten, als hätten sie sie persönlich dort hingelegt, hasteten sie an uns vorbei. Sie eilten zur Piste hin und kehrten vollbepackt zu ihren barrancos zurück. Sie schleppten Lasten, die uns die Beinknochen zusammengefaltet hätten. Die Männer aber balancierten mit ihren Lasten so sicher durch den Schmierseifenschlamm, als hätten sie Spikes unter den Fußsohlen. Selbst die Kolonnen, die mit sechs bis zehn Personen die zentnerschweren Dieselmotoren trugen, hatten einen beachtlich schnellen Schritt am Leib. Man merkte, daß hier nicht nach Stunden, sondern nach Leistung bezahlt wurde. Wer das Tempo nicht mitmachte, wer lieber die anderen im Team arbeiten lassen wollte, wurde sofort rausgeschmissen. Dafür war kein Boss nötig und kein Betriebsrat. Das beschlossen die fleißigeren drei eines Vierer-Teams aus dem Stegreif. Einspruch war zwar erlaubt, aber zwecklos. Wenn das Team jemanden nicht mehr haben wollte, mußte er gehen.

Ein solcher jemand fand dann auch in den Nachbar-barrancos keinen Job mehr. Faulheit und Schmarotzertum sprachen sich schnell rum. Ihm blieb allenfalls die Möglichkeit, an der nächsten Piste sein Glück zu versuchen. Das taten sicher auch die meisten. Aber nicht alle. Einige glichen ihren Lohnausfall auf andere Weise aus.

Was sollen wir drei Wochen lang schuften und uns anmachen lassen, wenn es auch einfacher geht? werden sie sich gesagt haben, und so verlegten sich nicht wenige aufs Rauben. Nicht umsonst war jeder Goldsucher bewaffnet. Nicht von ungefähr ging man selten allein, sondern lieber in Gruppen. Dennoch passierten Morde. Nicht jeder Mann konnte immer vorsichtig sein. Ein guter Hinterhalt, ein Schalldämpfer, ein laut knatternder Hubschrauber – das waren ideale Komponenten und Voraussetzungen, um auch in unmittelbarer Pistennähe unerkannt Beute machen zu können.

Wir hatten den Schlammweg verlassen und wählten einen Umweg über den Hügel am Westende der Piste.

»Von da oben kriegen wir die nötige Totale für den Film«, meinte Wolfgang, »und vielleicht sogar einen Schwenk, der die Nähe der Dörfer zur Piste zeigt.«

Ein solches Motiv brauchte ich auch für die Fotos. Also schwitzten wir uns den Berg hinauf. Es war sehr mühsam, denn wir mußten ständig kriechen oder klettern. Die Bäume des Hügels waren sämtlich gefällt. Sie lagen wild verschachtelt durcheinander, wie Gräten nach der Fischmahlzeit. Der Berg war seines Schmuckes beraubt worden (wie mein Kopf seiner Haare), um den Anflug leichter und die Einflugschneise sicherer zu machen.

Niemand störte sich daran, daß wir dort herumkraxelten. Wir hatten uns ausdrücklich beim Dono Mineiro, der den dicken Leonel abgelöst hatte, die Erlaubnis geholt.

»Kann man es wagen, auch die Indianer zu besuchen?« hatten wir ihn naiv gefragt.

»Aber klar doch«, hatte er gelächelt, »die sind kein Problem mehr.«

»Und könnte man da auch ein paar Fotos machen? Ich weiß nicht, ob du das weißt – aber in Deutschland gibt es schon seit Tausenden von Jahren keinen einzigen Indianer mehr. Meine Freunde dort können sich so was gar nicht vorstellen: Indianer!« Mineiro konnte sich das vorstellen. Er erlaubte es uns. So hatten wir unsere ramponierten, auf Laiengerät getrimmten Kameras erstmals hervorgeholt und auch mit ihm ein typisches Familienfoto arrangiert. Einmal Wolfgang mit Mineiro. Einmal Rüdiger mit Mineiro. Bei dieser Gelegenheit hatten die Kameras einen ganz natürlichen Einzug ins garimpo gehalten. Die garimpeiros hatten das gesehen und geduldet und als normal akzeptiert. Und nun sollten die Kameras erstmals ihre wahre Aufgabe erfüllen. Sie sollten dokumentieren. Immer wieder machten wir auch Makro-Aufnahmen vom Sand oder fotografierten Gebirgsformationen.

»Unsere Geologen-Freunde in Deutschland wissen dann mit Sicherheit, wie rentabel ein solches Gebiet ist.«

Der Berg war wirklich ideal. Er bot Wolfgang die Möglichkeit des Schwenks.

Aber er bot uns noch etwas. Er zeigte uns den ersten Toten.

Hier oben auf dem Berg wehte der Wind nicht konstant aus einer Richtung. Es entstanden Wirbel, und ein paarmal schickte der Wind einen Hauch von Leichengeruch an uns vorbei.

»Hier liegt irgendwo ein totes Tier«, meinte ich sofort. Aber dann war die Luft wieder rein. Vielleicht hatte ich mich auch geirrt. Ich sprach auf Wolfgangs Wunsch ein Statement, das die Piste betraf, in die Kamera.

Dann roch auch er es. Sogar stark und deutlich. Wir gingen gegen den Wind, und plötzlich standen wir am Waldrand vor einem toten Mann. Er war völlig nackt. Sein Hinterkopf wies ein Loch auf. Sein Mund stand offen und war blutig. Es fehlten ihm einige Zähne.

»Vielleicht hat er auch einen Schlag auf die Zähne gekriegt«, überlegte ich laut. Wolfgang bückte sich näher heran. Fliegen stoben aus dem Mund des Toten.

»Das war kein Schlag auf die Zähne. Dem hat man die Goldzähne rausgerissen. Denn es fehlen ihm nur die Backenzähne.«

Jetzt guckte auch ich näher hin.

»Genau. Die hat jemand frisch rausgebrochen. An den Wangen sind keine Zeichen eines Schlages zu erkennen.«

Als wir später an der Piste davon berichteten, versetzte das niemanden in Erstaunen. Man hatte den Toten längst gesehen, noch bevor er stank.

»Das muß ein Fremder gewesen sein«, war die Antwort. »Hier kannte den Toten niemand.«

Damit war für sie die Sache vom Tisch.

»Beerdigt ihr eure Toten denn nicht?«

»Ich sagte doch gerade. Den kannten wir nicht. Und außerdem stört uns sein Geruch nicht. Wenn er hier in der Nähe läge, würden wir ihn selbstverständlich beerdigen. Ist doch klar. Sonst kann man ja nicht in Ruhe arbeiten.«

Wir erfuhren bei dieser Gelegenheit auch, warum der Tote nackt war.

»Weil die Räuber nie wissen, wo die Goldsucher ihr Metall verborgen haben und weil der Täter oft nicht die Ruhe hat, es in den Nähten oder sonstigen Verstecken zu suchen, nimmt er kurzerhand alles mit und überprüft das später in Ruhe.« Und nach kurzem Nachdenken: »Und im übrigen ist ja auch die Garderobe von großem Wert. Besonders hier im garimpo.«

Ich hatte den Toten von mehreren Seiten fotografiert.

Wegen des Verwesungsgeruchs hatten wir uns zwischen Leichnam und ankommenden Wind gestellt. So war der Aufenthalt erträglicher.

»Ich denke gerade darüber nach, daß dieser Mann wie wir an genau dieser Stelle vorbeigekommen ist, als ihn die Kugel aus dem Hinterhalt traf. Im Blickfeld der barracas hatte er sich in Sicherheit gewähnt, und trotzdem ist es passiert.«

Automatisch schauten wir noch einmal genauer in die Runde. Aber wir waren allein, wie vorher. Von unten aus dem Tal drang der monotone Lärm einer Unzahl von Dieselpumpen zu uns herauf, und alle zehn Minuten donnerten der Hubschrauber oder Flugzeuge in greifbarer Nähe am Hügel vorbei. Fast spürte man ihren Windsog.

Von hier oben konnten wir am besten sehen, wie die Zerstörung um sich griff. Zur Linken noch der oberflächlich intakte Wald, die vereinzelten malocas und deren Plantagen und dann,

145

bei langsamem Rechtsschwenk, die ersten, die am weitesten vorgeschobenen garimpos, deren Anzahl sich alle einhundert Meter in Richtung zur Piste verdoppelte. An der Piste selbst lagen sie dicht bei dicht, ohne den Schatten der Bäume und auf völlig entblößter Erde. Sie wirkte dort wie der Kadaver eines gehäuteten Tieres, das erst nach langer Folter den Tod gefunden hatte. Ein Kadaver mit tiefen Wunden.

»Wenn man das sieht«, sagte Wolfgang, »empfindet man mit den Goldsuchern kein Mitleid mehr. Auch nicht mit den toten.«

Mit dem Teleobjektiv sah man, wie sich unter uns die Teams mehrerer barracas zusammengetan hatten und Dämme bauten, um den Fluß umzuleiten.

Wenn man aus einer Welt kommt, wo derartige Arbeiten nur noch maschinell ausgeführt werden, ist man beeindruckt, wenn man beobachtet, daß so was auch von Hand machbar ist.

An anderer Stelle, als wir gerade durch das Tele schauten, stürzte ein ganzes Walddreieck von einhundertfünfzig Meter Seitenlänge in sich zusammen. Den Lärm hörte man bis zu uns herauf. Man hatte die Bäume dieses Rodungsteils alle an dergleichen Seite angesägt. Aber nur so weit, daß sie noch standen und nicht stürzten. Erst den letzten Urwaldriesen im spitzen Winkel des Dreiecks hatte man dann zum Fallen gebracht. Er riß alles, was seine Äste erreichten, mit sich. Das heißt: der eine Baum drückte die zwei nächststehenden in seiner Fallrichtung zu Boden, die rissen vier um, und so stürzte der Wald in einem einzigen kurzen Augenblick wie ein Kartenhaus in sich zusammen, und keine noch so starke Liane konnte den Sturz stoppen. Geübte Holzfäller wissen solchen Kahlschlag genau zu berechnen. Er erspart ihnen viel Arbeit. Würden sie nämlich jeden Baum einzeln fällen wollen, würde ihnen das fast nie gelingen, weil armstarke Lianen und das Geäst der Baumkronen den Sturz verhindern würden.

Bei diesem Anblick fiel mir unwillkürlich ein, daß nach Angaben der Umweltorganisationen allein in Brasilien *in jeder einzelnen Sekunde(!)* ein solches fußballfeldgroßes Stück Wald der Rodung zum Opfer fällt. Hier hatten wir es selbst gesehen: kaum, daß wir den Gedanken realisiert hatten, würde in dieser Blitzesschnelle irgendwoanders im Land bereits der nächste ›Sportplatz‹ vorhanden sein und der nächste, der nächste, der nächste... Jede Sekunde einer. Eine sportliche Welt.

Und drei Wochen später würde man das Holz anstecken und verbrennen. So wie auch in unserem Blickfeld eine gewaltige Rauchfahne im Norden signalisierte, daß man fleißig und gründlich bei der Arbeit war.

Später in Hamburg erfuhr ich aus einer Mitteilung der Umweltschutzorganisation Robin Wood, daß unser Feuer nicht das einzige in Brasilien gewesen war:

»Welches Ausmaß die Zerstörung des Regenwaldes in Brasilien angenommen hat, wurde im März 1989 deutlich, als Wissenschaftler bei der Auswertung von Satellitenfotos eine 2,6 Millionen Quadratmeter große Rauchwolke über dem westlichen Amazonas-Gebiet orteten.

1987 wurden an nur einem Tage 6 800 Waldbrände in dieser Region gezählt.«

Sinngemäß heißt es in dem Text weiter:

»Und das nicht etwa für solides Ackerland. Was durch die Brandrodungen gewonnen wird, ist letztlich verstepptes Land, auf dem Rinder gehalten werden, die pro Tier zwei bis drei Hektar benötigen, um satt zu werden.«

Hier, aus der Vogelperspektive erahnte man auch, wo überall ein Nebenflüßchen aus den Seitentälern kommen mußte. Man brauchte nur der Spur der gefällten Bäume zu folgen. Wo sie umgelegt waren, existierte ein Bach.

Jedes Bachtal war verpachtet, und überall fraß sich die Spur der Gier bergan. Jeder dono eines solchen garimpo hoffte im stillen, daß gerade sein Wasserlauf es wäre, der einer Goldader entgegenführte. Bevor man den Pachtvertrag abgeschlossen hatte, hatte man mit der bateia Probewaschungen gemacht. Denn nicht jeder Bach führt automatisch Gold. Aber die meisten. Jedenfalls hier im Grenzgebiet zu Venezuela.

»Je weiter du von der Goldader entfernt bist, desto feiner ist der Goldstaub. Und je näher du an den Ursprung des Goldes kommst, desto gröber wird er. Schließlich findest du die ersten Nuggets oder endlich gar eine richtige Ader.«

So hatte uns Mineiro das erklärt. Warum sie nicht gleich an der Quelle begannen, wußte er uns nicht zu erklären. Oder er wollte es nicht. Unsere Freunde in Boa Vista meinten, dafür gäbe es zwei Gründe. Weil ihre Aktionen bei den Yanomami illegal seien, fingen sie erst einmal an der Peripherie des Gebietes an.

147

Also dort, wo die Flüsse das Indianer-Gebiet verließen, weil da mit den geringsten Widerständen zu rechnen sei. Allmählich würden sie sich ein ›Gewohnheitsrecht‹ erarbeiten und das erste Gold zum Korrumpieren verdienen. Außerdem, und das sei sicher der bedeutendere Grund, führten die Ströme auch unterhalb viel Gold, weil sie die Summe der Auswaschungen aller Nebenflüsse zu Tal schwemmten.

Bei dem Anblick des zerstörten Tals drängten sich uns weitere Gedanken auf. Wie lange würde es wohl dauern, bis auch der Restwald zerstört wäre? Der Teil des Dschungels also, der auf den Bergkuppen wuchs. Dort, wo es kein Gold gab, und den man deshalb verschonte. Wann würde er eingehen infolge des Quecksilberniederschlags? Denn es war ja klar: wenn hier Gold geborgen wurde, verdampfte man auch das gleiche Quantum an Quecksilber. Ein gewaltiges Risiko und ein völlig unkalkulierbares zugleich.

Wir stapften den Berg hinunter und bahnten uns den Weg in Richtung maloca, Indianerdorf. Zunächst ging es noch vorbei an einigen barracas. Wohin man schaute – überall wurde fleißig gekocht. Gleich war Mittag. Und was gab es wohl zu essen? Dreimal darf geraten werden. Na, klar. Ganz einfach. Es gab Bohnen. Was auch sonst? In deutschen Tier-Batteriehaltungen ist die Nahrungsabwechslung nicht größer. Immer wieder die Bohnen. Man konnte meinen, irrtümlich in einen Wettbewerb geraten zu sein, wo die besten Köchinnen um das Goldene Lorbeerblatt streiten für die bestgegarte Bohne.

Alle grüßten freundlich zu uns verschwitzt-verschlammten Typen herüber. Zwei winkten sogar und verpaßten uns eine der süßen Kompaktbomben namens cafezinho.

Der Weg hörte nun auf. Jetzt mußten wir uns von den Köchinnen sagen und zeigen lassen, wo man am besten durch das Gestrüpp gelangte. Die gefällten Bäume waren noch nicht zerkleinert. Deswegen war es wie das Durchkriechen eines Müllberges, wo eigentlich nur noch Ratten einen Durchschlupf fanden oder Affen, die darüber hinweg turnen konnten.

Wir passierten die Arbeiter, die sich zusammengetan hatten und den Fluß umleiteten, fort aus seinem Bett und am Ufer entlang. Zwei Meter lange geviertelte Baumstammklafter wurden

Stück bei Stück in die Erde gerammt. Es entstanden zwei parallele Reihen mit einem Meter Abstand. Nachdem die Pfähle zuletzt mit Lianen zusammengebunden wurden, sowohl längs als auch quer, pumpte man maschinell Schlamm zwischen die Wände. Das Wasser lief gleich wieder heraus. Der Schlamm lagerte sich ab und bildete einen Deich. Damit hatte der Fluß verspielt. Nun mußte er selbst sehen, wie er zum Rio Branco kam. Während er sich seinen Weg suchte, bahnten wir uns den unseren. Manches Stück gingen wir mit dem Fluß gemeinsam. Nach einhundert Metern hieß es dann für uns raus aus dem Fluß und bergan. Hin zu den malocas. Obwohl die letzten barrancos längst hinter uns lagen, vernahmen wir vor uns schon wieder Maschinenlärm. Diesmal von Kettensägen. Wir trafen auf vier Männer. Sie rissen eine Schneise in den Wald und hatten die Pflanzung der Indianer erreicht. Mitten auf den Resten der Zuckerrohrstauden zerlegten sie Baumstämme in handliche Bretter. Ihre hungrigen Sägeketten fraßen sich in vielen Parallelschnitten durch rote und gelbe Hölzer, und duftendes, buntes Sägemehl türmte sich zu weichen Polstern. Die Männer grüßten freundlich herüber und ließen sich in ihrer Arbeit nicht stören. Sicherlich hatten sie uns schon an der Piste gesehen. Jaja – die maloca läge da vorne hinter der Bananenplantage. Wir könnten sie nicht verfehlen.

Der Bananenhain gewährte uns die Gnade seines Schattens. Das tat gut, denn im soeben kahlgeschlagenen Gelände hatte die Sonne uns arg eingeheizt. An den Pflanzen hingen büschelweise junge Bananen. Noch lange nicht reif. Diese Plantage war unzerstört, und die taifunartige Spur der Verwüstung schien ihre Richtung am Feld vorbeizunehmen – dafür allerdings über das Zuckerrohrfeld hinweg. Vielleicht hatten die Früchte auch nur noch eine Gnadenfrist bis zu ihrer Reife. Denn dann würden sie den Goldsuchern noch von Nutzen sein. Danach würde man weitersehen. Die Zerstörung von Plantagen war keine Seltenheit, sie galt als beliebtes Rache- oder Druckmittel.

Gleich hinter der Plantage trafen wir auf die erste maloca. Sie war alt, verfallen und unbewohnt. Auf jeden Fall schien sie nicht willkürlich zerstört worden zu sein. Ein solcher Verfallsprozeß war normal. Wenn Reparaturen nicht mehr lohnten, baute man ein neues Dorf. Das alte wird vom Urwald gefressen. Rankenpflanzen krochen bereits aus dem Schatten der Umgebung auf diese Ruine zu, Ihre Polypenarme griffen sich das morsche Gebälk und turnten daran hoch. Dazwischen verfingen sich Samen von Büschen und Bäumen, schlugen im Schutz der Bodendecker Wurzeln und kletterten ebenfalls in die Höhe. Jeder wollte schneller sein als sein Nachbar, um ausreichend Licht fürs Überleben zu sichern. Bald würde die Lücke geschlossen sein. Aber immer wird deutlich zu sehen bleiben, daß es sich hier um eine Sekundärvegetation handelt. Sie ist kleiner im Wuchs und anders und ist nicht einmal nach fünf Jahrhunderten wieder so, wie sie ursprünglich war.

Der schmale Pfad führte um diese Ruine herum und in Schlangenlinie weiter über den Kamm des kleinen Hügels, auf dem sie stand. Und da befanden wir uns unvermittelt vor einer barraca. Der Wald zwischen dieser Behausung und dem Tal in der Tiefe war eliminiert, und unten im Bachtal gähnte der erste fast fertige Claim.

Aber es wurde nicht gearbeitet. Die vier Männer und ihre Köchin hatten einen Feiertag eingelegt. Ihre Pumpe war zerbrochen, und sie warteten auf das Ersatzteil. Unser Auftauchen bedeutete für sie eine angenehme Unterbrechung.

»Ja, wir sind der vorgeschobenste Posten in dieser Richtung. Da drüben der Hügel ist noch Indianer-Land«, verkündete uns der gerente stolz und deutete mit ausgestrecktem Arm wie ein Feldherr hinüber.

Aber richtiges Indianer-Land war auch das nicht mehr. Längst hatte man die Bäume gefällt. »Sie müssen noch drei Wochen liegen. Dann können wir die Äste anstecken«, erklärten sie, ohne daß wir gefragt hätten.

Ein fünfter Mann tauchte auf.

»Hallo – wie geht's?« rief er laut, bevor wir ihn richtig wahrgenommen hatten. Er war ziemlich aus der Puste. Uns wunderte das ein wenig, weil er ein Mann in den besten Jahren war, kräftig wirkte und kein Gepäck bei sich hatte. Wahrscheinlich war er sehr schnell gegangen.

»Der gehört hier nicht zum Claim«, argwöhnte Wolfgang gleich. Denn wir kannten keinen barranco mit fünf Arbeitern. Der Neue und der gerente sprachen abseits miteinander.

»Kennt ihr den?« fragte Wolfgang die drei Goldsucher, die bei uns geblieben waren.

»Nein. Jedenfalls nicht näher. Er arbeitet im Büro bei Leonel.«

Da läutete bei uns die Alarmglocke. Nach einer Weile gesellten sich die beiden zu uns. Der Neue begrüßte jeden mit Handschlag. Unseren Blicken wich er aus.

»Ich wollte mal schauen, ob eure Pumpe schon repariert ist«, quälte er sich eine Erklärung raus. Uns war aber gleich klar, daß das nicht der wahre Besuchsgrund war. Diese Leute warteten eindeutig auf ein Ersatzteil und hatten nicht vor, irgendein Kabel zu flicken.

»Und ob das Teil schon da ist oder nicht, das wissen die an der Piste besser als die Leute hier vor Ort. Dafür mußte er nicht extra rauskommen«, folgerte Wolfgang.

»Und Spaziergänge in Gottes schöne Natur nach dem Motto ›Ei, was singt denn da im Wald?‹ sind ebenfalls sehr unüblich«, ergänzte ich.

Wir hielten es für denkbar, daß der dicke Leonel ihn als Spion geschickt hatte. Jedenfalls konnte es nicht schaden, ihn als solchen einzustufen und vorsichtig zu sein.

Im nachhinein muß ich sagen, daß dieses Mißtrauen womöglich unsere Rettung war. Ohne das gesunde Mißtrauen hätten wir Fehler gemacht, und die Reportage wäre uns verdorben worden.

»Was habt ihr denn hier vor?« wandten sich die Leute nun wieder an uns.

»Wir würden gern zu den malocas gehen. Sind sie noch weit?«

»Nein. Fast könnt ihr sie da durch die Bäume hindurch sehen. Sollen wir mitkommen?«

Noch bevor wir antworten konnten, nahmen sie uns in ihre Mitte. Allen voraus der Nachzügler. Er wollte uns keinesfalls allein lassen. Wir kamen uns ein wenig vor wie Gefangene.

»Was macht ihr denn, wenn euer Loch fertig ist?« fragten wir sie. Der schon ältere gerente rückte seine Brille zurecht und wies mit seinem Arm zum nächsten Hügel.

»Da rauf.«

»Sagen die Indianer nichts dazu?«

»Weiß ich nicht. Dort verläuft ihr Pfad, und sie haben uns bedeutet ›bis hierher und nicht weiter‹, aber da haben wir ja noch ein Wörtchen mitzureden.«

151

Währenddessen waren wir weitergegangen.

Die Männer hatten recht. Es ging nur noch siebzig Meter einen Abhang hinunter und einhundert Meter wieder bergan. Immer in Schlangenlinie. Aber es war ein deutlicher, nicht zu verfehlender Pfad. Zuletzt mußten wir über einen gewaltigen Baumstamm klettern, der quer über den Weg gestürzt war. Er war aber nicht gefällt worden. Ihn hatte das Alter sterben lassen.

»Da ist sie«, sagte unser Leithammel und deutete vor uns in den Wald. Wolfgang und ich schauten uns verständnislos an. Weder er noch ich sahen ein Dorf.

Normalerweise stehen die malocas auf einer Lichtung. Das Terrain um sie herum ist völlig gerodet und der Erdboden barfußgerecht und besenrein. Normalerweise hätte man auch schon Stimmen hören müssen und Hundegebell. Wir hörten gar nichts.

Dennoch mußte das Dorf nah sein. Unser Vorläufer blieb stehen und klatschte mehrfach in die Hände. Dann formte er sie vor dem Mund zu einem Trichter und rief: »Amigo! Amigo! Amigo!« Die Worte verkrochen sich in den Ästen und Blättern des Waldes, und dann war es still. Selbst die Vögel unterbrachen ihren Gesang. Nur einige Fliegen nervten uns weiterhin. Man spähte links, guckte rechts, aber es war kein Indianer zu sehen und schon gar keine maloca. Wohl aber knackte es hier und da. Doch das konnte auch von unseren Begleitern verursacht worden sein, die unruhig von einem Bein aufs andere traten.

Wir setzten uns wieder in den Zeitlupen-Trab. Inzwischen riefen alle fünf garimpeiros ihren Dauersong vom ›Amigo, Amigo‹. Und plötzlich standen wir mitten in ihrer ›maloca‹.

»Das ist eine maloca?« fragten wir enttäuscht und wußten doch genau, daß das tapirís waren, Blätterdächer, die die Yanomami auf ihren Wanderungen bauen.

»Ja, das ist eine maloca.«

Es waren sechs tapirís, und sie waren trostlos. Sie waren eine Mischung aus Naturbaumaterialien und Plastikresten von der Piste. Es waren die Anfänge einer favela, eines Elendsviertels. Eine Miniaturausgabe der Slums, wie sie sich weltweit um alle Großstädte ansiedeln.

Der Boden war matschig und übersät mit Abfällen. Vor allem mit unverrottbaren Plastikflaschen und Turnschuhresten.

152

Im Schlamm unübersehbar ganz frische Spuren.

»Vor einer Minute waren sie noch hier«, meinte Leonels Schnüffler. Als Spürhund war er jedenfalls recht brauchbar. Er bückte sich und wies auf einen frischen tiefen Fußabdruck, der sich im Schlamm deutlich abgezeichnet hatte. Er lief gerade ganz langsam voll mit Wasser, und feine Luftblasen stiegen an die Oberfläche und zerplatzen.

»Da – hinter den Bäumen!«

Einer unserer Leute hatte sie gesehen. Es waren aber nur Frauen mit Babys. Ihre Kinder hatten sie mit einem Bastgurt auf den Rücken geschnallt. Ängstlich lugten sie zu uns herüber. Eine trug einen Hund, dem sie den Mund zuhielt, damit er sie nicht verraten konnte.

Als wir miteinander blickkontaktet hatten, wetteiferten unsere Leute damit, sich als amigos zu bezeichnen, die in guter Absicht kämen. Die Frauen ließen sich davon nicht beeindrukken. Sie blieben versteckt. Wir hockten uns auf einen Baumstamm und ließen ihnen Zeit, uns zu akzeptieren. Wenn einer der Goldsucher ein paar Schritte auf sie zuging, flohen sie zum nächsten Baum. Dabei stießen sie Signallaute aus, die wir nicht als Wörter empfanden. Diese Rufe drangen hinter mehreren Bäumen hervor. So schätzten wir die Anzahl der Frauen auf sechs.

Dann aber knackte es im Gehölz, und vier junge Männer tauchten auf. Zwei waren noch Kinder, vielleicht dreizehn Jahre alt. Aber auch die beiden etwa Zwanzigjährigen wirkten jünger, weil sie kleinwüchsig waren. Die Yanomami werden nur wenig größer als anderthalb Meter. Gegen sie wirkten die Goldsucher wie Hünen.

Auch die Indios beteuerten im Ein-Wort-Dialog mit den Goldsuchern, amigos zu sein. Das durfte man ihnen glauben, denn sie hatten keinerlei Waffen dabei. Keine Pfeile. Nicht mal eine Keule, geschweige denn ein Haumesser. Unsere Leute hingegen hatten alle einen Revolver. Bevor wir die Wohngemeinschaft erreicht hatten, hatten sie die Waffen unterm Hemd versteckt. Daraufhin hatten Wolfgang und ich uns sofort verständigt und zur Verteidigung der Indianer klargemacht, falls irgendein garimpeiro auf krumme Gedanken kommen sollte. Wir hatten die Reißverschlüsse der Westen-Seitentaschen geöffnet, die Hände an den Revolvern und die Finger am Abzug. Außerdem hielten wir uns ziemlich am Ende der Gruppe auf. Einer mehr links, der andere betont rechts. So hatten wir die fünf garimpeiros sicher im Blickfeld. Darüber hinaus versuchten wir, Lockerung in die Anspannung zu bringen. Wolfgang machte kleine Witzchen.

Die Lage entspannte sich. Die Indianer redeten weiter auf uns ein. Das beschränkte sich aber darauf, daß sie dem Wort amigo andere Nuancen entlockten. Die Goldsucher nutzten die Gunst des Moments, den lernfreudigen Indianern drei neue Vokabeln zu vermitteln.

»Garimpeiro.«

Die Indianer ahmten das Wort nach: »Garimpeiro.«

Und wieder die Goldsucher: »Garimpeiro.«

»Garimpeiro.«

So ging das bestimmt zwanzigmal hin und her.

Dann kam das nächste Wort.

»Mineiro.«

Das heißt ebenfalls soviel wie Bergmann, Schatzsucher. Aber in diesem Falle war es der Name des Pistenbosses – Dono Mineiro.

Da die Indianer keine andere Wahl hatten, sprachen sie auch dieses Wort aus, als gäbe es hinterher eine Belohnung. Zum Abschluß des Schnellehrgangs ›Portugiesisch für Anfänger I‹ kam etwas Leichteres: »bom«, gut.

Kaum hatten sie aber das alles gelernt, ging's an die Wiederholung. Und diesmal im Satz.

»Garimpeiro Mineiro bom«,

›Goldsucher Mineiro (ist) gut.‹

Zynischer ging's wirklich nicht. Wir kriegten das große Zittern vor Wut über diese Unverschämtheit. Die Goldsucher dagegen waren begeistert von diesem Gag und brüllten ihn mit den Yanomami im Chor. Leonels Mann würde das an der Piste erzählen, und man bekäme bestimmt einen Sonderpunkt. »Garimpeiro Mineiro bom, garimpeiro Mineiro bom...«

Irgendwann hatte es sich ausgebomt. Die jungen Indios hatten Mut gefaßt, uns zum Weitergehen aufzufordern.

»Pista, pista, embora, vorwärts zur Piste.«

Damit wir auch verstünden, was sie meinten, unterstrichen sie

154

ihre Aufforderung mit einer Handbewegung. Ständig hielten sie sich sprungbereit zwischen uns und ihren Frauen auf, die weiterhin hinter den Bäumen in Deckung blieben. Und ständig lächelten sie. Aber ihre Worte ›haut ab zur Piste‹ waren klar und deutlich. Wolfgang und ich bewunderten ihren Mut. Einen Mut, der nur aus ohnmächtiger Wut oder schierer Verzweiflung möglich ist.

Schließlich zogen wir weiter.

»Wo sind die richtigen malocas? Wir haben sie doch vom Flugzeug aus gesehen?« fragten wir unsere Leute.

»Da müssen wir nur einen kleinen Schlenker machen. Sie sind dreihundert Meter entfernt.«

Wir gingen dorthin. Wieder die Ankündigung durch lautes Händeklatschen und Rufen.

»Amigo, Amigo.«

Aber nicht aus Höflichkeit meldeten die garimpeiros ihren Besuch an, sondern aus Furcht. Aus Furcht vor einem Angriff.

Als die vier jungen Indianer merkten, daß wir nicht zur Piste zurückkehrten, sondern im Bogen zum nächsten Dorf wollten, schnitten sie uns den Weg ab und erreichten es noch vor uns.

Dieses war tatsächlich eine richtige maloca. Sie war etwa dreißig Meter im Durchmesser und in der Mitte offen, wie ein winziges Stadion. Die zwei Eingänge waren verrammelt mit Holzbalken. Bevor wir uns genähert hatten, hatten die vier Indios ihre Stammesleute bereits durch Zurufe gewarnt. Der hintere Ausgang war geöffnet worden, und etwa sechs Frauen stürzten mit ihren Kindern auf dem Rücken hinaus in die angrenzende Plantage. Dort blieben sie und sahen nur hie und da vorsichtig durch die dichten Blätter.

Inzwischen waren noch zwei Indianer-Männer hinzugekommen. Wir baten mit Gesten, eintreten zu dürfen. In der Erwartung von Geschenken oder Nahrung gestatteten sie es.

Es war ein trostloses Dorf. Genau wie das tapirí-Camp war es unsauber und voller Unrat. Es wirkte wie ein sterbendes und zur Aufgabe bestimmtes Dorf. Nur noch drei alte gebrechliche Frauen konnten wir hinter Vorhängen aus getrockneten Bananenblättern mehr vermuten als sehen. Sie kamen nicht hervor.

Als Gastgeschenk deponierten wir etwa drei Kilo Müsli in einer Kürbisschale. Auch den Leuten der tapirís gaben wir davon ab, damit die Unruhe sich legen und vielleicht doch noch eine Prise Vertrauen aufkommen konnte. Aber die Indios blieben unsicher und aufgeregt. Als sie merkten, daß wir nicht noch mehr von der Nahrung abgeben wollten, wiesen auch sie uns energisch zum Eingang.

»Ich kenne die Yanomami nicht mehr wieder. Gastfreundschaft war immer eine ihrer großen Tugenden«, sagte ich zu Wolfgang.

Er blieb eine Weile schweigsam. Dann sagte er: » Sie müßten ja total verrückt sein, wenn sie uns gegenüber auch nur irgendeine freundliche Geste äußern würden. Wir sind ihre Todfeinde. Auch wir beide. Guck uns doch an. Wie sollen sie wissen, daß wir auf ihrer Seite stehen? Nur weil wir ihnen Rudis Müsli geben? Auf solche Geschenke sind sie ja bei den ersten Goldsuchern reihenweise reingefallen. Und nun haben sie erkannt, zu welchem Zweck sie die Präsente erhalten haben. Daß es Köder sind, wie Würmer am Angelhaken.«

Ich blickte durch das kleine sterbende Rund des Dorfes auf die garimpeiros und dann wieder auf Wolfgang.

»Dazu kommt ja auch, daß wir uns äußerlich überhaupt nicht von den übrigen Weißen unterscheiden: die Schirmmütze, die Nuggets, die kurze Hose, die Kiepe, eigentlich müßten wir uns freuen, daß sie uns ebenfalls ablehnen. Das beweist, daß unsere Aufmachung überzeugend wirkt. Ohne sie hätte uns der ›bom garimpeiro Mineiro‹ längst zum Teufel gejagt.«

Daß wir hier einen Tanz auf der angehackten Liane vollführten, wurde uns sofort wieder bewußt, als wir die scheelen Seitenblicke des Leonel-Schnüfflers bemerkten.

Sie und die Angst der Indios vor den Kameras zwangen uns zu äußerster Vorsicht. Es wimmelte von Motiven, aber wir konnten sie kaum auf Zelluloid bannen. Immer nur heimlich und aus der Hüfte.

Wolfgang war da ein wenig begünstigter. Seine Kamera lief lautlos, und auch Schnüffi konnte nichts erkennen, weil die Funktionslampen mit Lassoband überklebt waren.

Ich hingegen konnte nicht so geräuschlos arbeiten. Mein Motor quiekte, der Verschluß knackte. Das war unüberhörbar. Notgedrungen stellte ich die Taktik um. Ich hängte den Apparat seitlich über die Schulter und schaute jeweils ganz woanders hin.

Mehrere Male donnerten Flugzeuge und Hubschrauber über das Dorf. Dann konnte ich abdrücken, und niemand hörte es. Natürlich würden die Fotos keine Prachtstücke werden. Alles per Weitwinkel und schief. Und mit miesen Bildern konnte ich die Situation später keiner Illustrierten zum Hinausschreien offerieren. Aber für mich blieben es Dokumente.

»Mich wundert noch eins«, sagte ich zu Wolfgang.

»Mich wundert hier gar nichts mehr«, gab er lakonisch zurück.

Aber ich ließ mich nicht abwürgen.

»Wenn Indianer einander besuchen, ist es doch Tradition, die Gäste auf jeden Fall ins Haus, in ihre maloca zu bitten. Warum also lassen diese Leute hier die anderen Familien draußen in den Plastik-tapirís hausen, statt sie hereinzubitten? Sie haben doch Platz genug.«

Nun dämmerte auch Wolfgang, worauf ich hinaus wollte.

»Auf jeden Fall sind die Leute da draußen nicht ihre Feinde. Sonst hätten sie sie verjagt. Aber es sind auch nicht ihre Gäste. Ich habe das vage Gefühl, daß es sich bei ihnen möglicherweise um Flüchtlinge handelt.«

Wolfgang fragte sofort einen der Goldsucher, als Schnüffelnase außer Hörweite war.

»Sag mal, die Leute da vorhin waren, haben die kein großes Dorf mehr?«

Der wußte nichts. Er rief seinen älteren Kumpel herbei.

»Du, sind das die, denen die maloca abgebrannt ist?«

Der Ältere blickte auf den Fragenden und dann zu uns, bevor er antwortetete.

»Ich glaube, ja.«

»Ist die von selbst abgebrannt, oder haben die Goldsucher nachgeholfen?« hakte Wolfgang gleich nach. Und um der Frage die Schärfe zu nehmen, fuhr er fort: »Sind die Indios vielleicht aufmüpfig gewesen oder so?«

Das Gespräch hatte unseren Schnüffi alarmiert. Er gesellte sich sofort zu uns und mischte sich ein.

»So was würden die Goldsucher nie tun!«

Er hätte alles sagen können, nur nicht solchen Schwachsinn. Denn das wußten wir längst, und später sollten wir es noch bestätigt erhalten, es wurde und wird sehr wohl gebrandschatzt.

Um noch Zeit für weitere Beobachtungen zu haben, rührten wir in einem Gefäß für alle Müsli an und baten die Indianer zum Essen. Die inzwischen acht Männer und sechs Kinder ließen sich das nicht zweimal sagen. Vor allem, als sie sahen, daß wir selbst davon aßen, womit wir zeigten, daß es gut schmeckte. Aber auch die Goldsucher langten kräftig zu.

Damit der Vorrat nicht im Handumdrehen aufgezehrt wäre, schüttete ich Wasser nach, um die Menge zu vergrößern. Nach dem Motto: ›Da kommt noch mehr Besuch. Hol schnell 'nen Eimer voll Wasser.‹ Aber diesmal hatte ich mich getäuscht. Statt die Mahlzeit in die Länge zu ziehen, war sie im Handumdrehen beendet. Weil sie den Brei nun nicht mehr mit den Fingern greifen konnten, setzten sie den Topf an die Lippen und tranken in großen, gierigen Schlucken.

Dennoch hatten wir durch den Schnellimbiß Zeit gewonnen. Zeit zum Beobachten und zum Nachdenken. Wie trostlos war dieses Dorf. Und wie vorbildlich hatten sich dagegen die von den Menschenrechtlern und Kirchen erarbeiteten Konzepte für den Yanomami-Park angehört. Würden sie noch je eine Chance bekommen, realisiert zu werden?

Da war zunächst mal die Rede vom großen zusammenhängenden Yanomami-Park. In ihm sollten alle Yanomami Brasiliens und Venezuelas eine gesicherte, unantastbare Heimat finden. Nur solche Personen sollten zu ihnen hinein dürfen, die einen Gesundheitscheck vorweisen konnten und eine Einladung der Indianer. Es sollte also niemand unerwünscht dort eindringen können. Im Gegensatz dazu aber sollte es den Indianern unbenommen sein, jederzeit herauszukommen, wenn ihnen danach zumute war. Auf diese Weise würden sie die Welt der Weißen kennen- und einschätzen lernen. Vielleicht würde es helfen, im Falle eines überraschenden Überfalls durch uns Weiße, den Kulturschock ein bruchteilwenig zu verringen.

Dann war die Rede davon, sie behutsam und auf freiwilliger Basis Hygiene zu lehren, damit sich ihre Krankheitsrate reduzierte.

Mit Portugiesischunterricht wollte man sie in die Lage versetzen, sich selbst ausdrücken und verteidigen zu können, ohne auf die Hilfe eines Dolmetschers angewiesen zu sein.

Gleichzeitig würden ihnen die Sprachkenntnisse helfen, die

Denk- und Handelsweise der weißen Welt kennenzulernen und daraus nötige Konsequenzen zu ziehen.

Das Erlernen einer Sprache scheint den Yanomami keine so großen Schwierigkeiten zu bereiten. Denn Laute nachzuahmen, sind sie aus ihrer Welt gewöhnt. Diese Fähigkeit brauchen sie, um Tierstimmen zu imitieren und auf der Jagd erfolgreich zu sein.

Wie wichtig für sie das Portugiesisch als Zweitsprache ist, wurde mir klar, als Davi Yanomami, der UNO-Umweltpreisträger anläßlich seiner Ehrung in São Paulo drei Minuten in Yanomami auf sein Publikum einredete. Dann erst sprach er Portugiesisch.

»Das war Yanomami. Habt ihr verstanden, was ich gesagt habe? Nein. Wer spricht schon Yanomami. Genauso geht es uns, wenn ihr zu meinen Leuten kommt und auf uns einredet.«

Neben dem Portugiesischen sollte aber auch ihre eigene Sprache anerkannt, erforscht und in Buchstaben gefaßt werden. So selbstverständlich sich das anhört, ist es leider nicht. Indianer-Sprachen ordnet man eher Tierlauten zu, die einer Erforschung nicht wert seien. Nicht ein einziger leitender FUNAI-Bediensteter spricht folglich Yanomami. Sollen die Indianer doch Portugiesisch lernen.

In der eigenen Sprache, so die Menschenrechtler, müßten vor allem die Fächer wie Religion, Heimatkunde, Geschichte und Politik u. v. a. unterrichtet werden. Das ist deshalb wichtig, weil es in keiner fremden Sprache der Welt für die Denk- und Handelsweisen der Yanomami die richtigen Ausdrücke gibt. Auch nicht für die vielfältigen Nuancen im Bereich ihrer Flora und Fauna, ihrer Verwandtschaftsstruktur und ihrer Götter- und Ahnenwelt, die Nuancen, die nur sie sehen und die uns verborgen bleiben.

Ein weiteres wichtiges und besonders schwieriges Unterrichtsfach wäre das Rechnen. Diese Art Logik hatte der Yanomami nie entwickelt. Er kennt nur die Zahlworte eins, zwei und drei. Was darüber hinausgeht heißt ›viel‹. Und wenn es noch mehr als viel (zum Beispiel die Blätter an den Bäumen oder die Regentropfen eines Gewitters), dann heißt das ›viel-viel‹. In ihrer Welt hatte das bisher gereicht. Im Kontakt mit uns wird das nicht genügen, denn sie würden bodenlos betrogen werden.

Deutlich erinnerte ich mich des Tages im Jahre 1985, als ich mit einer Gruppe von Yanomami zu einem entfernten Dorf aufbrechen wollte. In typisch deutscher Manier wollte ich vom Häuptling wissen – er sprach ein ganz wenig Portugiesisch – wie viele Tage es bis zum Ziel seien. Seine Antwort: ›Viele.‹ Da wußte ich's nun. Jedenfalls wären es mehr als drei. Das war zumindest klar.

Und als wir unterwegs waren, beobachtete ich, daß sich jeder Mann am ersten Abend ein kleines zehn Zentimeter langes Stöckchen von irgendeinem Busch abschnitt. Er schälte die Rinde ab und verwandelte es durch Schnitzen von der runden in eine flache Form. Jeden Abend nun, wenn das Camp fertig war und wir in der Hängematte schaukelten, kramten sie dieses Stöckchen hervor und brachten seitlich eine Kerbe an. Eine über der anderen, pro Tag eine. Als wir sechs Tage später das Dorf erreichten, schnitzten sie statt der Kerbe einen Ring rund ums Hölzchen.

Nach einigen Tagen Aufenthalt ging es zurück zum Heimatdorf. Und wieder holten sie abends ihr kleines Rechenholz hervor, um ihre Buchführung auf dem laufenden zu halten. Diesmal setzten sie die Schnitte auf die andere Seite, genau gegenüber einer Hinweg-Kerbe. So konnten sie optisch genau erfassen, wie weit der Weg noch sein würde.

Außer Rechnen müßten sie Ackerbau und Viehzucht lernen. Denn in einem von Weißen leergeschossenen und immer wieder beschnittenen Wald- und Wandergebiet würden sie nicht mehr satt werden. Für diesen Fall sollten sie rechtzeitig wissen, wie man Fleisch züchtet, wenn es nichts mehr zu jagen gab. Und wie man eine Pflanzung mit Naturhumus und Wechselanbau ergiebiger gestalten kann.

Ein weiteres Ziel müßte sein, die vielen und sehr verschiedenen Yanomami um ein Feuer zu versammeln, um ihnen ihre gefährliche Situation klarzumachen, sie zu einigen, ihr Selbstbewußtsein zu stärken und sie politisch zu aktivieren.

Wolfgang und ich waren inzwischen vom Ältesten der Indianer energisch aus dem Dorf gewiesen worden. Aber er hatte uns, auf gestenreiches Fragen hin, gestattet, auf einem Baumstamm außerhalb der Umzäunung Platz zu nehmen. Da hockten wir nun, hingen unsere Gedanken nach und wollten die Welt verbessern, obwohl wir mitten in einer ihrer ausweglosen Höllen waren.

»Wenn ich das alles hier erlebe, diese totale Zerstörung, Verachtung und Entwürdigung...« Ich stockte.

»Dabei könnten wir so viel von ihnen lernen«, sagte Wolfgang. »Zum Beispiel ihre Art zu leben. Mir imponiert ihre Anspruchslosigkeit, ihre Genügsamkeit, dieses Von-der-Hand-in-den-Mund-Leben, von heute auf morgen. Mich beeindruckt diese Lebensform, mit der sie garantiert noch in tausend Jahren klarkämen.«

»Davon bin ich ebenfalls überzeugt. Deshalb hat ja auch einer ihrer Häuptlinge, dieser Davi Yanomami, den UNO-Umweltpreis erhalten. Genau dafür, daß die Yanomami so harmonisch mit ihrem Wald umgegangen sind. Und dann guck dir uns an. Uns zu Hause, mich eingeschlossen, und die Goldsucher da unten im Tal: Reichtum anhäufen auf Teufel komm raus, Fortschritt, Vermehrung – und das, obwohl uns klar ist, daß wir mit dieser Lebensstrategie am Ende angelangt sind. Der Welt-Sauerstoff geht zur Neige, die Erde heizt sich auf, die Wüsten wachsen mit der Abholzung, die Bodenschätze sind verbraucht – und trotzdem leben wir weiter und propagieren den Fortschritt, als hätten wir noch ein paar Erden in Reserve.«

»Und ein weiteres Problem ist, daß wir, die Hauptverursacher der Umweltzerstörung, Ländern wie Brasilien nun etwas vorschreiben wollen. Ich meine, daß wir akzeptable Lösungen nur *gemeinsam* mit den positiven Kräften in Brasilien erarbeiten können.«

Die Goldsucher, die uns begleitet hatten, rutschten schon unruhig hin und her.

»Kommt. Laßt uns zurückgehen. Es wird bald Abend.«

Tatsächlich! Die Fülle der Eindrücke und Gedanken hatte uns die Zeit völlig vergessen lassen. Die Sonne stand bereits sehr tief, und der Rückweg würde über eine Stunde dauern.

»Ja. Okay. Wir kommen gleich, ihr könnt ja schon vorgehen.«

Die vier waren einverstanden, aber unser vermeintlicher Aufpasser fand das nicht witzig.

»Auf keinen Fall. Nachher passiert euch was, und dann krieg ich Ärger mit Leonel.«

Wolfgang guckte mich an. Ich blickte Wolfgang an.

»Hat er gesagt, er kriegt Ärger mit dem dicken Pisten-Chef?«

»Ja. Das hat er gesagt.«

»Dann ist ja wohl so ziemlich klar, daß wir richtig vermutet haben, als wir ihn für einen hinterhergeschickten Schnüffler hielten.«

»Unter den Umständen würde ich sagen: Laß uns zurückgehen. Und morgen ziehen wir erneut los, aber ohne ihn und ohne uns zu verabschieden.«

»Aber um das Thema von eben noch zu Ende zu bringen: Es nutzt unsere bestgemeinte Anstrengung nichts, wenn Brasilien nicht endlich seine Landreform durchführt, damit die Goldsucher und andere Verarmte anderweitig eine solide Lebensgrundlage finden.«

Die Landreform. Immer wieder wurde sie diskutiert, immer wieder wurde sie dem Volk versprochen, aber nie wurde sie durchgeführt. Ganz im Gegenteil. Immer mehr Land gelangte in den Besitz der wenigen Reichen. Und würde man nicht gleichzeitig auch die Projekte der Weltbank und der EG unter Kontrolle bringen, wäre auch die Landreform nur ein vorübergehendes und nicht ausreichendes Wogenglätten.

Wir verließen das Dorf. Fünfzehn Meter vom Ausgang entfernt, am ersten Baum des Waldes, ein frisches Holzschild. Groß und unübersehbar. Darauf ein dickes T.

»Guck dir das an«, stieß ich Wolfgang an, »das heißt doch bestimmt nicht Toilette oder Teestube. Das kann nur eine Markierung sein, die für die Holzfäller bestimmt ist. Sie werden ihre Schneise genau auf dieses Dorf zu schlagen.«

»Dann steht das T vielleicht für Terror oder Tornado.«

Wolfgang wandte sich sofort an die garimpeiros.

»Was bedeutet das Schild dort?«

Sie zögerten mit der Antwort und berieten sich mit den Augen, ehe sie antworteten.

»Weiß ich auch nicht.«

Es war Schnüffi, der das sagte. Na, wenigstens wußte er, daß er *nichts* wußte. Wolf ließ nicht locker. Eine seiner Stärken ist seine Sturheit.

»Ist das ein Wegzeichen?«

Da strahlte unser Bluthund.

162

»Ja. Genau. Das könnte es sein. Es zeigt den Weg zur Piste, oder es sagt, daß dies hier die maloca T ist.«

Dabei lachte er und freute sich seiner Geistesgegenwart. Uns war klar, daß es sich auf gar keinen Fall um einen Wegweiser handelte, weil Wegweiser hier völlig unüblich sind, der Weg hier ohnehin deutlich war und Wegfindung eine der leichtesten Übungen der Waldläufer ist. Das Unheil, der Tornado der garimpeiros, wird seine Bahn auch durch dieses Dorf ziehen.

Am anderen Morgen um neun Uhr stapften wir erneut los. Im remanchin nur Müsli, Kamera und den Überlebensgürtel. In der Hand den teçado, das Haumesser. Das sah nicht nach weiter Wanderung aus. Außerdem war es neblig an diesem frühen Morgen. So fielen wir nicht auf. Die Piste schlief. Start und Landung waren erst bei Sicht möglich. Nur in den barrancos arbeitete man bereits auf Touren. Wir gingen den direkten Weg zur gestrigen maloca. Als wir ankamen, war es bereits nach zehn Uhr. Mit Klatschen und Rufen hatten wir uns angemeldet. Sie schien so leer und verlassen wie gestern. Der Eingang war verbarrikadiert. Wir blieben davor stehen und riefen ›Hallo‹.

Da traten zwei Jungen hinter uns aus dem Gebüsch. Weder waren sie abweisend noch einladend. Sie hielten sich scheu auf zehn Meter Abstand, beobachteten uns still und warteten ab, was wir vorhatten.

Wie gestern begannen wir die Unterhaltung mit ›amigo‹. Dabei deuteten wir auf uns. Sie erwiderten sowohl das Wort als auch die Geste. Aber sie blieben, wo sie waren.

»Was machen wir jetzt?« fragte ich Wolfgang.

»Wir setzen uns wieder auf den Baumstamm von gestern nachmittag und essen ein Müsli.«

Während wir unseren Beutel öffneten, baten wir die Jungen näher und machten die Geste für ›essen‹.

Sie aber setzten sich lediglich hin. Näher kamen sie nicht.

Daraufhin pflückte Wolfgang ein kleines Bananenblatt, schüttete etwas von dem Hafermix darauf und brachte es ihnen.

Sie sagten nur ›amigo‹ und ließen es stehen. Erst als wir es uns schmecken ließen, griffen sie auch zu.

Nach einigen Löffeln dieses trockenen Kraftfrühstücks verspürten wir Durst.

»Habt ihr Wasser?« fragten wir auf Portugiesisch und machten die Trinkbewegung. Daraufhin standen sie auf und tippelten vor uns her zu einem Bach.

Es ging den Hügel hinab und war kaum fünfzig Meter weit. Es war das erste klare Wasser, das wir in dieser Gegend sahen. Bergan in diesem Seitental war also noch kein Goldsuchertrupp, während die ersten in Richtung bergab nur vierhundert Meter entfernt sein mochten. Dennoch waren auch über das Dorf hinaus irgendwo barrancos, denn mehrfach flog der Hubschrauber mit Netzen voll Gepäck über uns hinweg.

Wir nahmen einen großen Schluck und nutzten die Gelegenheit zu einem Bad. Dabei sahen wir, daß der Weg am anderen Ufer noch ausgetretener war.

»Maloca?« fragten wir und wiesen bergan.

»Maloca«, antworteten sie. Ob sie uns das Wort nur nachgesprochen hatten oder ob es da oben wirklich die nächste Siedlung gab, konnten wir der Antwort nicht entnehmen.

Wir zogen uns an und folgten dem Weg auf gut Glück.

Die Jungen hefteten sich an unsere Fersen. Auf einmal sagten sie von selbst ›maloca‹ und machten eine Handbewegung nach vorn. Als sie dann anfingen zu klatschen, war uns klar, daß wir das nächste Haus erreicht hatten. So nah beieinander hatte ich noch nie Yanomami-Dörfer gesehen. Das gab es nur hier im Gebiet des Grenzgebirges Surucucú, dem Ursprungs- und Herzland der Yanomami, das auch Hauptsitz ihrer Götter ist.

Kurz vor der maloca überholten sie uns, schritten voran und geleiteten uns bis vor das Rund. Sie riefen den Leuten drinnen etwas zu, aber niemand antwortete oder kam heraus.

Sie entfernten die Eingangshölzer und bedeuteten uns einzutreten. Diese Jungen erinnerten mich lebhaft an andere Yanomami-Kinder, die mich bei meinem ersten Besuch eines Yanomami-Dorfes (1982) mit ihrer selbstverständlichen Gastfreundschaft überrascht und überwältigt hatten. Damals hatten mich die Alten von der Jagd ausgeschlossen, weil ich zu tolpatschig war. Ich konnte nicht gut genug schleichen und vertrieb ihnen das Wild. Eine Gruppe von Kindern hatte bemerkt, daß ich darüber traurig war. Sie holten ihre Kinderbogen und Pfeile hervor und bedeuteten mir, ihnen zu folgen. Genau wie die Alten schlichen sie lautlos durch den Wald. Plötzlich entdeckten sie einen Vogel. Ich mußte stehenbleiben und mich ruhig verhalten. Drei von ihnen umstellten den Baum, auf dem der Vogel saß. Er war nicht größer als ein Spatz. Aber dennoch trafen sie ihn.

Während der eine ihn rupfte und ausnahm – alles mit den Fingern und Zähnen – hatte ein anderer einen Minigrill errichtet, und ein weiterer hatte Feuerholz geholt.

Dann grillten wir den kleinen Piepmatz.

Die Hauptüberraschung aber kam, als der gar war. Sie hockten sich ganz würdevoll vor mich in eine Reihe und reichten mir die kleine Brust und die winzigen Schenkel. Sie selbst teilten sich den Kopf.

Diese kleine Zeremonie – diese würdevollen Gesten hatten mich sehr beeindruckt und waren eins der typischen Beispiele, weshalb ich die Yanomami schätzen und lieben gelernt hatte.

An diese Kinder erinnerten mich die beiden Jugendlichen, die nun vor uns ins Haus traten. Es war ein geschlossenes Haus, hatte also keinen offenen Innenbereich.

Infolgedessen war es innen sehr dunkel. Nur wenige Sonnenstrahlen fielen durch das schadhafte Dach. An einer Stelle war es mit gelber Plastikfolie abgedeckt. Sie wirkte wie eine gelbe Lampe und gab dieser Behausung einen trügerischen Hauch von Gemütlichkeit. Denn in Wirklichkeit war hier nichts gemütlich. Auf dem festgestampften, ebenen Boden hatten sich große Pfützen gebildet. Mücken schwirrten herum, und Flöhe hüpften uns an. Sie kamen in solchen Scharen, daß man am liebsten sofort geflohen wäre. Aber das ging nicht. Die maloca war ein Sterbeheim. Zwei völlig abgemagerte Frauen vegetierten in einer Hängematte apathisch dahin. Sie reagierten nicht mehr.

Daß es sich bei den beiden um Frauen handelte, mußte man mehr erraten. Sehen konnte man es nicht. Ihre Körper waren nur noch Skelette und ihre Brüste abgebaut. Zwei Hautlappen zeigten an, wo sie einmal waren.

Als die beiden Jungen uns von den Frauen fernhielten, respektierten wir das. Aber dann waren da noch zwei Männer. Ihr Alter war schwer zu schätzen, weil sie vom Tod gezeichnet waren. Der eine hustete. Dabei vibrierte sein schwacher Körper, und er mußte sich festhalten, um nicht umzufallen. Er streckte seine Hand aus und flehte sprachlos um Medizin.

»Der hat Grippe«, flüsterte Wolfgang. »Da werden wir nicht wirksam helfen können. Grippe ist für Indianer tödlich.«
Daß das den Tatsachen entsprach, wußten wir aus der Indianer-Literatur. Schnupfen, Husten, Grippe, Tuberkulose, Masern, Malaria und Geschlechtskrankheiten sind Krankheiten unserer Welt, der Welt der Weißen, die den Indianern bisher unbekannt waren und denen sie keine Abwehrstoffe entgegenzusetzen haben. Sie sterben daran. Das ist bekannt, und die FUNAI hat sich das zunutze gemacht. In ihrer schmählichen Vergangenheit, vor allem, als sie noch SPI* hieß und sich wegen bekanntgewordener Verbrechen 1968 umbenennen mußte, hat sie solche Krankheiten absichtlich unter die Indianer gebracht, mit dem Ziel, sie auszurotten, die Wälder indianerfrei und sie Spekulanten zugänglich zu machen. Heute handelt die FUNAI genauso, weil sie Scharen kranker Goldsucher absichtlich zu den Yanomami einströmen läßt. Es gibt nicht die geringste Aufsichtskontrolle, und genauso wenig besteht eine medizinische Versorgung. Obwohl die FUNAI gerade dafür Geld zur Verfügung hat.
Seit Jahren hatte deshalb die CCPY eine medizinische Versorgung der Yanomami durchgeführt. Sie hatte zwei Boote mit Ärzten und Labors im Einsatz, die versuchten, über die großen Flüsse an die Indianer heranzukommen und ihnen gegen die Krankheiten der Weißen zu helfen. Es hatte viel Geduld erfordert, das Vertrauen der Indianer zu gewinnen, aber man hatte es geschafft. Und gerade, weil man es geschafft und die FUNAI völlig disqualifiziert hatte, war der CCPY Ende 1988 die weitere Tätigkeit untersagt worden. Offizieller Grund: ›…mit Rücksicht auf ihre Sicherheit.‹ Wahrer Grund: Man hatte Angst, daß die Greueltaten bekannt wurden.
Wir rührten dem grippekranken Mann ein flüssiges Müsli an. Wir sagten uns, daß es ihm vielleicht eine winzige Prise Widerstandskraft gäbe. Und wenn der Effekt auch nur ein psychologischer wäre.
In einer anderen Hängematte lag ein weiterer Sterbender. Auch er bestand nur noch aus Haut und Knochen. Dennoch hatte er einen Rest Lebenswillen. Wir hockten uns neben ihn

* Servício de Proteçãos aos Indios

166

und streichelten seine Wangen. Da glimmte ein Fünkchen Hoffnung in seinen Augen auf. Nicht genug damit, er stand sogar auf und klammerte sich an einem Stützpfeiler fest. Woher er die Kraft nahm, war unbegreiflich. Zu allem Übel hatte er am Gesäß eine gewaltige Entzündung. Ein Arzt, der das Foto später sah, diagnostizierte ein Hungerödem. Wir säuberten es und rührten auch ihm Müsli an. Müsli als Allheilmittel. Es war ein unzureichender Trost in einer hoffnungslosen Lage. Aber zumindest war es eine Geste. Eine Andeutung für die beiden dabei stehenden gesunden Yanomami, daß nicht alle Weißen gleich sind.

Ein klapperdürrer Hund beleckte die Fäkalien, die durch die Hängematte getropft waren. Zwei winzige grasgrüne Bananen schienen seine einzige Nahrung für heute zu sein. Sie hingen am Stützpfahl.

Daß wir diesen Mann fotografierten und filmten, erschien uns besonders wichtig. Die Aufnahmen würden den Verrat der FUNAI an ihren Schutzbefohlenen deutlich machen.

Ein Indianerhäuptling hatte das mal richtig gesagt: »Nicht die FUNAI ernährt die Indianer, sondern die Indianer ernähren die FUNAI.«

Damit meinte er sehr treffend, daß der Hauptzweck der Indianerbehörde im Abkassieren dicker Gehälter bestehe.

Und Juruna, der einzige Indianer, der je (und nur kurz) im brasilianischen Parlament war (Abgeordneter der Demokratischen Arbeiterpartei), forderte deshalb die Umbildung der FUNAI-Spitze in ein Direktorium, bestehend aus Indianern und kompetenten Fachleuten in Eingeborenen-Fragen. Natürlich konnte er sich mit dem Vorschlag nicht durchsetzen.

Der zum Skelett abgemagerte Mann hatte uns tief erschüttert. Vor allem, weil wir uns so hilflos vorkamen. Wir fütterten ihn mit Müsli, salbten seine Wunde am Gesäß und gaben ihm auf gut Glück eine Dosis Antibiotikum gegen das Geschwür am Gesäß. Wolfgang legte den Mann behutsam zurück in die Hängematte.

»Es ist eine armselige Hängematte«, sagte er, »wenn der niemanden hat, der ihm das Feuer unterhält, muß er sich zu Tode frieren in der nächtlichen Kälte.«

Wir konnten uns das gut ausmalen, denn ohne unseren

Schlafsack hätten wir es hier in den Bergen sehr schwer gehabt. Aber diese Gedanken brachten Wolfgang auf eine Idee.

»Der kriegt meine Faserpelzjacke.« Wegen der Morgenkälte hatte Wolfgang sie sich angezogen und getragen, bis er sich warmgelaufen hatte. Er zog sie dem Mann an. Ich schleppte derweil Holzscheite von irgendwoher. Sie gehörten natürlich jemand anderem hier in der maloca. Aber das war im Moment egal. Der Mann sollte spüren, daß wir es gut mit ihm meinten.

Genauso hatte sich vor vier Jahren ein Indianer um meinen Freund Ulli gekümmert, als er völlig vereiterte Beine hatte. Geschwür reihte sich an Geschwür. Die Antibiotika, die wir mithatten, zeigten kaum Wirkung. Der Indianer besah sich das geschwollene Bein, streichelte es sanft und machte sich dann an die Arbeit. Geschwür um Geschwür saugte er mit dem Mund leer und spie den Eiter aus.

Auch wenn er Ulli nicht von seinem Leiden befreite, so verschaffte er ihm mit der Prozedur doch einige Linderung und half ihm vor allem seelisch.

Die Ausflüge zu den malocas hatten nur zwei Tage gedauert. Aber sie haben unser Leben verändert. Selbst aufgesetzt freundliches Verhalten der Goldbosse würde uns nicht an ihrer tatsächlichen Einstellung zu den Indianern zweifeln lassen.

Da zeigte sich Mineiro gern Hand in Hand mit einem Indianerkind, und Leonel schrie nach einem Stück Kuchen ›für unsere Indianer-Brüder‹.

Die einfachen Goldsucher allerdings verstellten sich erst gar nicht.

»Die Affen kommen«, grölten sie jedesmal, wenn einige Yanomami aus dem Wald auf die Piste traten. Und vor allem die Goldsucher-Neuankömmlinge staunten sich die erste Neugier vom Leib.

»Die haben nich' mal Klamotten!«

»Guck dir das an. Wie bescheuert die sind. Der bringt die Taschenlampe wieder, die er hier gestern gekriegt hat. Weil sie nicht mehr brennt, will er 'ne neue. Der Vollidiot weiß nicht mal, daß das nur an der Batterie liegt.«

Oder: »Guck dir mal von ihr da die Titten an.« Und falls jemand nicht wußte, was er meinte oder welch toller Held er war, ging er auf die kindbeladenen Frauen zu und zog an den Brustwarzen. Dann kam allgemeine Stimmung auf. Man kreischte vor Vergnügen, während die Frauen fortliefen.

Sie hetzten um die Ecke der Barracke zum Plastik-Anbau, zur Küche.

Die beiden Köchinnen dort waren lieb zu ihnen. Womöglich aus Solidarität von Frau zu Frau. Sie gaben ihnen zu essen.

Sofort strömten aber auch die Goldsucher mit Hallo und Hurra ins Eßzelt, und bald war es gerammelt voll. Die Indianerinnen wurden jedoch von den Köchinnen gegen die Männer abgeschirmt.

»Hier, eßt euch satt«, forderten sie die Hungrigen auf, und die nutzten die Gunst der Stunde. Mit beiden Händen und beängstigender Geschwindigkeit stopften sie sich die Münder und Mägen voll. Die Köchinnen packten ihnen sogar etwas in die Körbe, die sie unter den angeschnallten Kindern ebenfalls auf dem Rücken trugen. Kommentar eines Goldsuchers: »Die kennen nicht mal Löffel!«

Antwort eines anderen: »Hast du schon mal 'nen Affen mit 'nem Löffel gesehen?«

Währenddessen zogen einige Indios von barraca zu barraca und erbettelten Abfälle. Mitunter erhielten sie sogar ein Paar ausgediente Schuhe, ein Stück Stoff, eine Batterie. Was sollten die garimpeiros auch geben? Sie waren selbst arm.

Ein weiterer Indio versuchte Pfeile gegen irgend etwas Nützliches einzutauschen. Er erhielt pro Pfeil eine Zigarette, und der spendable Goldsucher bedeutete ihm, daß er damit keinesfalls betrogen sei und er, der Goldsucher, nun verarme und Hungers sterben werde.

Dem Indio, der das getrocknete Fell einer winzigen Maracajá-Katze anbot, erging es ›besser‹. Er erhielt eine Flasche Bier. Die Umstehenden lachten aus vollem Halse. Sie wußten, was passiert, wenn ein Indianer Alkohol trank. Und war es nur ein Bier. Dieses Gift wirkt auf ihn in der Weise, daß er schon im Moment des Trinkens die Kontrolle über sich verlor. Er trinkt, bis er umfällt oder nichts mehr hat. Weil das so ist, ist die Abgabe von Alkohol an Indianer in Brasilien verboten. Selbst den Goldsuchern ist der Konsum verboten. Ein unübersehbares Schild in

Mineiros Büro droht jedem, der Alkohol trinkt, mit einer Strafe von zwanzig Gramm.

Dennoch juckte das nur wenige. Man tat's trotzdem, und niemand wurde bisher bestraft. In diesem Fall lösten wir das Problem, indem wir dem Indianer für viel Müsli das Bier ›abkauften‹.

Wir nahmen ihn mit in unsere Baracke. Dort bedeuteten wir ihm, daß dieses Getränk nicht gut für ihn sei. Daß er davon Bauch- und Kopfschmerzen bekommen und irgendwann sterben würde. Vor seinen Augen öffneten wir die Flasche, schütteten den Inhalt auf die Erde und gaben ihm die leere Flasche als Gefäß zurück. Er blickte ein wenig irritiert, aber er war mit dem Geschäft einverstanden. Trinken konnte er auch Wasser. Und nun hatte er etwas zu essen und ein Gefäß.

Immer wieder mußten wir uns zusammenreißen, um nicht dazwischenzufunken und als indianerfreundlich aufzufallen. Besonders, als eines Tages ein Indianer mit zehn kleinen, grünen Bananen auftauchte. Er wollte ein Messer dafür eintauschen. Das machte er mit geschickten Gesten klar. Die Yanomami sind gute Pantomimen.

Da löste sich ein Goldsucher aus einer Gruppe von Herumstehenden und ging auf den Indio zu. Er nahm ihm den Bastriemen mit der kleinen Bananenstaude vom Rücken. Der Yanomami gestattete das, weil er glaubte, der Tausch sei perfekt. Zumal der Weiße ein Messer trug. Aber der nahm die Bananen und wollte seelenruhig zu seinen Kumpanen zurückkehren.

Als der Indianer merkte, daß er betrogen werden sollte, lief er hinterher und forderte seine Bananen zurück. Zum Gaudi der Menge entspann sich nun ein Gerangel. Der Goldsucher bedeutete dem Indio, er habe Hunger, und damit basta. Schließlich drohte er ihm sogar mit erhobener Hand.

Da hielt es mich nicht länger. Ich eilte hinzu, nahm dem Goldsucher die Bananen weg und gab sie dem Indianer. Der zeigte gar keine Reaktion, sondern verließ die Piste, verschwand im Wald. Auf deutsch sagte ich zu dem Goldsucher: »Du mieses Arschloch.« Ich mußte das loswerden.

Dieser kleine Vorfall war von Mineiro beobachtet worden. Er ging plötzlich auf Wolfgang zu und forderte ihn auf mitzukommen. Wolfgang gab mir noch schnell ein Zeichen, wachsam zu sein. So trotte(l)te ich in einigem Abstand hinterdrein. Sie gingen aber nicht ins Büro. Sie schritten zu unserer Baracke.

»Ich möchte deine Aluminiumkiste sehen«, forderte Mineiro aus heiterem Himmel von Wolfgang. »Nimm sie und komm mit ins Büro.«

Ich war natürlich völlig perplex, als die beiden mit dem Filmkoffer an mir vorbei ins Büro verschwanden. Wolfgang hatte mich ganz kurz und starr angesehen. Kein Lächeln, kein Augenzwinkern. Ich war wie elektrisiert. Trotzdem versuchte ich Ruhe zu bewahren. Ich stopfte meine sechs belichteten Filme in die Brusttasche der Weste und checkte, ob die Waffen in den dafür vorgesehenen Seitentaschen griffbereit waren. Es war alles dort, wo es hingehörte. Wolfgang hatte nur ein bespieltes Videoband. Es war in unserem Müslikanister versteckt. Natürlich sorgfältig in einer stabilen Plastiktüte, denn Videobänder mögen bekanntlich kein Müsli, was ich gar nicht verstehen kann. Denn Müsli find' ich gut.

Ich stopfte das Band in einen Brustbeutel und hängte ihn mir um den Hals. Ich war fluchtklar. Und ich war durchnäßt. Meine Weste, obwohl ärmellos und auf Durchzug gestylt, klebte am Körper. Die Hände tropften wie Wasserhähne. Ich wollte sie abstellen, aber es ging nicht.

Ich überlegte, was ich noch unbedingt bei mir haben mußte. Die Kameras schieden aus. Meine Notizzettel, die in einer Ecke vergraben lagen, ließ ich in ihrem Versteck. Was darauf stand, wußte ich ohnehin auswendig.

Den Überlebensgürtel wollte ich nicht umhängen. In dieser Aufmachung würde ich sofort Mißtrauen erregen. Aber den Kompaß konnte ich einstecken, eine Angel, zehn Reservehaken und Feuer. Das reichte. Nach vier Wochen frühestens würden wir venezolanische Zivilisation erreicht haben.

Ich hielt es in der stickigen Baracke nicht mehr aus und schlenderte zum Büro. Die Tür war zu, und ich hörte Wolfgang und Mineiro sprechen. Die Goldsucher, die in der Nähe herumlungerten, nahmen mich nicht zur Kenntnis. Das wertete ich als gutes Zeichen. Hätte Mineiro einen begründeten Verdacht gehabt, oder hätte es drinnen heftige Debatten gegeben, hätten sich die Leute garantiert anders verhalten.

Als Wolfgang nach dreißig Minuten immer noch nicht draußen war, klopfte ich an.

»Herein«, klang es von drinnen. Ich trat ein und bat Wolfgang ganz beiläufig um sein Feuerzeug. Die Frage kam so unbekümmert, daß Mineiro mein Auftauchen bestimmt als nichts anderes gewertet hat.

Wolfgang wunderte sich natürlich über die Bitte, weil ich nicht rauche und weil er wußte, daß ich selbst eins besitze.

Unsere Blicke begegneten sich, und ich fing ein kurzes Blinzeln und die Andeutung eines Lächelns auf. Das machte mich zuversichtlich und ließ meine Anspannung sichtlich abfallen. Mir fiel aber auch sein Schweiß auf. Er war nicht weniger durchnäßt als ich. Vielleicht lag es am engen Raum. Aber warum war Mineiro nicht naß? War es doch nicht so heiß? Wolfgang erriet meine Gedanken. Er blickte an uns herab und meinte lächelnd: »Bevor man sich als Deutscher an dieses Klima gewöhnt hat, wird noch einige Zeit vergehen.«

Mineiro schmunzelte auch. Das sah ja wirklich nach Gutwetter aus, dachte ich.

»Ist es in Deutschland viel kälter?«

Wir nickten wie auf Kommando. Wie ergebene Angestellte, denen der Boss einen Befehl erteilt hatte.

»Na du wirst es ja sehen. Vielleicht klappt unser Geschäft. Dann werde ich sicher mal die Freude haben, dich als Gast bei mir in München begrüßen zu dürfen.«

He, dachte ich, was sind denn das für Töne? ›In München besuchen‹, ›ist mir eine große Ehre‹ – war Wolfgang nun auch von der Mafia gekauft?

Endlich war die Sitzung beendet. Sie hatte fünfundvierzig Minuten gedauert. Wir waren noch nicht ganz aus der Tür, da hauchte mir Wolf zu: »Mensch, das war haarscharf!«

Als wir unter uns waren, erfuhr ich den Rest.

»Mach deinen Koffer auf! Ich möchte die Kameras sehen«, hatte Mineiro befohlen. Wolf blieb cool. Trotz seines Schweißausbruchs.

»Ist das eine Reporter-Kamera?« wollte der Boss dann wissen.

Wolfgang lächelte. So, als wollte er fragen, ob die Frage wirklich ernst gemeint sei. Betont gleichgültig reichte er sie ihm rüber.

172

Mineiro betrachtete sie von allen Seiten. Seine Finger tasteten über die Kratzer, er sah das beschmierte Lassoband, das so aussah, als halte es die schrottreife Kamera mit letzter Kraft zusammen, und er beschaute die Dichtungsmasse, die aus manchen Ritzen quoll. Dann war Mineiro beruhigt.
»Ich habe auch eine Video-Kamera«, war sein Kommentar.
»Aber eine ganz moderne.«
Damit war klar, Wolfgangs Umsicht, die Kamera bis zur Schmerzgrenze zu verunstalten, hatte sich ausgezahlt. Mineiro hielt sie für antik und war zufrieden. In Deutschland hätte der Trick nicht funktioniert. Dort weiß fast jeder, daß gerade der Profi arg ramponierte Kameras hat und der Amateur die seinen penibel pflegt.
Und dann fragte Mineiro plötzlich: »Habt ihr Waffen?«
Die Frage kam wie ein Schuß. Wolfgang stellte sich breitbeinig vor dem Herrscher der Piste auf, die Arme etwas vorgehalten, so daß seine Textilien locker runterhingen. Wie beim Abtasten im Flughafen. Natürlich ließ er sich nicht abtasten, sondern er tat das sofort selbst.
»Was sollen wir mit Waffen? Braucht man denn hier Waffen?«
»Natürlich nicht. Ich brauche hier keine.«
Hätte Mineiro ihn abgetastet, wäre er zu einem anderen Ergebnis gekommen.
»Dann gab es noch zwei interessante Beobachtungen«, fuhr Wolfgang fort. »Als ich reinkam ins Büro, hörte Mineiro gerade eine Radiosendung. Es sprach General Leônidas Pires, der Heeresminister. Nicht aus irgendeinem Grund, sondern aus Anlaß des ›Tages des Indianers‹.«
»Konntest du das gut verstehen?«
»Ja, astrein. Es waren die üblichen Kraftsprüche. Nur diesmal eben vom Heeresminister persönlich. Und dann zum Ehrentag des Indianers. Der reinste Zynismus. Er meinte, man könne 40 000 Goldsucher (es sind 65 000) nicht rausholen. Das sei militärisch nicht machbar. ›Wer will sie denn überhaupt raushaben?‹ tönte er. ›Niemand. Nicht mal die Indianer selbst wollen das. Denn schließlich kommen die Goldsucher für ihre Ernährung auf. Und außerdem landen in Boa Vista täglich zwanzig Kilo Gold.‹«

»Was müssen diese Politiker doch Rückhalt beim Staatspräsidenten haben, wenn sie ihre Menschenverachtung und -verdummung so öffentlich und ohne persönliche Konsequenzen hinausposaunen können? Was ist das für eine Armee, und was ist das für ein Heeresminister, die mit solch einem Problem nicht fertig werden? Aber du sprachst von *zwei* Beobachtungen.«

»Ja«, sagte Wolfgang, »Die andere ist ein echter Hammer. Der Assistent von Leonel, der Typ, den er uns neulich nachgeschickt hat, wurde von ihm ans Funkgerät gerufen. Er mußte tierisch reinschreien, weil Boa Vista ihn nicht gut genug verstand: Man solle seiner Frau bitte bestellen, mit der morgigen Maschine würde er ihr mal wieder ein Kilo Gold schicken. Mehr habe er im Moment nicht. Die letzte Woche wäre schlecht gewesen. Aber bestimmt bald könnte er ihr mehr schicken. Und einen schönen Gruß an die Kinder.«

Ich verstand den Knüller nicht.

»Was ist daran das Besondere?«

»Das Besondere? Daß er gar kein Gold besitzt. Jedenfalls nicht ein Kilo, und schon gar nicht als Wochenlohn. Sie machen das, weil der Funk von Hinz und Kunz mitgehört wird. Das spricht sich natürlich wie ein Lauffeuer rum, und die Bosse hier kriegen genügend Arbeitskräfte. Und wer es nicht mitgehört hat, wird es vom Gewerkschaftschef Baixinho erfahren. Der läßt ständig mithören. Eine irre Werbeidee.«

»Woher weißt du denn, daß er in Wirklichkeit nichts hat?«

»Ganz einfach. Ich habe ihn gefragt. Ich sagte, ich würde ihm einen höheren Preis zahlen, falls er es mir gäbe, weil wir noch pepitas machen lassen wollten.«

Und über die pepitas waren Mineiro und Wolfgang dann schließlich wieder beim Thema Goldgeschäft gelandet. Wolfgang ließ ihn wissen, daß wir mit den gesammelten Informationen eigentlich sehr zufrieden seien. Die Goldfunde seien rentabel, und aus unserer Sicht würden wir den Klienten die Investitionen empfehlen. Dieses Gespräch nahm dann auch den größten Teil ihrer ›Sitzung‹ in Anspruch. Der Zwischenfall des Mißtrauens, die Gepäckkontrolle schien ausgestanden.

Wolfgang erfuhr, in unmittelbarer Nähe der Piste sei natürlich

174

alles längst verpachtet. Aber man wolle auch weiterhin terra virgem, jungfräuliches Neuland, erschließen, und da bestünden noch Möglichkeiten des Einkaufs. Zunächst aber solle man die Konditionen für den Goldverkauf festlegen, über eventuelle weitergehende Zusammenarbeit könne man zu gegebener Zeit reden.

»Sobald ich hier an der Piste abkömmlich bin, in zwei Wochen etwa, sollten wir uns erneut mit allen Partnern in Boa Vista zusammensetzen und das besprechen.«

Wolfgang hatte sich einverstanden erklärt und bei der Gelegenheit auch gleich den Rückflug angesprochen.

»Eigentlich haben wir genug gesehen. Wenn du nichts dagegen hast, würden wir morgen gern zurückfliegen.«

Mineiro war einverstanden. Er zeigte sich großzügig, Sein Abschiedsgeschenk:»Die Miete und die Startgebühr (je sechzig DM) erlasse ich euch. Guten Flug, und du, Wolf, melde dich bei mir.«

Wir schieden wie Freunde.

Seltsame Freunde.

Vorher verschenkten wir alles, was uns überflüssig erschien, an eine Gruppe Indianer, die bettelnd über die Piste zogen. Vor allem diverse Messer, Macheten und das viele Müsli. Ab morgen gab es für uns wieder frische Salate. Direkt in Manaus. Vorbei wäre die Zeit der Bohnen und des Reis.

Für den skelettdürren Indianer brachten wir den Schlafsack zur maloca. Wir dachten, er hätte ihn am nötigsten, weil sein Körper ihn kaum noch auf siebenunddreißig Grad halten konnte.

Da faßte mich einer der Indianer am Arm. Er stellte sich auf die Zehenspitzen, um mir etwas ins Ohr zu flüstern. Ich beugte mich ihm entgegen. Er hauchte mir ein Wort ins Ohr. Es dauerte ein ganze Weile, ehe ich es verstand. Doch dann war es klar. Er sagte es fragend, flehend und mit letzter Hoffnung: »FUNAI?«

Das traf mich hart. Ich mußte dreimal schlucken. Wie sollte man den Indianern klarmachen, daß sie gerade von dieser Behörde aufs schmählichste verraten und verkauft worden waren?

175

Ich verneinte und umarmte ihn.

Vorbei an verängstigten Indianerinnen, die sich beim Aufdonnern der Motoren vor Angst hinter die gefällten Bäume warfen, erhob sich unsere Maschine anderntags von der Pista Baiano Formiga.

Hoffnungsschimmer

Erst als das Filmmaterial im Tresor des US-Konsuls James Fish in Manaus lagerte, atmeten wir auf. Bis dahin wurden wir das Gefühl nicht los, es könne uns irgendein ›unerwartetes Ereignis‹ der Beweise berauben. Gleich nach der Ankunft in Boa Vista mit der einmotorigen Goldgräber-Maschine hatten wir den Anschluß mit der VARIG nach Manaus gebucht.

Jetzt hieß es, Persönlichkeiten des öffentlichen Lebens um Lösungsvorschläge angehen.

Als letzter dann, vorm endgültigen Verschwinden nach Deutschland, sollte Romero Jucá Filho befragt werden, der Hauptdrahtzieher in diesen dunklen Mord-Geschäften.

Da wir gerade in Manaus waren, machten wir den Anfang mit Artur Neto, dem Bürgermeister der Stadt. Er war uns bekannt als engagierter Reformer auf dem Sektor Korruption und ein Mann, dem die Bedeutung intakter Natur bewußt ist und der infolgedessen auf seiten der Indianer stand. Noch immer freuten sich die einfachen Bürger über seine Entscheidung, kurzerhand vierhundert Staatsdiener-Gehälter gestrichen zu haben, von Leuten, die sich das Geld seit Jahren nach São Paulo oder sonstwohin überweisen ließen, ohne je einen Finger dafür krumm gemacht zu haben. Mit dieser Entscheidung hatte er sich aber auch schlagartig vierhundert Feinde geschaffen. Wieviel Mut dazu gerade in Brasilien gehört, kann man sich leicht ausrechnen. Einen Killer gibt es ab fünfzig Cruzados.

Artur Netos Residenz lag am Ende der ›Avenida 7 de Septembre‹, gleich hinterm Palmenpark oberhalb des Überseehafens.

Netos Dynamik spürte man bereits am Telefon.

»Selbstverständlich. Von mir aus gleich heute. Dann geht es aber nicht vor einundzwanzig Uhr. Und im übrigen danke ich dafür, daß Sie dabei auch an mich gedacht haben.«

Das waren Gesprächspartner nach unserem Gusto. Nicht lange um den heißen Brei schleichen, sondern reinspringen in den Topf.

»Das Goldsucherproblem«, so Neto, »ist ein Krieg der Ar-

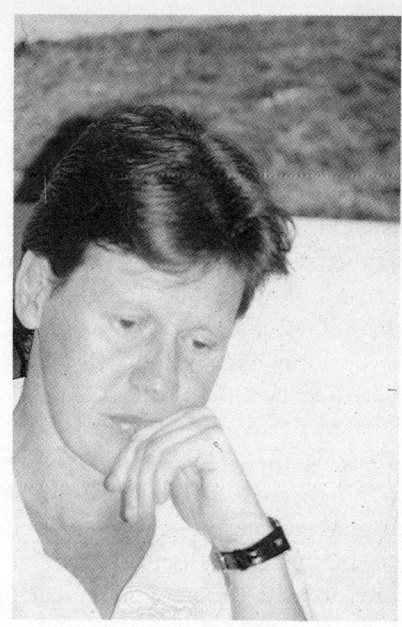

Artur Neto

men. Volk gegen Volk. Goldsucher gegen Indianer. Es ist ein Krieg ums nackte Überleben.«

Wir erfuhren, Goldsucher habe es immer schon in Brasilien gegeben. Genau wie die einfachen Siedler.

»Doch sobald ein Stück Land für reiche Brasilianer oder reiche ausländische Firmen interessant wird, kaufen die es auf und vertreiben die Ansässigen. Dazu zählt auch das deutsche Volkswagenwerk, das im Süden von Pará Feuer legte und Hunderttausende von Hektar Wald abbrannte. Die Flüchtlinge solcher Regionen strömen dann in Gebiete, die sie für herrenloses Niemandsland halten. Sie ergreifen Besitz vom Indianerland. Laut Verfassung gehört solches Indianerland aber unveräußerlich nur den Indianern. Doch dort schreitet die Polizei nicht ein. Wenn dieselben Leute über den Volkswagen-Besitz herfallen würden, würde die Regierung Sarney das gesamte Militär mobilisieren. Es träfe die Besetzer die ganze Kraft des Gesetzes.«

Neto beklagte, daß immer mehr Land von immer weniger Leuten besessen würde.

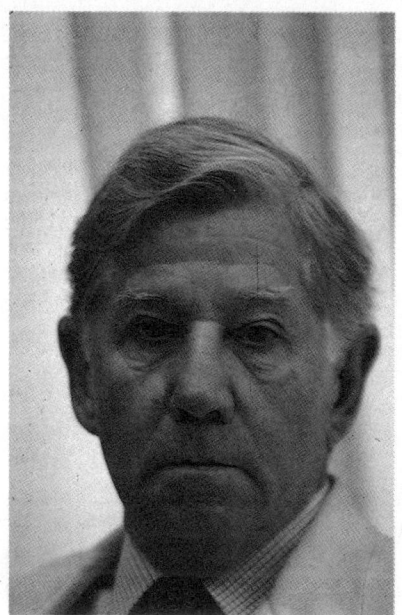

Severo Gomes

»Was wir dringend brauchen, ist eine Landreform. Die jetzige Politik – Bevorzugung des Großkapitals – schafft immer mehr Armut, Elendsviertel und Gewalt! Sie hält das Land auf einer Stufe der Unterentwicklung, die Brasilien gar nicht nötig hätte. Mein Land bezahlt jedes Jahr mehr als zwanzig Milliarden Dollar für eine Schuld, die es dem Ausland gar nicht schuldet. Wir degradieren uns damit zu Prostituierten. Statt diese Milliardensummen für Zinsen zu vergeuden, müßten viel dringender soziale, technische, umweltbewahrende Maßnahmen finanziert werden. Es sind wirklich diese immensen Schulden, die verantwortlich sind für die Schäden an der Natur, an den Indianern, den Stadtbewohnern – ich sehe das als integriertes Ganzes.«

Einen anderen Gesprächspartner dieser Denkweise fanden wir in Senator Severo Gomes. Sein Arbeitssitz befand sich im Regierungsviertel Brasílias. Er gehört dem Parlament an.

Gomes, ein weiser Herr über die Sechzig, war mir schon seit

vielen Jahren ein fester Begriff als engagierter Yanomami-Freund und Unterstützer der CCPY.

Von ihm stammte der Lösungsvorschlag: »Schafft den Yanomami-Park und betrachtet die Bodenschätze dort als Eiserne Reserve für die Zukunft. Respektiert sie zumindest so lange, wie Brasilien darauf nicht angewiesen ist, das heißt, solange Brasilien in zivilisierten Gebieten noch Ressourcen besitzt, die nicht erschöpft sind.« Unsere Fragen an ihn kreisten um dasselbe Thema.

»Was kann man tun?«

»Eigentlich brauchte die Regierung gar nichts zu tun, außer ihre Verfassung zu erfüllen. Da sie es nicht tut, muß man versuchen, mit den verschiedensten Aktionen die Bürger Brasiliens zu mobilisieren, und ihnen klarmachen, was hier geschieht.«

Gomes nannte auch gleich ein Beispiel.

»Nächste Woche wird der Kongreß den Häuptling Davi Yanomami ehren. Er hat ja bekanntlich den UNO-Umweltpreis erhalten. Der brasilianische Kongreß nimmt sich dieser Sache an. Die Regierung beharrt auf ihrem Machtanspruch, ohne die Meinung des Volkes und schon gar nicht die der Indianer zu respektieren, ohne sich um das Gesetz und um die Verfassung zu kümmern. Dies ist der Grund unserer Aktion. Wir werden eine Reise in das Gebiet der Yanomami machen; und zwar am dreizehnten Mai. Diese Aktion nennen wir Bürgeraktion, denn wir stehen nicht allein. Beteiligt sind die Vereinigung der Bischöfe Brasiliens und die Kirche, der Verband der Rechtsanwälte Brasiliens, eine repräsentative Gruppe von Parlamentariern, Gewerkschaftern, Unternehmern, die Vereinigung für den wissenschaftlichen Fortschritt und Universitätsdirektoren.«

Sie alle, so Gomes weiter, seien sich darüber im klaren, daß mit dem Indianer auch die Natur unterginge.

»Wir müssen hier gegen ungeheuer mächtige Kräfte kämpfen. Unsere westliche Zivilisation ist sehr effizient und hat zugleich eine große Zerstörungskraft. Sie verachtet die Kultur der Indianer. Dabei könnten wir unendlich viel von ihnen lernen. Gerade die Yanomami, ich kenne sie persönlich, haben eine soziale Struktur, ein Familienleben, eine Kindererziehung, bei der wir nicht dieses große Desaster unserer eigenen Gesellschaft vorfinden, wo es ständig zu Streit und Gewalt kommt.«

Gomes hatte auch sofort einen Vergleich parat. »Wenn ich mit meinen Enkeln im Auto wegfahre, dauert es fünf Minuten, bis sie anfangen zu streiten. Dagegen verbrachte ich Tage in einen Yanomami-Dorf, in dem es mindestens fünfzig Kinder gab, aber ich sah keinen Streit, ich sah nicht ein einziges Mal ein Kind weinen.«

Natürlich interessierte uns auch ganz besonders Gomes' Meinung über den Gouverneur Romero Jucá Filho von Roraima, der vor wenigen Monaten noch Präsident der FUNAI war.

»Das ist ein arges Übel, um so mehr, als Brasilien sich in einer Phase der Festigung seiner Demokratie befindet. Dieser Mann hat heute auf Grund seiner Tätigkeit als FUNAI-Präsident – ich weiß nicht wie viele – Prozesse gegen sich laufen. Wegen Veruntreuung von Geldmitteln, Verkaufs von Lizenzen für Holzgewinnung aus Indianergebieten und anderer ähnlicher Fälle. Und nun regiert er auch noch in Roraima, wo die lokalen politischen Kräfte untrennbar verbunden sind mit den Goldsuchern und Farmern, die sich heute um das Indianer-Land streiten. Und von diesen wird er gefeiert, das heißt, daß er also schon als FUNAI-Präsident den Indianern derart geschadet hat, daß er von diesen Kreisen unterstützt wurde, Gouverneur ihres Staates zu werden.«

»Gibt es eine Lösung der Frage?«

»Wir versuchen vieles. Da ist die schon angesprochene Sensibilisierung der Bevölkerung, die Information über den Völkermord und die Zerstörung unserer Natur, dann müssen wir die Auslandsschulden abbauen. Wir dürfen kein Geld mehr zum Fenster hinauswerfen für pharaonische Projekte – wie zum Beispiel das Nuklear-Abkommen –,und wir müssen sicherstellen, daß das brasilianische Gold, wie in Roraima, nicht alles ins Ausland verschwindet und damit Brasilien verlorengeht. Darüber hinaus unterstütze ich die Aktion des Verbandes der Anwälte Brasiliens. Es geht um eine Klage vor dem Obersten Gerichtshof gegen die Regierung wegen Verfassungsbruchs.«

In der Lagerhalle

Beim Stichwort Völkermord dachten wir wieder an das – für unser Empfinden – Synonym für dieses Wort, an den Gouverneur von Roraima. Oft hatten Wolfgang und ich überlegt, ob wir ihn selbst um das Interview bitten sollten oder ein anderer Weg ratsam wäre. Wir befürchteten, daß er uns einen Korb gäbe, wie damals – als er noch FUNAI-Präsident war – nach der Tretboot-Fahrt. Womöglich erinnerte er sich sogar an meinen Namen, weil er in seiner Kartei gespeichert war. Dann wäre der Ofen völlig aus. Bei der FUNAI Amazonas zum Beispiel galt und gelte(?) ich als ›unerwünschte Person‹. Weiß der Moskito, weshalb. Gründe hatte sie gewiß reichlich. Aber die Abneigung beruht auf Gegenseitigkeit. Das darf ich wohl sagen. Wir hatten uns mehrere Varianten ausgedacht, um an eine Audienz zu kommen, entschieden uns dann für den Versuch, der am ehesten Erfolg versprach. Wir nutzten das Angebot unseres Außenministers Hans-Dietrich Genscher, der uns seine Hilfe zugesichert hatte. Die Deutsche Botschaft in Brasília war informiert und vom ersten Anruf an voll auf Hilfskurs. Wilhelm Zettel, Erster Sekretär, betreute uns wie eine Glucke ihre Küken. Was uns zur Kreation eines Slogans für ihn inspirierte: »Nicht verZetteln, gleich zu Zettel.«

Mit Hilfe seiner Kolleginnen und Kollegen in Brasília und dem zuständigen Generalkonsulat in Recife erhielten wir innerhalb von drei Tagen einen Termin bei Jucá.

»Es ging leider nicht eher«, verriet uns eine freundliche, weibliche Stimme des Generalkonsulats, »weil der Gouverneur und sein Sekretär Marcelo sich im Landesinneren befinden. Aber Freitag um halb drei erwartet er sie.«

Kaum hatte ich den Telefonhörer aufgelegt, da dämmerte mir etwas. Hatte sie Marcelo gesagt? War das womöglich jener Marcelo, der schon damals bei der FUNAI sein Spezi war? Jener Marcelo, der uns die netten Lügen von der unmittelbar bevorstehenden baldigen definitiven Gründung des Yanomami-Parks in die Kamera erzählt hatte? Der so lieb lächelte und sich höflich dafür bedankte, daß wir den Yanomami und der gerechten Sache so viel Aufmerksamkeit widmeten? Allein, um das rauszufinden, lohnte sich der erneute Weg nach Boa Vista. Es würde eine typische Cliquenwirtschaft entlarven.

Wilhelm Zettel zettelte auch einen anderen Kontakt an.

»Wenn Sie Jucá interviewen wollen, sollten Sie unbedingt auch José Lutzenberger zu Wort kommen lassen. Sie wissen doch, das ist der Mann, der den Alternativen Nobelpreis für sein ökologisches Engagement erhalten hat. Der Mann, den man auch das grüne Gewissen Brasiliens nennt. Er hat ungewöhnlich beeindruckende und logische Thesen zum Thema Umweltschutz.«

Von solchen Koryphäen konnten wir nie genug um Rat bitten. Also notierten wir José Lutzenbergers Anschrift.

Leider war er zum Zeitpunkt unseres Aufenthaltes nicht zu Hause. Er war in Deutschland. Aber das Glück war uns hold. Es gewährte uns für dieses Pech einen akzeptablen Ausgleich.

Am 9. Mai 1989 war Lutzenberger zu Gast im ›Abendstudio‹ des Saarländischen Rundfunks. Es war ein beeindruckendes Gespräch. Ich habe stehend applaudiert. (Den Originaltext kann man übrigens beim Saarländischen Rundfunk anfordern.)

Es war ein leidenschaftlicher Appell an uns, Luxus und Verschwendungssucht zu drosseln und uns mehr zu bescheiden.

Er prangerte unser Unverständnis an, zu glauben, man könne alle Nutzpflanzen überall anbauen und könne die fehlende Substanz des Bodens mit Kunstdünger und Spritzmitteln bedenkenlos ausgleichen.

Sinngemäß sagte er: »Eine gesunde Pflanze am richtigen Standort hat alles, um sich selbst gegen Schädlinge zu wehren. Der beste Beweis ist die pralle, intakte Pflanzenvielfalt des Regenwaldes. Und das, obwohl gerade der Regenwald Amazoniens nur eine hauchdünne Humusschicht besitzt, auf der nichts mehr gedeihen will, sobald der Mensch eingreift. Sobald man die Bäume vernichtet, um dort Äcker anzulegen, erleidet man katastrophalen Schiffbruch. Plötzlich läuft nichts mehr.«

Auch seine Version von den Folgen eines abgeholzten Amazoniens hat mich beeindruckt.

»Der Regenwald ist nicht nur ein gigantischer Sauerstoffproduzent. Er ist vor allem eine kolossale, gewaltige Wärmepumpe für die Atmosphäre des Planeten. Die Regenmassen, die von den

Passatwinden nach Ostbrasilien getragen werden und dort niedergehen, verdunsten, steigen wieder auf und regnen erneut ab. Auf ihrem Weg vom Atlantik zu den Anden wiederholt sich dieser Vorgang fünf- bis siebenmal.«

Lutzenberger weiter: »Diese phantastische Energieumsetzmaschine entspricht der Energie von Zehntausenden von Atombomben pro Tag!«

Von Satellitenbildern wisse man, so Lutzenberger, daß beim Aufprall an die Anden eine nördliche und eine südliche Windströmung entstehen, die das Klima bis Neufundland im Norden und Argentinien im Süden prägen und sogar das von Nordeuropa.

»Die Mächtigen dieser Welt bestreiten das natürlich. Aber das sind Zwecklügen, weil sie sich am Wald bereichern wollen. Regenwald und Klima bestimmen sich gegenseitig.«

Der Interview-Termin mit Jucá rückte näher.

»Weißt du was«, sagte Wolfgang, »wir fahren schon einen Tag früher nach Boa Vista. Der Bischof wollte uns doch noch den Goldsucher mit dem Tagebuch vorstellen, und außerdem haben wir bei Herbert, dem Mafioso Filho, zweihundert Cruzados gut. Ich sehe nicht ein, daß wir sie ihm schenken.«

Da mußte ich Wolfgang beipflichten. Diese Summe schuldete er uns, weil der Begleiter, den er für uns als ›Führer‹ auserkoren und für den er abkassiert hatte, nie nachgekommen war.

Deshalb führte uns der erste Weg zu Herbert.

Wolfgang war schnell aus dem Taxi rausgesprungen. Ich wartete im Wagen. Zweihundert Cruzados – für solche Trinkgeldsumme langen Goldmillionäre gelangweilt und ohne ihre Unterhaltung zu unterbrechen, in die Tasche. Eine Minute später würde Wolfgang wieder draußen sein.

Nach zehn Minuten bat ich den Taxifahrer, die fünf Meter zurückzusetzen, damit ich durch den großen Fronteingang in die Lagerhalle zum Büro spähen konnte.

Doch da draußen die Sonne gleißend hell strahlte, konnte ich drinnen nichts erkennen. Die Scheiben des Glaskasten-Büros reflektierten das Tageslicht.

Die diversen Helfer, die schon wieder Frachtstücke den sechs Pistennummern zuordneten, wirkten normal aktiv. Kein hinterlistiger Seitenblick, kein unnormales Interesse an meiner Person. Ich war jemand, der auf jemand anderen wartete.

Nach weiteren fünf Minuten war es mir zu bunt. Der Typ kannte wohl nicht unseren Stundenlohn oder wie oder was. Ich wollte gerade hineinstürmen – da kam Wolfgang heraus.

»Hast du das Geld?«

»Nein. Wir sollen um sieben Uhr wiederkommen.«

»Und warum? Sag nicht, daß Herbert etwa kein Geld im Tresor hätte.«

»Doch. Gesagt hat er das jedenfalls. Aber da steckt etwas anderes dahinter. Als ich das Büro betrat, war seine Begrüßung ›Hallo, ihr seid also doch Reporter!‹«

»Ehrlich? Wie kam er denn darauf? Haben die einen heißen Draht zum Gouverneur?«

»Wie er darauf käme, das habe ich ihn auch gefragt. Denn das war auch mein erster Gedanke. Oder daß Ribas doch noch ausgepackt hat. Und weißt du, was er gesagt hat?«

»Mach's nicht so spannend.«

»Leonel hat bezeugt, wir hätten heimlich fotografiert. Und zwar, nun halt dich fest: mit einer Kamera, die wir am Bein angebunden hatten.«

Nun blieb mir echt der Mundgeruch weg. Eine Kamera am Bein. Wenn es nur wahr gewesen wäre! Ich war ehrlich sauer über diesen Feistbauch von Leonel.

»Genauso haben wir ihn ja immer eingeschätzt. Ein hinterfotziger Schleimi. Nach oben kriechen und lecken, nach unten treten und killen.«

»So ähnlich habe ich das Herbert auch gesagt. Ich habe gefragt, warum er uns dann nicht gleich kassiert oder unschädlich gemacht hätte. Aber darauf hatte er keine Antwort. Jedenfalls hätte er das Geld erst heute abend um sieben Uhr, und du sollst mitkommen.«

Das war eine völlig unerwartete Zuspitzung.

»Sollen wir überhaupt hin?« fragten wir uns gegenseitig.

Das Interview mit dem Gouverneur war erst morgen. Wenn wir uns heute abend nicht blicken ließen, konnte er das als Bestätigung seines Verdachts werten. Gingen wir jedoch hin, und dann noch um sieben Uhr, wenn es dunkel wäre, mußten wir höllisch aufpassen, damit wir nicht in eine Falle gerieten.

In diesem Moment stieß mich Wolfgang an.

»Da vorne! Leonel. Er geht ins Büro.«

Ohne weitere Überlegung stürzten wir sofort hinterher. Anklopfen und rein. Gerade noch mit einem Rest von Höflichkeit. Der kleine Leonel saß bereits mit seinem Zwei-Zentner-Leib auf einem oder zwei Stühlen. Er war völlig verdattert, uns plötzlich vor sich zu sehen, denn Herbert hatte noch keine Zeit gefunden, ihm von unserem Besuch zu berichten.

»Wie kommst du dazu zu behaupten, wir hätten heimlich fotografiert? Mit einer Kamera am Bein. Erstens hatte Herbert uns ausdrücklich das Fotografieren von Indianern erlaubt, zweitens konnten wir am Bein gar keine Kamera verstecken, weil wir immer in kurzen Hosen herumliefen. Also – wie kommst du dazu?«

Leonel war sichtlich verwirrt. Er war überrascht von der Heftigkeit in Wolfgangs Worten, vielleicht fiel ihm wegen des Arguments mit den kurzen Hosen kein stichhaltiges Gegenargument ein. Er blickte der Reihe nach von uns zu Herbert und retour. Um seine Verlegenheit zu überspielen, redete er schnell mal etwas Laberlaber-Kram.

»Hallo, da seid ihr ja. Hat es euch gefallen? War das Zimmer okay?«

Dann hatte er sich gefangen. Er setzte sein allerehrlichstes Gesicht auf, zuckte mit den Schultern, unterstrich das noch mit dem scheinbar hilflosen Anheben der Arme und meinte zu Herbert: »Nein, da haben die recht. Die waren das nicht. Das waren andere Reporter.«

Wir genossen den Triumph. Nun war das Thema Reporter ja wohl endgültig vom Tisch.

»Das waren andere Reporter«, äffte Wolfgang den dicken Sklaven nach. »Da war kein einziger Ausländer an der Piste. Und ich bin sicher, du hättest ihn auch schnell hopsgenommen, wenn so was wirklich passiert wäre.«

Wir wandten uns zur Tür. Im Hinausgehen konnten wir's uns nicht verkneifen, noch einen obenaufzusetzen.

»Du hast 'ne tolle Phantasie. Vielleicht solltest du selbst Reporter werden. Oder Märchenbücher schreiben.«

Und raus waren wir. Dem hatten wir's gegeben. Ehrliche Leute als Reporter zu beschimpfen.

Es war nun nach diesem Psycho-Sieg klar, daß wir heute um sieben Uhr mit germanischer Pünktlichkeit bei Hörbi auf der Matte stehen und unser Geld abholen würden. Obwohl ja Geldschulden Bringschulden sind. Vielleicht hatten wir dann ja wirklich eine Kamera am Bein.

Um sieben Uhr war es dunkel. Die Straßenlaternen gaben sich redlich Mühe, der Nacht ein paar Löcher in den Bauch zu glühen. Das Licht reichte aus, die Lagerhalle der Agência Chapona sichtbar zu machen. Das große Rolltor war einladend geöffnet. Wir gaben uns unbekümmert. Aber wir waren alert. Herbert war falsch und hinterlistig. Das stand für uns fest. Niemals konnte es stimmen, daß er nicht mal lumpige zweihundert Cruzados im Tresor hatte.

In der Halle schlichen noch zwei Typen rum.

Unsere fünf Sinne waren auf Empfang geschaltet, unsere Hände in den Taschen bei den Waffen.

Herbert und sein gutaussehender Kumpan António erwarteten uns.

»Nehmt Platz«, befahl er mit seiner Heiserstimme. »Wollt ihr ein Bier?«

Wir lehnten ab. »Nein, danke, dann müssen wir so schwitzen.« Auf keinen Fall wollten wir uns jetzt auch nur im geringsten einnebeln lassen.

»Aber ein Wasser?«

Okay. Wasser war in Ordnung. Wenn nichts drin war. Wir würden dennoch nur so tun, als ob wir tränken.

Ein Helfer wurde reingewunken und beauftragt, die Getränke zu holen. Der Typ war uns echt unheimlich, er war auch nicht zu hören, selbst dann nicht, als ich mein Hörgerät auf ›Gras wachsen‹ stellte. Denn er ging barfuß.

»Hör zu«, sagte Wolfgang und gab sich locker, »ich setze mich an die Außenwand, du genau gegenüber. Ich mache das Quatschen, damit wir jetzt unser Geld kriegen, und du paßt auf.«

Heiserstimme und Schönmann saßen nebeneinander hinterm Schreibtisch. Das Büro war immer noch winzig klein und zur Halle hin verglast.

Ich saß neben der Tür und hatte somit die beiden Sprößlinge im Auge und die Halle, Wolfgang hauptsächlich seine Gesprächspartner und die Tür.

Nach einigen Augenblicken klapperten Flaschen und Gläser. Der Mann mußte wohl im Raum sein und servieren.

Wir redeten über dies und das und auch noch über jenes. Nur eins mieden unsere Millionärssöhne: die zweihundert Cruzados. Diese Unaufrichtigkeit machte mich allmählich sauer.

»Los, Wolf, laß dir die zweihundert Mäuse geben, und dann hauen wir ab.«

»Ja. Sobald ich das einwerfen kann.«

Aber Wolfgang kam nicht dazu. Herbert ließ den Gastgeber raushängen. Der Helfer mußte Fleisch reinschleppen.

»Eßt doch bitte etwas.«

Es war nicht viel. Aber dafür war es zäh, und das ist genauso wertvoll wie viel, weil man an beiden Variationen gleich lange kaut. Nur, daß Hörbis System preiswerter war.

Das Bier war alle. Der Diener hatte einen nicht wahrzunehmenden Befehl erhalten, Nachschub zu bringen.

Wir blieben beim Wasser. Das würde uns ihnen überlegen machen. Wir hatten unsere Sinne unter Kontrolle, die ihren würden sicher schon lädiert sein. Vor allem, wenn sie sich bereits vor unserem Erscheinen Mut angetrunken hatten.

Auf jeden Fall waren wir davon überzeugt, daß Herbert Zeit gewinnen wollte.

»Ich werde das Gefühl nicht los, daß er noch auf jemanden wartet«, sagte ich zu Wolfgang in deutsch und mit einer Betonung, die eher für den Satz gepaßt hätte: ›Wenn Mücken ein Fell hätten, fände ich sie richtig niedlich.‹

Wolf nickte »Paß gut auf, damit ich unbefangen reden kann.«

Ich blickte zur Landkarte an der Wand über Wolfgang, in der die Pisten eingezeichnet waren, lächelte Herbert zu und schenkte ihm meinen Gesichtsausdruck ›Schade, du, daß ich so wenig verstehe‹ und hielt Tür und Halle im Auge. Vor allem die vier Hände der zwei Männer. Ganz besonders in den Momenten, wo sie in Schubladen fummelten. Noch mehr als auf ihre Hände blickte ich in ihre Augen. Ich wollte ihnen Warnsignale entnehmen, um ihnen ein paar Zehntel Sekunden zuvorzukommen, falls sie krumme Dinge vorhatten.

Endlich konnte Wolfgang die Forderung nach dem Geld dazwischenschieben.

Herbert druckste, goß sich Bier nach, Schönling lachte und

protzte mit seinen Zähnen, bis sie endlich gestanden: »Der Bote, der das Geld bringen wollte, ist nicht gekommen. Aber morgen früh bestimmt. Nun trinkt doch ein Bier.«

So ging es hin und her. Sie zogen das Gespräch in die Länge. Bis sie uns erneut in Alarmzustand versetzten: »Nun könnt ihr es doch zugeben: ihr seid Reporter.«

Und in genau diesem Moment fuhr mir ein zweiter Schock durch die Glieder. In der Halle schlossen sich die Rolläden an Tür und Fenstern. Das Straßenlicht war damit weggeblendet, die Halle stockdunkel. Ich hatte nicht gesehen, ob jemand die einzelnen Eisen-Rolläden manuell runtergekurbelt oder ob Hörbi ein Knöpfchen gedrückt hatte.

»Wolfgang«, sagte ich und lächelte ihn an, als wäre mir gerade ein Wahnsinnswitz eingefallen, »wir müssen sofort weg. Gerade haben sich alle Rollos gesenkt. Die Ausgänge sind dicht.«

Wolf lächelte genauso gut zurück. So, als hätte er den Witz verstanden und die Pointe eines Lachers für wert befunden.

»Was hat Rudi gesagt?« erkundigte sich Herbert.

»Och, weiter nichts. Er sagte, daß er jetzt auch unbedingt besser Brasilianisch lernen möchte, damit er eure Späße verstehen und mitlachen kann.«

Aber gleichzeitig verzichtete Wolfgang aufs übliche Gestikulieren. Er wollte die Hände nicht unnötig falsch einsetzen und steckte sie in die Taschen. Zu den Waffen.

»Mach Druck, wir müssen jetzt los. Sag ihnen, daß wir's eilig haben.«

Draußen vorm Büro klapperte es. Der Helfer brachte Nachschub und räumte den leeren Fleischteller ab.

Aber da lag noch der erneute Vorwurf in der Luft, wir könnten doch nun gestehen, Reporter zu sein.

»Ich will dir mal was sagen, Herbert«, schimpfte Wolfgang, »ich habe dieses Schimpfwort jetzt zum letztenmal gehört. Wenn ich Mineiro erzählen würde, was wir uns von dir gefallen lassen müssen, auch die Sache mit dem Geld, wäre er wohl sehr sauer. In Deutschland behandelt man Gäste anders. Und wenn Mineiro mich einmal in Deutschland besuchen wird, werde ich mich bemühen, ihn nicht so zu behandeln wie du uns.«

Jetzt schluckte Herbert doch. Ich hielt es nicht mehr aus. Ich stand auf, Hände in den Taschen und blickte auf die Uhr.

»Menschenskind, Wolfgang, es ist ja schon zwanzig Uhr – da werden Jorge und João sicher schon draußen auf uns warten!! Wir haben ja total die Zeit verquatscht.«

»Ach du liebe Güte«, reagierte Wolfgang sofort, »das habe ich ja völlig vergessen.«

Und während er sich beeilte, die neue Situation den beiden zu erklären, bat ich schon mal höflich, ›unseren zwei Freunden da draußen vor der Tür‹ Bescheid geben zu dürfen, und zu Wolfgang sagte ich: »Halt die beiden im Auge und gib mir Rückendeckung.«

Ohne ihre Zustimmung abzuwarten, ging ich, nach allen Seiten sichernd, aus dem Büro und nicht zu hastig zum Eingangstor. Ich bückte mich, griff unter die Lamellen des Metallrollos und stemmte es hoch.

Und tatsächlich – das Tor gab nach. Ich konnte es einen Meter anheben und gut halten. Ein Bündel tröstlichen Straßenlichtes fiel in die Halle. Man konnte mich vom Büro aus als Silhouette sehen. Ich tat, als spräche ich draußen mit meinen Leuten, winkte sie von drüben herbei und rief dann zu Wolfgang hin:

»Sie haben noch ein paar Freunde mitgebracht. Komm jetzt. Sie sind schon sauer, weil wir so gebummelt haben. Ich passe auf, daß dir nichts von hinten passiert.«

Wolfgang übersetzte das und wandte sich zum Gehen. Ich hatte das Rollo auf meinem Knie aufsitzen lassen und hatte beide Hände bereit zum Eingreifen. Aber im Büro blieb es ruhig. Wolfgang kroch neben mir ins Freie und ich folgte ihm. Hinter uns fiel die Eisenwalze krachend herunter. Wir waren frei.

Im nachhinein ist es immer leicht, sich zu fragen, ob man die Situation nicht falsch eingeschätzt hatte. Aber wir waren überzeugt, in diesen Momenten das Richtige getan zu haben.

Daß Herbert uns um das Geld betrügen wollte, wurde uns am anderen Morgen klar. Als wir um Punkt neun Uhr zum Abkassieren kamen, war Herbert ziemlich verändert. Höflich und bescheiden. Ja, selbstverständlich habe er das Geld nun. Und es täte ihm noch leid wegen gestern. Weil es doch gestern nicht geklappt hätte. Auch für ihn wären Geldschulden Ehrenschulden.

Er griff in seine Gesäßtasche und holte ein dickes Bündel Geld hervor.

»Tut mir leid, der Bote der Bank hat mir die ganzen zweihundert Cruzados in Einern gebracht. Aber Einer sind ja auch Geld, oder?«

Haha, Herbert! Du hast wirklich einen unwiderstehlichen Humor. Wenn du in Gold nichts wirst, kannst du immer noch als Komiker gehen.

Daß Herbert plötzlich so lieb war, kam nicht von ungefähr. Seine Bosse Lourinho und Baixinho waren nämlich im Büro, als wir hinzukamen. Sie würdigten uns zwar nur eines kurzen Nikkens, aber ihre Gegenwart bewirkte doch, daß Herbert sich seiner Kinderstube entsann.

Wir steckten das Geld ein, ohne es nachzuzählen. Unter Ehrenleuten ist das nicht nötig.

Wir hätten es lieber tun sollen. Es fehlten zweiundzwanzig Cruzados.

Beim Drahtzieher des Völkermordes

Unsere Vermutung hatte sich bestätigt. Gouverneurs-Sekretär Marcelo war identisch mit FUNAI-Sprecher Marcelo. Wir stießen am Eingang mit ihm zusammen. Gott sei Dank erkannte er mich nicht wieder. Damals, nach der Tretbootfahrt hatte ich einen roten Overall angehabt, heute sah ich vornehmer aus. Ein eingespieltes Duo, Jucá-Marcelo, war zur Gegenseite übergewechselt. Von der FUNAI zur Gold-Gang. Von einer kriminellen Institution zur anderen. Und das auf Veranlassung der Regierung, sicherlich auch zu ihrem Wohle, aber zum Schaden der Indianer und zum Nachteil Brasiliens. Denn gerade darin, im Schaden-Verursachen, hatte das Duo Jucá-Marcelo ja bereits Erfahrung. Wie nannte es Severo Gomes? »Ein arges Übel… einen Mann, der sich als FUNAI-Präsident der Veruntreuung von Geldern schuldig gemacht hatte, der Lizenzen für die Holzgewinnung aus Indianergebieten verkauft hatte und der es gestattete, daß die ersten zwanzigtausend Goldsucher ins Yanomami-Land strömen konnten.«

Wir waren pünktlich zur Stelle, um zu sehen, ob die Lichtverhältnisse in Ordnung waren, und um die Kamera aufzubauen. Vorbei an zwei maschinenpistolenbewehrten Wachen, wurden wir in die erste Etage links geleitet und gleich durchgeführt. Ein großer schlichter, aber gemütlicher Raum, mit Sitzecken und Arbeitsplatz. Das brasilianische Banner und ein Bild seines Staatspräsidenten und Protektors José Sarney quasi als Rückenstärkung hinter sich, einen schweren Edelholzschreibtisch und ein paar läutende Telefone vor sich, erwartete er uns. Romero Jucá Filho: fünfunddreißig Jahre jung, drahtig, dynamisch, Karrieremann. Zwischen zwei Telefonaten bedeutete er mit kurzem Handzeichen, wo wir Platz nehmen könnten.

Wir grüßten, Jucá nickte kurz, und wir richteten die Kameras ein. Wolfgang erklärte mir noch mal, welche Einstellungen ich zu drehen hätte, während er, wie immer, die Fragen übernahm. Gerade an diesen Fragen hatten wir lange herumgedoktert.

»Auf keinen Fall dürfen wir ihm sagen, daß wir vor Ort waren und Bescheid wissen«, meinte ich.

Marcelo Chagas und Wolfgang Brög

Wolfgang stimmte zu. »Das ist ganz klar. Dann äußert er sich zu vorsichtig, und wir geraten in endloses Diskutieren. Mir wäre am liebsten, wenn er seine üblichen Parolen abspult und ich ihm mit meinem Film das Gegenteil beweise. Hü-hott, zick-zack, Tag-Nacht.«

Entsprechend hatten wir die Fragen aufgebaut.

Endlich ging es los. Zwei Bewacher in Zivil hielten sich diskret, aber sprungbereit im Hintergrund. Im Vorzimmer klapperten Schreibmaschinen. Wolfgang legte los. Die erste Frage war völlig unverfänglich. Sie sollte seinem Ehrgeiz schmeicheln. An ihr sollte er sich austoben können.

»Herr Gouverneur, Sie waren Präsident der FUNAI, und jetzt sind Sie sogar der Erste Gouverneur des Staates Roraima. Wie sehen Sie den Goldrausch in Ihrem Staat?«

Während der Fragestellung schaute Jucá Wolfgang zwar an, aber durch ihn hindurch. Sein Hirn schaltete bereits auf Verteidigung, rief das zu dieser Frage passende Antwort-Klischee ab und ließ es routiniert und computerschnell aus seinem Mund entweichen. Wie der Drucker eines Rechners das Papierticket.

»Der Goldrausch bringt Schwierigkeiten nicht nur für die Gemeinschaften der Indianer, sondern auch für die Bevölkerung als ganzes. Wohl hat Roraima einen großen Reichtum an Bodenschätzen, aber die Form der Ausbeutung, dieser Run auf das Gold, bringt mehr Belastung, mehr negative Aspekte als posi-

Jucá Filho

tive. Viel Gold geht durch den Schmuggel verloren, Indianergebiete werden heimgesucht, die Umwelt geschädigt. Dies alles hat sich in einem solchen Maße entwickelt, daß die Gefahr besteht, daß sich das Ganze nicht mehr rückgängig machen läßt. Wir, die Regierung, arbeiten daran, dies zu ändern. Wir wollen den Bereich der Ausbeutung der Bodenschätze in Roraima organisieren, und zwar in der Form, daß es Platz gibt für Goldsucher-Kooperativen sowie für Bergbaufirmen, und es soll auch Raum geben für die Indianer sowie die Umwelt.«

Die zweite Frage von Wolfgang sollte ihn dann zur Verteidigung zwingen, weil sie den Vorwurf der Amtsverletzung enthielt.

»Die Jagd nach dem Gold durch Tausende von Goldsuchern in Gebieten, die seit jeher von Yanomamis bewohnt wurden, begann, als Sie in Ihrer Eigenschaft als Präsident der Indianerbehörde FUNAI alle gesetzliche Macht hatten, diese Invasion, die das Ende des Yanomami-Volkes bedeutet, aufzuhalten.«

Natürlich sah der Gouverneur das alles ganz anders.

»Nein, das Eintreffen der Goldsucher geht zurück auf das Jahr 1975*, als eine der ersten Pisten im Indianergebiet eröffnet wurde. Obwohl die FUNAI die Autorität im Indianergebiet besitzt, verfügt sie über keinen Polizeiapparat, der die Mittel hat, irgend jemand aus dem Indianergebiet zu holen. Die FUNAI

---

* Alle Kenner der Situation geben das Jahr 1987 als Invasionsjahr an.

arbeitet und agiert zusammen mit der Bundespolizei oder der Militärpolizei der jeweiligen Staaten*. In dem Fall, als ich Präsident der FUNAI war, begann sich der Ansturm der Goldsucher auszuweiten, und zwar in der Form, daß in einigen Gebieten die Indios selbst begannen**, den Goldsuchern zu helfen, beziehungsweise diese wollten, daß sie im Indianergebiet blieben. Warum – weil der Indianer begonnen hatte, daran zu verdienen, er bekam Geld von den Goldsuchern, wenn er Gold suchte. Unser eigenes Modell will dies ändern. Wir wollen keine individuelle Beziehung Goldsucher–Indianer. Dieses Verhältnis ist schädlich, hat negative Auswirkungen auf die Indianer. Unsere Ansicht ist, daß es möglich ist, im Indianergebiet Gold zu gewinnen, wenn es eine Übereinstimmung mit den Indianergemeinschaften gibt. Jede Indianergruppe kann sagen, ob sie es will oder nicht.*** Wenn dann noch die Ausbeutung der Bodenschätze von speziellen Firmen vorgenommen wird, werden diese angemessene Entschädigungen an die Indianer bezahlen. Dies muß natürlich alles in Übereinstimmung mit den Gesetzen geschehen, und die Gesetze, die so etwas vorsehen, wurden jedoch erst am 5. Oktober 1988 wieder bestätigt, als ich bereits Gouverneur von Roraima war. Der Vorschlag wurde gemacht, als ich FUNAI-Präsident war, rechtskräftig wurde das, nachdem ich nach Roraima ging. Wir erbitten von der brasilianischen Bundesregierung die Vollmacht, den Bereich der Bodenschätze organisieren zu können. Es ist auch interessant, daß in Brasilien diese Konzessionen nicht durch die einzelnen Länder erteilt werden, sondern durch die Bundesregierung. Die Länder können diesen Bereich nur organisieren, wenn sie von der Regierung dazu autorisiert werden.«

Ich dachte, aha, er will ablenken und Sarney den Schwarzen Peter zuschieben, und Wolfgang dachte, er lenkt von den Indianern ab. Also fragte er dazwischen:

---

* Anmerkung: Die FUNAI kann sehr wohl jederzeit Hilfe der Bundespolizei anfordern.
** Dagegen steht die Aussage des Davi Yanomami: »Ich kenne keinen goldwaschenden Indianer.« Auch wir sahen keine.
*** Laut Verfassung wäre er längst dazu verpflichtet, die Indianer zu fragen. Die Indianer werden aber nicht gefragt. Sie werden übertölpelt und mit Mord und Folter eingeschüchtert (siehe das nächste Kapitel). Man wird sie frühestens fragen, wenn sie ihrer Identität beraubt sind.

»Im Zusammenhang mit den bereits vermessenen Indianergebieten ist zu hören, daß es auch dort schon Goldausbeutung gibt.«

»Wir haben heute Goldsucher in Indianergebieten. Folgendes ist passiert. Die Vermessung dieser Gebiete kam Anfang 1989 zum Abschluß. Zuvor waren es keine vermessenen Gebiete, sie waren vorgesehen dafür und umstritten. Man war sich bewußt, daß es dort Indianer gab, aber das Gebiet war noch nicht abgegrenzt, dies ist jetzt gemacht worden. Was wir jetzt tun, ist die Zahl der Goldsucher festzustellen, und wir ersuchen die Regierung um eine Gesetzgebung, die es dem Staat ermöglicht, auch in den Indianergebieten Bodenschätze auszubeuten. Wir werden damit beginnen, sobald wir dazu die Schürfrechte erhalten. Wir werden in die Indianergebiete hineingehen, Kontakt mit den Führern der Indianer und der Goldsucher aufnehmen und klären, was machbar ist und in welcher Form. Nun muß dazu gesagt werden, daß dies eine komplexe Angelegenheit ist, eine Aktion, in die vierzigtausend Goldsucher verwickelt sind und die mit dem Einverständnis der Goldsucher und deren Anführern durchgeführt wird, damit hier nicht ein Kriegsschauplatz entsteht. Wir müssen eine friedliche Lösung herbeiführen, mit Sachverstand, damit nicht der Staat Roraima zum Kriegsschauplatz wird und auch die Indianer nicht die Opfer irgendwelcher Racheakte seitens der Goldsucher werden.«

Und dann endlich kam unsere wichtigste Frage. Erst zwei Stunden vor dem Interview hatten wir sie noch geändert und zwei Wörter hinzugefügt. Es waren die Wörter ›verschiedener Organisationen‹. Wir wollten damit unsere Subjektivität in der Frage ausmerzen. Also fragte Wolfgang:

»Was sagen Sie zum Vorwurf verschiedener Organisationen, daß es sich hier um einen geplanten Völkermord handelt?«

»Nein, nein, das ist kein geplanter Völkermord…«

»…aber Sie haben schon davon gehört…?«

»Nein, das wird oft gesagt. Ich möchte diese Gelegenheit nutzen, dazu zu sagen, daß in Brasilien – obwohl wir noch Indianerprobleme haben und ihre Situation keine ideale ist, wir haben einige Problemgebiete – die allgemeine Lage für die Indianer recht annehmbar ist. Zum Beispiel ist die Situation der Indianer in Brasilien besser als diejenige des größten Teils der brasilianischen Bevölkerung. Die Indianer sind heute auf einem Gebiet – wir haben zweihundertzwanzigtausend Indianer –, einem Gebiet, das fast zehn Prozent des nationalen Territoriums umfaßt. Natürlich gibt es noch Probleme. Aber es gibt keinerlei Art von Aktionen, die Indianer irgendwoanders hinzubringen, wie es auf der ganzen Welt geschehen ist, in Australien und in den USA. Wir haben viel getan, und ich möchte sagen, daß sich die Lage der Indianer in Brasilien während der Regierung Sarney sehr gebessert hat. Wir haben noch einige Schwierigkeiten im Bereich der Yanomami, einige Probleme im Zentralwesten, aber das sind lokale Probleme, die von der brasilianischen Regierung behandelt werden.«

»Würde die brasilianische Regierung Hilfe akzeptieren, in einer Form, die sich nicht in die inneren Angelegenheiten mischt, Hilfen, Aktionen in der Frage der Yanomami?«

»Die brasilianische Regierung nimmt hier eine Haltung ein, die alle Länder der Welt haben, nämlich ihre Souveränität, ihre Verantwortung und Verpflichtung zu wahren, ist jedoch offen für Diskussionen, für einen internationalen Gedankenaustausch, auch über wissenschaftliche Fragen, für eine Zusammenarbeit von Wissenschaftlern, Spezialisten, für alle Arten von Aktivitäten, sei es im Bereich der Indianer oder des Umweltschutzes, wenn sie mit der Haltung der brasilianischen Regierung übereinstimmen.«

Damit gaben wir uns zufrieden. Schönen Dank. Einpacken. Auf Wiedersehen.

Vor der Tür schauten wir uns an, blickten zurück auf die Leibwachen, das blitzende Auto, die stolzen Flaggen Brasiliens und Roraimas. Und wir dachten nach über Romero Jucá Filho, den ›jüngsten Gouverneur‹, wie es seine Medien gern verkünden, den Mann, der ›Brasiliens Fortschritt neue Impulse‹ verleiht, der es ›aufwärts führen‹ will. Um jeden Preis.

Der Bischof Erwin Kräutler hatte es uns gegenüber später so formuliert: »Der Mann (Jucá) hat nur ein einziges Lebensziel, und das ist die Ausrottung der Indianer.«

Nachdem wir Jucá nun persönlich kennengelernt hatten, wurden wir das Gefühl nicht los, daß dieser ehrgeizige und skrupellose Politiker noch längst nicht am Ende seiner Karriere war.

Erwin Krautler

»Gouverneur ist doch schon das höchste Amt im Lande. Darüber steht nur noch das des Staatspräsidenten«, dachten wir laut.

Unsere Gefühle hatte uns nicht getrogen. Am anderen Tage verkündete es die ›A Crítica Roraima‹ in großen Lettern:

»Der Chef der Goldgräber-Gewerkschaft, Baixinho, schlägt vor: Jucá muß Staatspräsident werden.«

Bewahre das Schicksal Brasilien vor diesem Tiefpunkt!

Kaum im Hotel, meldete sich Carlo von der CCPY am Telefon. Wir hatten ihn und den Bischof, nach wie vor unsere einzigen Vertrauten hier in Boa Vista, von unserer Anwesenheit in Kenntnis gesetzt.

»Nehmt ein Taxi und kommt zu mir. Ich habe hohen Besuch, den ich euch vorstellen möchte. Und bringt die Kamera mit.«

Wenn Carlo das so spannend machte, mußte das einen Grund haben. Und es hatte einen Grund. Wen er uns da vorstellte, war kein Geringerer als der Preisträger des UNO-Umweltpreises ›Global 500‹. Es war Davi Kopenawa Yanomami, der überraschend nach Boa Vista gekommen war. Der Grund: Davi hatte schwere Zahnschmerzen und wollte sich einer kleinen Kiefer-Operation unterziehen. Er hatte seine Frau und seine beiden Kinder mitgebracht.

»Meine Familie sollte mal die Stadt kennenlernen«, meinte er. Und nach einer Weile: »Ich mache mir weniger Sorgen, wenn sie bei mir sind.«

Davi Kopenawa Yanomami mit seinem Sohn

Er sagte es in seiner ruhigen Art so dahin. Aber Wolfgang spürte gleich, daß mehr dahinter steckte. Deshalb hakte er nach.
»Fühlt ihr euch nicht sicher? Werdet ihr bedroht?«
Davi schaute still vor sich hin. Seine Frau und die Kinder schaukelten derweil in der Hängematte, sie verstanden kein Portugiesisch. Davi dafür um so besser. Er ist einer der wenigen Yanomami, die die Landessprache beherrschen und sich ausdrücken können. Und er hat den Mut, das auch zu tun.
»Seit ich diesen Preis erhalten habe, muß ich sehr aufpassen. Weder ich noch meine Familie gehen allein vor die Tür. Wir können nicht einmal ein Taxi benutzen. Sie würden uns aus der Stadt fahren und töten. Seit ich diesen Preis bekommen habe, mit dem der Weiße Mann sein Gewissen beruhigen will, habe ich alle donos und deren pistoleiros auf meiner Fährte. Ich kann nicht mal der FUNAI trauen, obwohl ich Mitarbeiter der FUNAI bin. Ich würde nie in ihrem ›Haus des Indios‹ schlafen.«
»Hat die FUNAI dich schon mal schlecht behandelt?«
»Die FUNAI verachtet mich. Sie verachtet alle Indianer. Sie ist vom Gold gekauft und hält nur zu den garimpeiros. Als ich diesen Preis erhielt, hat sie alles versucht, daß er mir nicht überreicht werden konnte.«
Erst als Claudia, Carlo, Severo Gomes und die CCPY nicht lockerließen, wurde er ihm Ende Januar 1989 gegeben.
»Und weil an diesem Tag ganz Brasilien von Davi Yanomami

199

und den Yanomami und den Goldsuchern erfuhr, hat sich auch die FUNAI flugs positiv dargestellt.«

»Wie hat sie das denn zustande gebracht?«

»Sie hat demonstrativ dreißig Goldsucher aus meinem Gebiet entfernt. Damit das groß herauskam, hat sie das fotografiert und gefilmt. Und alle Welt lobte die FUNAI.«

»Wie viele Goldsucher gibt es denn schätzungsweise in deinem Gebiet?«

»Sehr viele. Vor allem bei meinen Brüdern im Norden. Dreißig Goldsucher sind gar nichts. Hier in Boa Vista hörte ich, daß jetzt fünfundsechzigtausend Goldsucher in meinem Land sind. Was bedeuten da dreißig Goldsucher? Vor allen Dingen wurde eins nicht in den Meldungen erwähnt: am anderen Tag waren die dreißig Goldsucher wieder an ihrem Arbeitsplatz und lachten uns aus.«

»Was machst du mit dem Preis? Ist dir seine Bedeutung klar?«

»Ja. Ich habe ihn symbolisch erhalten für die Yanomami. Weil das Volk der Yanomami in Harmonie mit der Natur lebt, weil der Weiße Mann eigentlich traurig ist, daß er solch ein harmonisches Leben nicht führen kann. Ich werde den Preis nicht an die Wand hängen und mich ausruhen. Er spornt mich an weiterzumachen. Ich weiß, daß es Weiße gibt, die wirklich auf seiten der Indianer stehen. Aber es sind zu wenige.«

Davi ist der Führungsschicht ein Dorn im Auge. Immer wieder gab es Versuche, ihn zu bestechen oder zumindest zu betören.

»Die Gold-Bosse José Catiabo und Altino Machado boten mir Land, Haus, Möbel, Garderobe und Waffen. Sogar ein Auto. Dafür sollte ich aus dem Wald kommen und meine Leute im Stich lassen. Aber die Stadt gefällt mir nicht. Sie ist ungesund. Schlimmer kann man Natur nicht schänden als mit einer Stadt. Und am schlimmsten mit einer favela (Slum). Im Wald habe ich alles, was ein Indianer zum Leben braucht. Ich brauche kein Auto.«

»Hast du schon mal mit Jucá gesprochen?«

»Mit Jucá spreche ich nicht mehr. Auch nicht mit dem Staatspräsidenten José Sarney. Sie lügen, wenn sie nur den Mund öffnen. Als Jucá noch Präsident der FUNAI war, habe ich mit ihm gesprochen. Aber es ist sinnlos. Er verachtet die Indianer, er haßt sie sogar, weil sie seinen Verdienst gefährden.«

Wir wollten wissen, was es auf sich hat mit der immer wieder gehörten Behauptung der Goldmafia, die Indianer freuten sich über die Goldsucher und arbeiteten mit ihnen Hand in Hand.

Davi war empört. »Das stimmt nur bedingt. Sie werden zunächst mit Geschenken geblendet. Das finden manche Indianer gut. Aber sie verstehen nicht, was das zu bedeuten hat. Der Indianer versteht nichts. Der Indianer weiß nichts. Und der Goldsucher redet schöne Dinge, verspricht Kleidung, verspricht Messer, verspricht Gewehre, Feuerwaffen, Munition – der Häuptling des Dorfes glaubt ihm, läßt ihn arbeiten. Wenn er sich dann festgesetzt hat, ist es zu spät. Deshalb bin ich gegen die Goldsucher in Indianer-Gebieten. Die Goldsucher bringen Krankheiten, die wir nie hatten und die uns ausrotten. Viele Leute, auch viele Verwandte von mir sind an solchen Krankheiten gestorben. Und wenn die Indianer sich gegen die Goldsucher wehren, werden sie getötet. Wie in Paa-piu. Da haben sie vier Yanomami getötet. Und noch einen kleinen Jungen, der drei Jahre alt war. Einem anderen ist in den Arm geschossen worden.«

Was uns an Davi auffiel, war sein Intellekt. Er plapperte nicht etwa Texte wieder, die andere ihm vorgebetet hatten. Davi dachte selbst. Wegen seiner guten Sprachkenntnisse wurde er auf ›Regierungsanordnung‹ selbst ein FUNAI-Funktionär und konnte sehr wohl beurteilen, was er sagte.

»Was müßten wir, Rüdiger und ich und die Gutwilligen unter uns Weißen tun, um euch zu helfen?«

»Ihr müßtet die Goldsucher entfernen. Ihr müßtet alle eure Freunde aktivieren, das zu erreichen. Ihr müßtet auch das neue Gesetz zurücknehmen, das Sarney und Jucá sich ausgedacht haben.«

»Welches Gesetz meinst du, Davi?«

»Ich meine das Gesetz, mit dem sie mein Land zerstückeln wollen. Uns gehört ein großes, zusammenhängendes Land. Vom Pico da Neblina bis fast nach Boa Vista. Jetzt haben sie uns in diesem Gebiet nur noch neunzehn kleine Gebiete reserviert. Neunzehn kleine Inseln. Der übrige Wald gehört nun den

Goldsuchern, den Holzfällern, den Siedlern. Die töten alle Tiere und bringen, wie gesagt, die Krankheiten. Was uns jetzt bleibt, sind neunzehn Hühnerställe, neunzehn Gefängnisse, in denen wir verhungern, weil wir keinen Wald mehr haben mit Tieren und Pflanzen zum Leben.«

Killer-Kommandos

Der Tag hatte noch einen Höhepunkt für uns parat. Ein Ereignis, das uns veranlaßte, eine weitere Nacht in Boa Vista zu bleiben.

Der Bischof Dom Aldo hatte per Kurier sagen lassen, er würde uns gern den Goldsucher mit dem Tagebuch vorstellen. Wir möchten ihn von einer Telefonzelle aus anrufen.

»Das ist sehr dringend. Es handelt sich nämlich nicht um irgendein Tagebuch, sondern um ein ganz besonderes. Sie werden es sehen.«

Nun waren wir neugierig geworden. Wir vereinbarten einen Treffpunkt zu nächtlicher Zeit. Irgendwo am Stadtrand.

Der Bischof war pünktlich zur Stelle. Wir gingen auf seinen Wagen zu. Aber er war allein darin.

»Ist der Goldsucher nicht gekommen, oder fahren wir zu ihm?«

»Nein, nein, es ist alles in Ordnung«, erwiderte Dom Aldo und blickte sich um. Die Luft war rein. Es war niemand zu sehen. Er stieg aus und machte einen Schritt zur Ladefläche seines Pick-ups. Aber auch dort war niemand. Nur eine zerknautschte Plane. Wir wollten hinten aufspringen.

»Nein, bleiben Sie unten«, bat er, »sonst treten Sie auf Adalberto. Komm runter, Adalberto.«

Da hob sich die Plane in die Höhe, und ein Mann kam zum Vorschein.

»Lassen Sie uns erst zu einem sicheren Ort fahren. Dann erkläre ich Ihnen das.«

»Sie müssen wissen«, erläuterte der Bischof nach unserer Ankunft, »Adalberto gilt hier in Boa Vista als ›unerwünschte‹, als ›überflüssige‹ Person. Die pistoleiros sind hinter ihm her.«

»Nur weil er ein Tagebuch geschrieben hat?«

»Ja, weil er *dieses* Tagebuch geschrieben hat, weil er Dinge gesehen und heimlich notiert hat, die nicht bekannt werden sollen. Adalberto hatte sich mir anvertraut, und wir sind uns einig, daß diese Vorkommnisse an die Öffentlichkeit müssen. Das einzige brasilianische Nachrichtenmagazin, das den Mut hatte,

Adalberto Santos

Auszüge zu veröffentlichen, war die ›Isto é‹. Seitdem sucht ihn sogar die FUNAI, zusammen mit der Militärpolizei, und bestimmt nicht der Gerechtigkeit wegen.«

Adalberto, 31 Jahre alt, wirkte ruhig, besonnen, offen und sympathisch auf uns. Seit er das Buch ins Gespräch gebracht hatte, hielt der Bischof ihn versteckt. Nur er allein wußte, wo Adalberto sich aufhielt.
»Irgendwo außerhalb Boa Vistas. Ich bringe und ich hole ihn, damit es niemand erfährt.«
»Aber so kann es doch nicht ewig weitergehen. Was hast du für die Zukunft geplant, Adalberto?«
Nun meldete sich auch der Mann zu Wort.
»Ich werde wohl in den Süden gehen.«
»Ja«, warf Dom Aldo ein, »er träumt von einer kleinen Farm. Hier oben hat er überhaupt keine Überlebenschancen mehr. Er kriegt keine Arbeit, und er darf sich nirgends blicken lassen.«
Wir hatten inzwischen Platz genommen und waren gespannt

auf das Buch. Es war handgeschrieben, und es existierte eine maschinengeschriebene Kopie.

Adalberto las ein paar Auszüge vor, und mit einem Schlage war uns klar: das Buch mußte er uns überlassen. Ich wußte sofort, daß ich es auszugsweise in mein Buch integrieren würde und daß der Gesamttext an die ›Gesellschaft für bedrohte Völker‹ weitergeleitet werden mußte.

Wolf, das stand auch gleich fest, würde Adalberto im Film herausstellen. Das würde der Sache helfen. Als Nebenprodukt würden wir aber auch die übliche, bestimmt zufriedenstellende Bezahlung erhalten und quasi an Adalberto ›verdienen‹. Adalberto hingegen konnte jetzt nichts mehr verdienen. Er hätte es können, wenn er den Mund gehalten und mitgemacht hätte. Dann könnte er noch immer im Gold arbeiten wie fünfundsechzigtausend anderer auch, wie die fünfundsechzigtausend Männer, die alle zu einem solchen Schritt zu feige sind, denen die Prise Goldstaub mehr bedeutet als das Leben eines Indianer-Volkes und die sogar aktiv mittöten, wenn sie Order kriegen oder Lust dazu verspüren.

Daß Adalberto nicht so gedacht und gehandelt hatte, kostete ihn nun die Existenz. Und wenn er nicht aufpaßte, das Leben. Obwohl er eigentlich einen Orden verdient hätte. Und ich sagte, auch im Namen von Wolfgang: »Wir wollen das Tagebuch nicht umsonst. Wir können dir eintausenddreihundert Dollar geben. Das ist das, was wir bei uns haben.«

Adalberto hatte in seiner Bescheidenheit und aus Überzeugung gar nichts erwartet. Aber er zierte sich nicht. Er nahm das Geld an.

»Ich habe noch nie in meinem Leben Dollar gesehen.«

Er befaßte die Einhundert-Dollar-Scheine und wendete sie hin und her.

»Wie viele Cruzados sind das?«

»2470 Neue Cruzados, das ändert sich aber jeden Tag. Der Dollar behält seinen Wert, der Cruzado nie. Der Dollar ist wie Gold. Diese Summe entspricht etwa 130 Gramm Gold.«

Und der Bischof meinte: »Was er zur Zeit zum Leben braucht, kriegt er von mir. Mit diesem Geld kann er mit dem Bus in den Süden Brasiliens fahren und sich ein Stück Land kaufen und eine Farm beginnen.«

So ging das brisante Tagebuch in unseren Besitz über. Er quittierte mir den Empfang des Geldes und gab es zur Veröffentlichung frei. Er legte auch ausdrücklichen Wert darauf, nicht unter einem Pseudonym genannt zu werden.

»Anonymität läßt es unglaubwürdig erscheinen. Ich stehe dazu.«

Für diesen Mut, lieber Adalberto, danken wir dir. Du wirst den Indianern und dem ehrbaren Teil des brasilianischen Volkes damit hoffentlich sehr helfen.

Wir lasen noch eine ganze Zeit in dem Text, während Adalberto bereits Reisepläne schmiedete. Da fiel uns auf, daß viele Passagen seiner Aufzeichnungen einer zusätzlichen Erklärung bedurften. Für ihn als Goldsucher war alles klar und in einem Nebensatz abgehandelt. Uns als Fremden blieb vieles unklar. Deshalb fragten wir ihn: »Wärst du bereit, uns noch Fragen vor der Kamera zu beantworten?«

Natürlich war er einverstanden. Der Bericht nahm fast einundhalb Stunden in Anspruch. Als Wolfgang die Kamera einpackte, sagte er: »Dieses Material werde ich der Menschenrechtskommission der UNO vorführen. Das muß an die Öffentlichkeit.«

Aus dem Tagebuch des Goldsuchers Adalberto Santos

(Übersetzung aus dem Portugiesischen von Wolfgang Brög, Filmproduktion, Häberlstraße 8, 8000 München 2. Ausschnitte davon erschienen im ZDF-Film »Goldrausch in Amazonien, Rüdiger Nehberg auf den Spuren eines Völkermordes«.)

Adalberto: »Dieses Tagebuch wurde von mir, Adalberto Santos, geschrieben. Ich wurde 1958 in Coimbra, Portugal, geboren, und lebe seit 1962 in Brasilien. Ich wohne seit 1986 in Boa Vista, Roraima.«

Wolfgang Brög: »Adalberto, was wolltest du mit dem Tagebuch erreichen?«

Adalberto: »Ich wollte vor allem die Wirklichkeit der Goldsucher dort drinnen im Wald kennenlernen und dann auch versuchen, meine finanzielle Lage aufzubessern, aber vor allem die Situation der Goldsucher und Indianer kennenlernen, da diese Realität keinem bekannt ist. Es wird viel veröffentlicht, viel gesagt darüber, aber wirklich wenige waren vor Ort. Ich glaube, daß diese Idee noch niemand hatte, bis dahin zu gehen und diese Arbeit zu machen. Der Gedanke kam mir ganz plötzlich, dort hinzugehen und dieses Tagebuch zu schreiben, um bekanntzumachen, was dort wirklich passiert.

Denn was dort wirklich vor sich geht, ist vor allem die Invasion der Indianergebiete, die Ausrottung der Indianer. Und dann die Zerstörung Amazoniens, der Natur und der Tierwelt – man kann sagen, daß hier die Beerdigung der Welt, der ganzen Menschheit stattfindet.«

WB: »Es ist in der brasilianischen Zeitschrift ›Isto é‹ ein Artikel erschienen. Hatte das Konsequenzen für dich?«

A: »Ja, das hatte sogar unerwartete Folgen. Nach der Veröffentlichung suchten mich Leute der FUNAI und der Militärpolizei von Roraima auf. Da sie mich nicht antrafen, erschien am nächsten Tag eine andere Person, um mich zu suchen, die mich aber auch nicht vorfand. Zwei Tage später wurde ich von einem Freund gewarnt, ich solle so schnell wie möglich verschwinden, da derjenige, der mich suchte, mich umbringen sollte. Ich nahm die Warnung des Freundes ernst und zog in ein anderes Haus. Bis heute lebe ich praktisch versteckt, den ganzen Tag, und öffne nur den wenigen Leuten, die ich kenne.«

WB: »Hast du einen Verdacht, von welcher Seite diese Bedrohung kommt?«

A: »Mein Hauptverdacht richtet sich gegen die Indianerbehörde, die FUNAI.«

WB: »Wie hast du das Tagebuch geschrieben? Hat dich jemand dabei gesehen, mußtest du es heimlich schreiben?«

A: »Ja, ich habe es immer nachts geschrieben.«

WB: »Hattest du Angst, es könnte dich jemand dabei erwischen?«

A: »Genau. Ich hatte ziemlich Angst, weil ich wußte, daß sie mich umgebracht hätten, wenn sie es entdeckt hätten. Ich war deshalb damit äußerst vorsichtig. Ich schrieb immer, wenn alle schon schliefen, war wachsam, damit niemand entdeckte, daß ich schrieb. Manchmal, wenn jemand zu mir kam und fragte, was das Geschriebene da ist, weil er es in meiner Tasche sah, erzählte ich eine ganz andere Geschichte, ich erfand irgendwas. Die meisten Goldsucher können nicht lesen und haben auch sonst wenig Ahnung oder Kultur, und so ist es mir gelungen.«

WB: »Was sind deine Pläne für die nächste Zukunft, nachdem dies veröffentlicht ist, was wirst du machen?«

A: »Mein Plan ist folgender. Erst einmal weggehen aus Roraima. Durch die gemachten Veröffentlichungen, die Verbreitung meiner Arbeit aus dieser Zeit mit den Goldsuchern, wird es für mich unmöglich, hier zu bleiben. Hier ist es aus für mich. Das habe ich beschlossen, nachdem ich Morddrohungen bekommen habe und gewarnt worden bin. Ich bin sicher, daß ich hier Schwierigkeiten bekommen werde, wenn das erst einmal auch im Ausland veröffentlicht worden ist. Darum also muß ich raus aus Roraima. In mein Land zurück kann ich momentan nicht, da mir die finanziellen Mittel fehlen, um nach Portugal zurückzukehren. Ich werde wohl in den Süden gehen, versuchen, dort zu arbeiten und ein normales Leben zu führen, vielleicht eine kleine fazenda.«

WB: »Hast du Familie?«

A: »Nein, Familie habe ich keine.«

WB: »Wie alt bist du?«

A: »Mein Alter? Einunddreißig.«

WB: »Fang einfach mal an zu lesen.«

»6.9.88, Dienstag

Um zehn Uhr morgens verließen wir Boa Vista, um uns in Richtung der garimpeiros zur Piste von Paa-piú zu begeben. Um 11.45 Uhr trafen wir auf der vorgenannten Piste ein und nahmen gleich darauf eine andere Maschine zur Piste Oliveira am Rio Vatatas, an der Serra Parima, wo wir arbeiten wollten. Um 14.43 Uhr erreichten wir unser Ziel, und dort blieben wir den Rest des Tages, in der Hütte von Sócio Piau da Selva, wo wir auch übernachteten. Am Abend nutzten wir die Gelegenheit, um etwas zu essen, und anschließend zogen wir uns, erschöpft von der Reise, zurück zum Schlafen.«

WB: »Was ist ein Sócio?«

A: »Ein Goldsucher, mit dem man zusammenarbeitet, ein Gefährte.«

»7.9.88, Mittwoch

Es war unser erster Tag im Wald, der schon mit Regen anfing. Trotzdem mußten wir unsere Reise fortsetzen. Jetzt marschierten wir durch den Wald, ohne Pause, um zu essen, und so kamen wir um 17 Uhr in der Hütte von Sócio Mineirinho an. Danach warfen wir unser Tragegestell zu Boden und machten uns, obwohl wir müde waren, an die Arbeit. Später gingen wir baden, und als wir dann zu Abend aßen, kam der Sócio Baiano-come-onça an und warnte uns vor den Indianern, die uns angreifen wollten. Wir erschraken sehr und begannen alle, unsere Waffen zu laden, und warteten. Es wurde dunkler, aber sie kamen nicht. Wir machten Feuer, um unser Lager aufzuhellen, aber wir waren so müde, daß wir einschliefen. Dabei hielt nur Sócio Manso Wache. Gott sei Dank hatten wir aber eine friedliche Nacht...«

WB: »Welche Waffen habt ihr benutzt?«

A: »Gewehre, Schrotflinten, Revolver und Messer.«

WB: »Hast du auch Handgranaten gesehen?«

A: »Ja, schon – die kenne ich.«

WB: »Und Maschinenpistolen?«

A: »Kenne ich auch.«

WB: »Hast du sie während dieser Reise gesehen?«
A: »Ja, während der Reise. Nicht während dieser Episode jetzt, aber auf dieser Reise. Maschinenpistolen und Granaten, bei den Goldsuchern dort.

8.9.88 Donnerstag
Wir standen früh auf und nahmen nach einer Zeit des Fastens wieder etwas zu essen zu uns. Um zirka 7 Uhr nahm jeder von uns sein Werkzeug (Schaufel, Hacke, Pickel und Haumesser), und wir verschwanden im Baixao. Wir wurden nicht angegriffen von den Indianern, dennoch legten die Sócios Baiano-come-onça, Patachoca, Sócio Ceará-da-jumenta und Maranhao-da-claudia-raia gegen den Willen der Mehrheit ihre Patronengurte an und gingen in Richtung der nächsten maloca, um die Indianer zu töten, die bereit waren, Widerstand zu leisten.«
WB: »Habt ihr geredet, gab es noch mehr Leute, die dagegen waren?«
A: »Ja, es gab noch andere. Wir waren ungefähr zwanzig Goldsucher im Lager. Vier davon ergriffen die Initiative, alle anderen waren dagegen.«
WB: »Waren das einfache Goldsucher?«
A: »Ja, einfache.«
WB: »Machten die das aus eigenem Antrieb, oder wurden sie vielleicht von jemandem geschickt?«
A: »Das machten sie von sich allein aus. Dieser Baiano-come-onça war der Besitzer einer Grube, der Boss dort. Er war also der Anführer, die anderen machten einfach mit. Er hatte die Idee dazu, die anderen begleiteten ihn. Die meisten unserer Gruppe waren dagegen, waren nicht einverstanden, aber die anderen gingen trotzdem.«
Text Tagebuch: ...Dort vergnügten sie sich mit den Indianer-frauen, die Männer wurden festgebunden. Später, als wir in unserem Lager eintrafen, waren sie schon wieder zurück...
WB: »Woher wußtet ihr, was sie da machten? Erzählten sie es danach?«
A: »Ja...«
Text Tagebuch: ... und berichteten vergnügt und lachend über das, was geschehen war. Ich, der Sócio Antonio Gamba, Sócio Jambuti-da-xuxa, Sócio Cara-de-cuati, Sócio Genia-de-lontra waren sehr aufgebracht und sagten den anderen, daß wir

gehen würden, sobald die angefangene Hütte fertig sei, da wir keine Probleme mit den Indianern haben wollten und noch weniger mit der FUNAI. Wir wollten nur unsere Haut retten und ein wenig Gold waschen, um ein neues Leben anzufangen. Wir gingen dann zum Abendessen und gleich darauf schlafen.«

WB: »Was du da erzählst, daß sie sich mit den Indianerinnen vergnügt hatten und die Männer gefesselt – ging das denn ohne Kampf ab, oder wie, haben die Indianer sich nicht gewehrt?«

A: »Ja, das gelang ihnen ohne Kampf, denn als sie in dem Dorf ankamen, war der größte Teil nicht da. Als sie dort ankamen, waren vier Indianerinnen und einige Männer anwesend. Bewaffnet, überwältigten sie die Indianer ohne Probleme, und die Indianer ergaben sich, da sie sonst noch mehr Repressalien fürchteten.«

WB: »Die gefesselten Männer konnten also dann alles mit ansehen?«

A: »Sie konnten alles sehen, sie waren an einem Baum angebunden.«

WB: »Hast du das selbst gesehen?«

A: »Ja, schon.«

WB: »Warum wird so was gemacht?«

A: »Die Mentalität der meisten Goldsucher ist sehr primitiv, sehr unmenschlich. Sie sehen den Indianer als Tier, als eine vollkommen wilde Bestie, die nichts Menschliches an sich hat. Und dann, glaube ich, daß ein großer Teil des Hasses der Goldsucher auf die Indianer daher kommt, daß sich die Indianer doch gegen das Eindringen in ihr Land wehren. Und das ist dann die einzige Gelegenheit, sich dafür zu rächen.«

WB: »Gab es während dieser ganzen Vorfälle, die du uns erzählt hast und die noch kommen werden, einen Goldsucher, der gesagt hätte, daß Vergewaltigung und Mord strafbar sind oder daß es für sie Konsequenzen haben könnte, gesetzliche Konsequenzen?«

A: »Ja, das gab es. Ich selbst und ein anderer Sócio, der dort war, wir sprachen sehr deutlich und versuchten die anderen zu überzeugen, ihnen klarzumachen, daß das, was sie da machten, gegen das Gesetz sei und daß es enorme Auswirkungen haben könnte, wenn es bekannt würde. Aber das kümmerte sie überhaupt nicht.«

WB: »Vielleicht deshalb, weil sie schon wußten, daß es keine Konsequenzen haben würde, selbst wenn sie jemand töten würden, oder sprachen sie nicht darüber?«

A: »Nein, das einzige, was sie sagten, war, daß sie bereit wären, das zu tun, was gemacht werden muß. Indianer töten sei wie Affen töten, und Indianer würden nur die wirtschaftliche Entwicklung der ganzen Nation aufhalten.«

WB: »Hast du also noch von niemandem gehört, der verurteilt wurde, weil er einen Indianer tötete?«

A: »Nein. Während meiner vierzehn Jahre in Brasilien habe ich noch nie davon gehört.«

WB: »Dieser Baiano-come-onça ist bekannt als Eigentümer einer Piste?«

A: »Er ist Besitzer einer Grube. Sie ist nicht dort in der Nähe der Piste Baiano Formiga, sondern in der Gegend der Piste Oliveira.«

WB: »Und dort ist er und arbeitet.«

A: »Ich glaube, ja, er hat dort sehr viel Land.«

Text Tagebuch: Die Tage 9., 10., 11., also Freitag, Samstag, Sonntag, verliefen normal, wir arbeiteten wie immer, es gab keine besonderen Vorkommnisse.

12.9.88, Montag

Am ersten Arbeitstag der Woche standen wir früh auf und nahmen unsere Arbeit, diesmal erholt, mit Schwung auf. Wir wuschen das Geröll und warfen es auf die Seite. Um zirka 12 Uhr, als sich die Gruppe zum Mittagessen versammelte, hörten wir einige aufeinanderfolgende Schüsse. Wir spürten, daß die Indianer da waren und daß es sich um einen Angriff handelte. Ich, Sócio Pata-choca, Sócio Antonio-gamba, Sócio Yaberti-da-xuxa, Sócio Cara-de-cuati, Sócio Genio-de-lontra liefen dann schnell in Richtung der Grube und warfen uns hinein. So flüchteten wir durch den Fluß, bis wir eine Brücke erreichten. Als wir dann nicht mehr in Reichweite der Indianer waren, begaben wir uns in den Wald, wo wir die Nacht verbrachten.

23.9.88, Dienstag

Wir marschierten um zirka 4 Uhr früh zurück zu unserer Hütte und kamen erst um 13 Uhr in unserem Lager an. Wir fanden das Lager verlassen, und unsere ganze Ausrüstung war verstreut auf dem Boden. Danach merkten wir, daß der Rest unserer Leute geflüchtet war. Wir nahmen unsere Sachen (einige, die uns die Indianer nicht weggenommen hatten), und mitsamt einigen Konserven und Ölsardinen, die auf dem Boden verstreut waren, und etwas Mehl, das wir am Boden aufsammelten, schlugen wir uns ohne bestimmtes Ziel ins Gebüsch.«

WB: »Welche Art von Waffen hatten die Indianer?«

A: »Sie benützten Schrotgewehre, Kaliber 20, und Pfeile.«

WB: »Waren die Pfeile vergiftet?«

A: »Ja, mit Gift.«

WB: »Diese Indianer, waren die noch mehr oder weniger unberührt, oder hatten sie schon Kontakt mit der Zivilisation?«

A: »Ihr Kontakt mit der Zivilisation war, wie bei den meisten Yanomami, sehr gering. Es gibt zwar immer wieder den einen oder anderen, der etwas Portugiesisch spricht, aber ich kann sagen, daß ihre Kontakte bisher sehr gering waren.«

WB: »Hat dieser Baiano-come-onça schon von früheren Taten erzählt?«

A: »Ja, ich weiß von einigen seiner Aktionen in den Gebieten von Pará, im Mato Grosso und auch in der Serra Pelada.«

WB: »Kann man sagen, daß ein Goldsucher sich offen dieser Taten rühmt?«

A: »Ja, sie sind stolz darauf, fühlen sich als Supermänner, als Helden, je mehr sie getötet haben.«

30.9.88, Freitag

Wir kamen auf der Piste von Sócio Mineracão um 9.15 Uhr an. Wir wurden vom Chef des Lagers empfangen. Wir erzählten ihm unsere Geschichte und bekamen eine gute Mahlzeit. Als dieser erfuhr, daß wir seit dem Nachmittag des 13. fast nichts zu essen und auch kaum geschlafen hatten, war er sehr betroffen und beeindruckt von unserem Durchhaltevermögen. Wir ruhten uns den Rest des Tages aus, indem wir Wanzen, Zecken und allerlei anderes Getier, das uns plagte, von uns entfernten. Es wurde Nacht, und wir wurden schnell vom Schlaf überwältigt, da wir müde und schwach waren.

1.10.88, Sonntag

Wir standen am frühen Morgen auf, aber es fiel uns sehr schwer. Es war ein strahlender Tag, und die Sonne schien. Da wir jetzt etwas ausgeruhter waren, gingen wir, um unsere Kleidung zu waschen und unsere Wunden an den Füßen und am ganzen Körper zu pflegen. Um 11.30 Uhr gab es Mittagessen, und in dieser Zeit nutzte Sócio Parazinho die Gelegenheit, um uns über das Resultat des Angriffs der Indianer auf die Grube Claudia-raia, von wo wir geflüchtet waren, zu berichten. Vier Indianer starben, und die Goldsucher konnten flüchten. Wir hörten der Geschichte zu, und ich sagte am Schluß, daß wir zu dem Zeitpunkt des Angriffs nicht mehr anwesend waren. Wir erzählten auch, welchen Grund die Indianer hatten, dies zu tun. Es wurde Nacht, und bald gingen wir schlafen.«

WB: »Sie flohen, gingen aber doch sicher irgendwann wieder dorthin?«

A: »Sie flüchteten, blieben ein paar Tage weg und kehrten dann zurück.«

WB: »Gab es darauf noch weitere Kämpfe?«

A: »Nein.«

WB: »Die Indianer haben also aufgegeben.«

A: »Ich habe nichts von einem anderen Kampf gehört.«

Die Tage 2. und 3.10 verbrachten wir an der Piste des Sócio Mineracão am oberen Rio Mucajaí.

4.10.88, Dienstag

Wir gehen um 5 Uhr los Richtung Piste União, und marschieren durch den Wald vom 4.10. bis zum 8.10., Samstag.

9.10.88, Sonntag

Wir erreichen die Pista União um 15 Uhr und übernachten dort. Die Tage vom 10.10. bis 13.10. verbringen wir an der Piste União, alles verlief normal, es gibt keinen Vorfall zu berichten.

Am 13. verlassen wir die Piste mit dem Helikopter Richtung Paa-piú, und kommen am selben Tag, einem Freitag, in Paa-piú an.«

WB: »Habt ihr in Paa-piú von den Vorfällen erzählt?«

A: »Nein, wir haben in Paa-piú mit so gut wie niemand gesprochen.«

WB: »Warum?«

A: »Weil ich erstens sowieso mit niemandem darüber sprechen wollte und weil zweitens in Paa-piú fast alle Leute Goldsucher sind.«

WB: »Gab es damals dort keine Station der FUNAI?«

A: »Dort in Paa-piú gab es nur einen Posten der Militärpolizei. Aber die ließen sowieso alle Fälle verschwinden, alle Vorfälle wurden verschwiegen. Selbst die FUNAI, die zuvor auch dort war, wußte nicht nur von diesem Vorfall, sondern von vielen anderen und hat nie etwas unternommen. Darum sprachen wir auch nicht davon, und meldeten nichts. Die FUNAI hätte nichts unternommen, nur daß wir von seiten der FUNAI, der Militärpolizei und den Goldsuchern Schwierigkeiten bekommen hätten. Darum schwiegen wir. Alle diese Fälle von Willkür der Goldsucher gegenüber den Indianern, diese dauernden Konflikte, kommen niemals als ganze Wahrheit in die Presse. Und die Presse veröffentlicht auch nie die Wahrheit, nur das, was die FUNAI und die Regierung wollen. Ich kann also nur annehmen, daß FUNAI, Regierung und kapitalkräftige Gruppen bei dieser unkontrollierten Goldausbeute zusammen eine Mafia bilden, die als Hauptzweck hat, das Gold außer Landes zu bringen und das Volk der Yanomami zu vernichten. Diese Ausbeute an Bodenschätzen zieht auch die Zerstörung Amazoniens, dieser immensen grünen Region unseres Planeten nach sich. Aus diesen ganzen Gründen meldeten wir nichts der FUNAI. Am nächsten Tag trafen wir einen Bekannten, Sócio Polegar, mit dem wir am folgenden Tag, am 14.10. zur Piste Bibiano zurückkehrten, die nächstgelegene Piste, von Paa-piú acht Minuten Flug mit dem Hubschrauber.

Auch am 15.10. waren wir dort. Am 16.10 gingen wir los Richtung Alto Catrimani, wir marschierten diesen Tag und den anderen, den 17.10., und am 18. waren wir zurück an der Piste Bibiano. Den 19. verbrachten wir auch dort.

20.10.88, Donnerstag

Dieser Tag war wie der gestrige, ohne interessante Vorkommnisse. Wir verbrachten den ganzen Tag im Lager. Es kamen vier Flugzeuge, die für uns aber auch keine positive Entscheidung brachten. Einer unserer Sócios meinte, es wäre gut für uns, nach Boa Vista zu gehen und dort weiterzusehen, was wir machen könnten. Und so geschah es dann. Sócio Antonio-gamba ging in die Stadt, und ich und Sócio Raimundo-careca warteten hier auf ihn. Heute kam Sócio Barba-azul mit sechs Männern, die auf ihrem Weg in einem Indianerdorf einige Indianerfrauen raubten und vergewaltigten. Als sie merkten, daß sie von Yanomami-Kriegern verfolgt wurden, ließen sie die Frauen am Weg liegen. Nur einer nahm eine Frau mit bis zur Piste.

WB: »Wie wurden sie am Weg liegengelassen?«

A: »Sie ließen sie einfach dort – sie banden sie los und verschwanden im Wald.«

WB: »Diese Indianerin. Wie wurde sie zur Piste gebracht?«

A: »Wie sie hingebracht wurde? Gefesselt, unter Drohungen wurde sie am Arm gepackt und hingeschleift.«

WB: »Als sie ankamen an der Piste, was geschah danach mit der Indianerin?«

A: »Als sie an der Piste ankam, nahm sie die Frau des Chefs der Piste gleich mit in die Hütte. Sie war wie eine Wilde, biß jeden, aber man sah, das sie total verwirrt und nervös war, sie zitterte und blutete überall, als sie ankam. Sie blieb dann in der Hütte, bis die anderen fort waren. Es waren insgesamt ungefähr 30 Goldsucher, die von diesem Barba-azul angeführt wurden.«

WB: »Wenn sie die Frauen vergewaltigten, macht das nur einer oder mehrere?«

A: »Das kommt auf die Zahl der Frauen an, denn wenn es nur eine oder zwei Frauen gibt und zwanzig, dreißig Goldsucher, machen alle mit. Eine brutale Sache, und es handelt sich nicht nur um eine Vergewaltigung, die Frauen werden gleichzeitig auch noch geprügelt.«

WB: »Passiert es, daß sie danach auch getötet werden?«

A: »Ja, das ist geschehen. Wenn die Frauen sich wehren oder versuchen, die Beine zu kreuzen, während die Männer diesen bestialischen Instinkt befriedigen, werden sie ermordet.«

Die Tage 21.10. – 4.11.88 verbrachten wir an der Piste Bibiano und der Grube von Sócio Capichaba, die nahe an der Piste lag.

5.11.88, Samstag

Heute begann der Tag mit ziemlich viel Regen. Ich mußte zwei Sócios wecken, um zwei Motoren ins Trockene zu bringen, da die Grube anfing, voll Wasser zu laufen. Nachdem wir diese Arbeit getan hatten, gingen wir zurück und legten uns wieder hin, da es weiterhin regnete. Nachmittags waren wir alle in einer Hütte zusammen, als einige von der Gruppe von Sócio Mineiro kamen, und man begann, über die Indianer der Umgegend zu reden. Sócio Goiano-da-xuxa fing plötzlich an zu erzählen, daß er bei einigen Aktionen von Goldsuchern gegen Indianer mitgemacht habe: Bei den Gruben von Fogo-brabo in Alto Parima; von Tarzam, Alto Parima und von Jeremias am Rio Auaris am

17. und 23. September und am 3. Oktober, bei den Gruben von Manoel Luis am 5. und 12. August. Insgesamt wurden mehr als 170 Indianer umgebracht, und nach den Aussagen des Sócio wurde das alles verschwiegen. Dort soll es auch eine Patrouille von Soldaten gegeben haben, befehligt von einem Leutnant, von dem der Sócio aber nicht den Namen herausfinden konnte.«

WB:»Du sprichst hier von mehr als 170 Indianern. Hast du die Vorfälle gezählt, um zu dieser Zahl zu kommen?«

A:»Das habe ich aus den Erzählungen über die ermordeten Indianer entnommen.«

WB:»Kann man diese Orte auf der Landkarte lokalisieren?«

A:»Die kann man lokalisieren.«

WB:»Ich meine, wenn wir uns einen Helikopter mieten würden – theoretisch –, wäre es dann möglich, diese Plätze zu finden?«

A:»Ungefähr kann man die sicher finden.«

WB:»Hast du von verbrannten Dörfern gehört?«

A:»Ja.«

WB:»Wir können also sagen, daß wir mit einem Hubschrauber verbrannte Dörfer finden können und Indianer, die uns von diesen Vorfällen erzählen könnten?«

A:»Bestimmt kann man Überlebende des Massakers finden. Daß es 170 Opfer waren, haben wir zusammengerechnet. Das war unsere Idee. Wir sind nicht sicher, ob es genau so viel waren. Aber dort, bei Tarzam, sind 15 gestorben, da bin ich ganz sicher.«

WB:»Nur Krieger, oder auch Frauen?«

A:»Nur Krieger. Bei Jeremias, in Alto Parima, hat man auch Frauen und Kinder umgebracht.«

WB:»Das war also ein Überfall. Haben sie ein Dorf überfallen?«

A:»Ja, ich glaube, sie haben dort drei oder vier Familien ermordet. Und bei Fogo-brabo wurde praktisch ein ganzes Dorf ausgelöscht. Frauen, Alte, Männer, Kinder, alles. Zuvor war Fogo-brabo mit vier Männern dort und wollte Gold graben, aber die Indianer haben sie weggejagt. Sie haben ihnen sogar das Gold weggenommen und sie davongejagt.«

WB:»Sind die vier alle Eigentümer von Pisten, und ist es möglich, sie zu finden?«

A: »Ja, sie haben alle Land, und man kann sie finden.«
WB: »Sind sie alle bis heute an ihren Pisten?«
A: »Ja. Fogo-brabo ging zurück nach Boa Vista, nachdem er vom Indianerland vertrieben wurde, und versammelte eine Truppe von dreißig, vierzig Goldsuchern um sich, bewaffnete sie, und sie gingen in den Wald. Dort griffen sie ein Dorf an, überfielen das Dorf und töteten alle.«
WB: »Wir sind jetzt bei Fogo-brabo, jetzt fehlt noch Jeremias.«
A: »Bei den Gruben von Jeremias passierte, soviel ich weiß, folgendes: Sie zündeten ein Indianerdorf an, einige flüchteten, andere starben, Kinder und auch Alte starben dort. Es gab aber dort viele Überlebende dieses Dorfes, nach dem was Sócio Goiano erzählte, sind ungefähr dreißig Personen gestorben.«
WB: »Wir waren ziemlich nahe an der Piste von Jeremias, wir waren an der Piste Baiano Formiga!«
Text Tagebuch (noch 5.11.88, Samstag):
Insgesamt wurden mehr als 170 Indianer umgebracht, und nach den Aussagen des Sócio wurde das alles verschwiegen. Dort soll es auch eine Patrouille von Soldaten gegeben haben, befehligt von einem Leutnant, von dem der Sócio aber nicht den Namen herausfinden konnte. Alles lief weiter wie bisher, denn dieser gewisse Leutnant erhielt nach der Erzählung des Sócio von den Anführern des Massakers (die Herren Manoel Luis, Fogo-brabo, Tarzam und Jeremias) eine bestimmte Menge Gold, die der Sócio auf zwei Kilo schätzte.
WB: »Kannst du das noch mal erklären? Es erschien also ein Leutnant?«
A: »Ja, der war dort in der Gegend, wo die Massaker passierten, mit einer Patrouille.«
WB: »Wie viele Soldaten?«
A: »Angeführt von einem Leutnant. Ungefähr acht Soldaten. Und er erhielt Gold, damit er nichts erzählte.«
Text Tagebuch:
… Sócio Piauí-barba-de-bode bestätigte die Menge von zwei Kilo und fügte hinzu, daß der Offizier, der das Gold von den Schlächtern erhielt und der diese Patrouille befehligte, ein Leutnant oder Sergant mit Namen Mota oder so ähnlich war.
WB: »Ist dies ein häufiger Name?«

A: »Ja, häufig. Es kann auch ein Spitzname von ihm sein.«
Text Tagebuch:
… Wir wußten auch nicht, ob er vom Heer oder von der Militärpolizei war. Als die Nacht kam, zogen wir uns zum Schlafen zurück.

A: »Von einigen Goldsuchern selbst, die bei diesen Massakern dabei waren, erfuhren wir, daß die FUNAI und auch die Militärpolizei für diese Morde Waffen und Munition geliefert hatten. Sie lieferten eine Anzahl von Patronen für Revolver und kleine Feuerwaffen sowie Blei und Pulver für die Schrotgewehre.«

WB: »Woher kommen diese Informationen?«

A: »Von den Goldsuchern selbst. Von demselben Goiano und von Sócio Barba-de-bode, Goiano hat beim Massaker mitgemacht, und dieser Barba-de-bode arbeitet auch in dem Gebiet des Jeremias und wurde dazu eingeladen, er hat nicht mitgemacht.«

WB: »Es fällt auf, daß keiner der Goldsucher, die da mitgemacht haben, einen Grund sah, dies geheimzuhalten.«

A: »Ja, es wird darüber geredet, weil es gar keinen Grund gibt, etwas zu verbergen. Man weiß, daß von denen, die mitgemacht haben, noch keiner zur Presse gegangen ist, und wenn doch, die Presse es verschwiegen hätte. Es wurde nie etwas darüber veröffentlicht, keine Notiz, kein Bericht, nichts.«

WB: »Heißt das, daß niemand Angst haben muß, wenn er so etwas gemacht hat?«

A: »Das kann man sagen. Genau die Organisation, die die Indianer und ihre Rechte schützen sollte, die FUNAI, war diejenige, die den Informationen zufolge Waffen und Munition ausgegeben hat – zusammen mit der Militärpolizei. Sie ist eigentlich verantwortlich für die Sicherheit dort. Es ist also offensichtlich, daß keiner Angst haben muß.«

Tagebuch:
Der 6.11. war für uns ein normaler Tag. Da es hier nichts zu tun gab, beschloß ich, etwas zu unternehmen und einen anderen Ort zum Arbeiten zu suchen, da es hier in der Grube, wo wir waren, keine Möglichkeit gab, zu arbeiten.

Am 7.11.88, um 6 Uhr morgens, entschied ich mich zu gehen. Nach dem Zubereiten einer Mahlzeit entschieden sich noch weitere elf Personen, mich zu begleiten. Das waren fünf aus unserer Gruppe und sechs von der Hütte des Sócio Capachaba. Unser

Ziel war es, den Pico da Neblina zu erreichen. Der Grund für diese Entscheidung war ein Gerücht, man habe dort sehr viel Gold gefunden, es gäbe dort sehr viele, noch nicht entdeckte Stellen. Darum beschlossen wir, dorthin zu gehen. Wir gingen um 6.30 Uhr morgens von der Hütte los und folgten dem Weg zur Piste Bibiano, wo wir schlafen wollten. Wir hofften, von dort einen Hubschrauber zu bekommen, um von dort weiterzukommen. Nach einem Tag des Wartens und ohne etwas zu bekommen, beschlossen wir, am kommenden Tat zu Fuß weiter durch den Wald zu gehen.

8.11.88, Dienstag

Wir gingen von der Piste um 9 Uhr los, um die Reise durch den Wald zu Fuß fortzusetzen. Vor uns liegen Bergketten, die wir, wenn Gott uns es erlauben wird, überqueren werden. Wir sind zwölf: Ich, der Portugiese, Sócio Paraná, Cumprido, Sócio Bafo-de-onça, Sócio Beneco-de-espantarlua, Sócio escada-de-subir-pro-inferno, Sócio boquinha-de-jacare, Sócio neguinho-da-chiquita, Sócio Lanterna-de-kombi, Sócio Calabar-pedro III, Sócio Julieta, Sócio Jabati-deitado und Sócio Ceará-bigode-de-morçego, und wir sind alle entschlossen, dort anzukommen, wenn Gott will.

Die Tage 9.11.88 – 15.11.88 marschierten wir ganz normal durch den Wald, ohne Zwischenfall.

16.11.88, Mittwoch

Nach acht Tagen Marsch durch den Wald machten wir heute um 16.30 Uhr halt. Wir sind an den Quellflüssen des Rio Toototobi, und der heutige Tag war für uns sehr ermüdend, da wir den ganzen Marschtag über den Sócio boquinha-de-jacaré tragen mußten, der am Morgen von einer Schlange gebissen wurde und um 16.30 Uhr starb.

WB: »Habt ihr sie gesehen? Was war es für eine?«

A: »Es war eine Surucucú. Sie war ungefähr einen Meter lang.«

WB: »Kannst du erzählen, wie er starb?«

A: »Es war sehr hart. Wir trugen ihn von 8 Uhr morgens an, als er gebissen wurde, bis 16 Uhr 30, als er starb. Es war wirklich hart. Wir trugen ihn in der Hoffnung, eine Lichtung oder eine Piste zu finden, wo wir ein Flugzeug hätten finden können, um ihn wegzubringen.«

WB: »Wie habt ihr ihn getragen? Immer auf dem Rücken?«
A: »Auf dem Rücken, abwechselnd. Um 16.30 Uhr starb er dann, blutend am ganzen Körper.«
Text Tagebuch:
... für uns war das ein trauriger Schlag. Angesichts unserer Situation blieb uns nur, in unser eigenes Inneres zu schauen und unser Schicksal zu erkennen, das Arbeit hieß, und träumen von dem glänzenden Metall als Ergebnis dieses Abenteuers. Wir begruben den Freund in derselben Erde, die für ihn während seines Lebens ständigen Kampf auf der Suche nach Gold bedeutete, und nach seinem Tod vermischen sich die Reste seines Körpers mit dem kostbaren Metall der goldhaltigen Erde. Wir werden die Nacht hier verbringen. Morgen setzen wir die Reise fort und bitten Gott, daß uns nicht mehr passieren möge.
An den Tagen 17.11.–20.11.88 marschierten wir normal weiter, alles verlief ohne Zwischenfälle.
21.11.88, Montag
Es ist jetzt 13.15 Uhr Nachmittag, und wir müssen, übermannt von Müdigkeit, haltmachen. Wir sind seit 6.30 Uhr gestern früh gelaufen, denn unserer gestriger Tag war sehr aufregend. Früh, bald nachdem wir den Rio Demini auf der Höhe der Tamanduá-Wasserfälle überquerten, stießen wir auf Leichen von Indianern. Es waren drei Frauen, zwei Jungen und ein Mädchen von höchstens 14 bis 15 Jahren. Die drei Frauen und das Mädchen wurden offensichtlich vergewaltigt, bevor man sie umbrachte. Es wurde uns dann bewußt, daß wir nicht weit entfernt von einem Indianerdorf und einer großen Gruppe Goldsucher waren.
WB: »Wie habt ihr sie vorgefunden, wie wurden sie getötet?«
A: »Sie wurden mit Messern umgebracht. Es muß kurz vor unserer Ankunft geschehen sein, ungefähr zwei, drei Stunden vorher wurden sie umgebracht. Die Körper waren noch frisch, das Blut war noch nicht ganz eingetrocknet. Sie waren gefesselt, sie waren an den Füßen, Händen und am Hals angebunden und tot, der Hals durchgeschnitten.«
WB. »Du hast schon gesagt, wo das war?«
A: »Ja, an den Tamanduá-Wasserfällen, am Rio Demini.«
Text Tagebuch:
... Es war uns also bewußt, daß wir nicht weit entfernt von

221

einem Dorf und einer großen Gruppe von Goldsuchern waren. Wir entfernten uns schnell von dem Ort der Tragödie und wurden dann nach zwei Stunden Marsch von zahlreichen Indianern in Kriegstracht überrascht.«

WB: »Wie viele ungefähr?«

A: »Ungefähr hundert Indianer, zahlreich, sehr zahlreich. Mit Pfeilen, Prügeln und Gewehren. Schrotgewehre, Kaliber 20.«

Text Tagebuch:

...Vier Kameraden fielen sofort tot um, ein Sócio bekam einen Schuß in den Rücken. Es blieb uns keine Zeit zu reagieren, und wir flüchteten und warfen uns wie die Verrückten ins Gebüsch. Es gelang uns, den verletzten Sócio mit uns zu schleppen, der trotz aller Anstrengungen später verstarb. Noch einen unserer Freunde müssen wir begraben, und es wird uns traurig bewußt, daß wir die anderen vier, die durch die Hände der Indianer gestorben sind, nicht werden begraben können. Wir haben für eine Schuld bezahlt, die wir nicht zu haben glaubten. Unsere Gruppe bestand aus zwölf, und es sind noch sechs übrig. Wir wissen, daß die Brutalität unserer unbekannten Goldsucher-Sócios die Wut unserer indianischen Brüder hervorgerufen hatte. Noch einmal vermischen sich die Überreste eines Goldsuchers mit der glitzernden, goldhaltigen Erde. So Gott will, werden wir morgen weitergehen.

WB: »Als die Indianer euch überraschten, wie griffen sie da an? War es ein Hinterhalt?«

A: »Ja, es war ein Hinterhalt. Wir sind ganz ruhig dahinmarschiert. Plötzlich hörten wir Imitationen von einheimischen Vögeln, Mutums und anderen, dann bemerkten wir, daß wir eingekreist waren.«

WB: »Fingen sie an mit Pfeilen zu schießen?«

A: »Das erste, was wir hörten, war ein Schuß.«

WB: »Warum haben sie euch nicht gleich alle richtig getroffen?«

A: »Der erste Schuß, der fiel, warf denjenigen um, der an der Spitze war, da wir immer hintereinander gingen. Als wir dann diesen Schuß hörten, der ihn umwarf, waren alle wie betäubt und rannten in irgendeine Richtung.«

WB: »Gab es auch Verletzte?«

A: »Vier starben, und einer wurde verletzt.«

WB: »Was geschah mit ihm?«
A: »Er starb auch. Am nächsten Tag marschierten wir mit ihm und dann die ganze Nacht und den nächsten Tag bis zwei Uhr.«
WB: »Starb er wegen der Verletzung, oder benutzen die Indianer Giftpfeile?«
A: »Aufgrund der Verletzung.«
WB: »Heißt das, daß sie kein Gift benutzten?«
A: »Nein, aber die Verletzung war durch eine Kugel.«
WB: »Waren die Yanomami bemalt?«
A: »Ja, sie bemalen sich schwarz.«
WB: »Haben sie geschrien, oder waren sie stumm?«
A: »Es war ein plötzlicher Angriff. Nachdem sie den ersten unserer Gruppe niedergeschossen hatten, schrien sie auch ab und zu, aber sonst waren sie eher still.«
WB: »Habt ihr euch verteidigt, oder seid ihr gleich geflohen?«
A: »Wir hatten keine Zeit, uns zu verteidigen. Wir marschierten nur mit einem Gewehr zum Jagen. Gerade der, der das Gewehr trug, ging an erster Stelle. Wir hatten schon Waffen, ich ging mit einem Revolver Kaliber 38 und genügend Patronen – alle hatten Waffen, aber die waren in unseren Tragegestellen verstaut.«
WB: »Nachdem ihr geflüchtet seid, haben sie euch dann verfolgt?«
A: »Ja, wir wurden noch ziemlich lange verfolgt, bis wir uns auf die andere Seite des Flusses schlagen konnten, wir rannten über eine Stunde und spürten sie immer noch in der Nähe. Danach sahen wir sie nicht mehr.«
Text Tagebuch:
Die Tage 22.11.88 bis zum 5.12.88 waren für uns ohne Veränderungen. Endlich erreichten wir eine Piste in der Serra Tapirapecó, wo wir von Agenten gerettet wurden, die gerade dort im Lager waren. Wir sind nur noch zu dritt, der Rest der Gruppe von zwölf Männern, die in Catrimani mit dem Ziel Pico da Neblina losgingen. Drei starben, von den Wassern der ›Wasserfälle der Hoffnung‹ am Rio Castanho zerfetzt. Ausgehungert und erschöpft konnten wir die Piste finden und erreichten sie ungefähr um 10 Uhr morgens. Wir wurden gut aufgenommen, und nach einem Bad wurde uns ein gutes Essen vorgesetzt. Danach legten wir uns zur Ruhe, und nach dem Abendessen schliefen wir ein.

Vom 6.12. bis zum 9.12. arbeiteten wir am Pico da Neblina, und es gelang uns, genügend Gold für unsere Rückkehr nach Paa-piú zu verdienen, da wir sahen, daß es auch hier am Pico das Neblina keine Arbeit für uns gab. Wir sahen, daß die Realität anders war, als wir sie uns erträumt hatten. Der ganze beschwerliche Weg war vergeblich gewesen.«

WB:»Gab es viele Goldsucher dort?«

A:»Ja, es gab viele Goldsucher.«

WB:»Und viele Pisten?«

A:»Nein, Pisten gab es nicht viele. Es ist nur eine. Zu Indianern hatten wir keinen Kontakt. Es gab einen Helikopter, ›Olivia‹, der eineinhalb Tonnen transportieren konnte.

Die Lichtung, wo wir waren, gehörte einem Portugiesen, Careca. Wir arbeiteten auch für ihn, er hatte sehr viele Maschinen laufen, und es gab sehr viel Arbeit dort. Wir arbeiteten, wuschen Gold per Hand, um für unsere Rückkehr nach Paa-piú Gold zu haben. Wir brachten es auf 117 Gramm, alle zusammen, bezahlten 17 Gramm Schulden zurück und für die Rückkehr nach Paa-piú siebzig Gramm. Den Rest teilten wir unter uns dreien, die Überlebenden der Reise. Unsere Arbeit dort verlief normal, ohne Störungen, und wir konnten uns von dem Marsch erholen, bei dem wir sehr zu leiden hatten. Auch der Flug nach Paa-piú verlief ohne Vorkommnisse. Nach unserer Ankunft dort trafen wir bald einen Bekannten, Polegar, der in Catrimani Maschinen laufen hatte. Er bot uns dann an, dort zu arbeiten, und wir gingen. Ich, weil ich Gold verdienen wollte, um nach Boa Vista zurückzukehren. Und genau das geschah dann auch.«

WB:»Wieviel mußtest du für die Rückkehr nach Boa Vista bezahlen?«

A:»Fünfzehn Gramm. In Catrimani angekommen, wurden wir gut von der dortigen Gruppe empfangen, und wir arbeiteten normal…«

Am 2.1.89, Freitag, gab es etwas Wichtiges zu berichten.

Text Tagebuch:

Heute begann der Tag früh für uns. Wir wachten um 4 Uhr mitten im Wald auf und begannen unseren Marsch fortzusetzen. Wir kamen an der Hütte um 9.45 Uhr an und brachten ein gerade erlegtes Reh und acht große Mutum-Vögel mit, die wir am Tag zuvor erlegt und gegrillt hatten.

In der Zeit vom 27.12.88 bis zum 1.1.89 konnte ich das Tagebuch nicht führen, da ich unterwegs war ohne das Tagebuch. Ich möchte jedoch von allen wichtigen Ereignissen unserer Reise vom 30.12.88, Freitag, an, nachträglich berichten. Als wir zur Grube Buraco Fundo (Tiefes Loch) zurückkehrten, wurde uns von Indianern der Weg versperrt. Anfangs wurden die Sócios, die mich begleiteten, nervös und hatten ziemliche Angst, genau wie ich. Aber da wir alle mit Revolvern bewaffnet waren und sie außerdem kannten, machten sie gar nichts. Sie fragten nur: Goldsucher Freund? Ich antwortete, ja Goldsucher Freund, Goldsucher geschickt von Häuptling Bibi (Bibiano), und der Indianer sagte dann, auch Indianer Freund, aber Indianer böse, weil Goldsucher bei maloca Zuckerrohr stehlen und Maniok, Indianer sehr wütend, wegen dem, aber Häuptling Bibi Freund, ihr könnt weitergehen, da Freund – so gingen wir vorbei. Als wir an der Piste Bibiano ankamen, wurden wir von Sócio Paraná informiert, daß eine Gruppe von zwanzig Goldsuchern, angeführt von Sócio Catarino, dorthin gegangen waren, das Dorf angegriffen und die Pflanzungen der Indianer niedergerissen hatte. Wir beendeten den 30. dort im Lager an der Piste.

Am Abend erzählte uns Sócio Paraná, daß ihn einige Goldsucher überfallen und ihm seine Ausrüstung weggenommen hätten. Nachdem wir seine Geschichte gehört hatten, boten wir ihm an, ihm einen Teil von unseren Sachen abzutreten. Am nächsten Tag werden wir die Reise fortsetzen. Es ist jetzt 22.30 Uhr, und ich werde mich in unserer Hütte schlafen legen. Heute nachmittag ist alles gut gegangen, und ich hoffe, daß Gott mich einen weiteren Morgen erleben läßt.

Die Tage 3., 4., 5.1. waren ohne Vorkommnisse, die Arbeit verlief normal. Endlich kam für mich das Ende, unser letzter Tag im Gebiet der Goldsucher.

6.1.89, Freitag

Der letzte Tag des Tagebuches. Heute war ein besonderer Tag. Gestern haben wir die Grube beendet und nehmen heute die Geröllrutsche auseinander. Wir machen die Motoren sauber, wechseln das Öl. Das alles machen wir am Morgen und am Nachmittag. Als die anderen schon mit einer neuen Grube beginnen, machen Sócio Didí und ich mich fertig, das Flugzeug Richtung Boa Vista zu besteigen. Darum, mein Freund Tagebuch, sind dies die letzten Aufzeichnungen, die ich in dich schreibe. Über diese abenteuerliche Reise in die Gebiete der Goldsucher, in diese überreiche grüne Welt, Gesundheit bringend und herrlich, die sich darauf beschränkte, mir etwas von dem kostbaren Metall zu geben. Ich denke an die Bäume, die ich gefällt habe, die Tiere, die ich tötete, das Quecksilber, das ich verbrauchte, die Steine, die ich warf, die vielen Kubikmeter Erde, die ich umwühlte und in den Fluß kippte, das schmutzige Wasser, das ich trank, die Zerstörung, die ich auf meiner Reise durch das Innere der Wälder hinterließ. Nennt mich Zerstörer, sagt, daß ich die Natur kaputtmache. Ich tötete, um nicht zu sterben, aber ich weiß, daß ich mit meinen Eroberungen mein eigenes Grab schaufle und das der Welt und der menschlichen Rasse.

Was kann man tun?
Ein Nachwort

Betroffen verließen wir Brasilien. Unsere Zeit als Goldsucher war zu unserer deprimierendsten Unternehmung geworden. Wir spürten beide, daß sie unser Leben verändern würde. Ab jetzt konnte nichts mehr so sein, wie es gewesen war. Geschehnisse dieser Art ohne Reaktion und Gegenmaßnahmen hinzunehmen, war nie unser Stil gewesen. Mitunter mußten wir ankämpfen gegen ein aufkeimendes Gefühl der Resignation.

»Es war und wird so bleiben«, sagten wir uns dann, »die Menschheit wird nur durch Schaden klug, und sie hat jede Strafe verdient. Uns selbst eingeschlossen.« Irgendwann wird die Natur in einem Rundumhieb so gewaltig zurückschlagen, daß die Menschheit zugrunde geht. Vielleicht ist die von Amazonien ausgehende und abzusehende Klimakatastrophe dieser Welt-K.-o.-Schlag. Dann endlich hätte die geschundene Erde die erforderlichen Jahrtausende der Ruhe, sich vom Krebsgeschwür Mensch zu erholen und zu regenerieren und wieder so schön zu werden, wie sie einst war und wie sie es im unberührten Teil des Landes der Yanomami noch ist. Aber Resignation würde den Gegnern die Machenschaften noch mehr erleichtern. Klappehalter und Schwanzeinkneifer gibt es schon genug. Sie brauchen keinen weiteren Zustrom. Schon gar nicht von uns. Und wie ich hoffen darf, auch nicht von euch, liebe Leser. Wenigstens nicht, solange wir noch einen Rest Achtung vor uns selbst und unseren Kindern bewahren wollen.

So ergibt sich die Frage: Was kann man tun? Laßt euch hier kurz sagen, was wir zunächst selbst versucht haben: Wir flogen zur Weltbank nach Washington. Sie liegt in der H Street, Ecke 19. Straße.

Der damalige Bundesfinanzminister Dr. Gerhard Stoltenberg hatte für uns einen Gesprächstermin beim deutschen Exekutiv-Direktor Dr. Gerhard Boehmer arrangiert. Vermittelt hatte mir den Kontakt der Bundestagsabgeordnete Klaus Francke, Hamburg.

227

Da es mir sehr wichtig ist, Menschenrechts- und Natur-schutzarbeit politisch neutral abzuwickeln, will ich hier kurz einfügen, daß es bei dieser Reise CDU- und FDP-Politiker wa-ren, die mir halfen. Aber bei anderen Gelegenheiten waren es genauso SPD-Führer wie Willy Brandt, Dr. Klaus von Dohna-nyi und Alfons Pawelczyk oder der CSU-Mann Hans Klein, die mir entscheidende Hilfen gewährten.

Die Weltbank schien uns die geeignete Institution, auf Brasi-lien Druck auszuüben. Wir glaubten zu wissen, daß Brasilien das dritthöchstverschuldete Land der Welt sei, daß es seinen Verpflichtungen aus diesen Schulden nicht nachkam und den-noch neue Darlehen aufnehmen wollte.

»Besteht nicht die Möglichkeit für die Weltbank, in solchem Extremfall besondere Bedingungen zu stellen? Könnte die Welt-bank zum Beispiel sagen: Neuer Kredit ja, aber nur gegen Si-cherheit? Diese Sicherheit könnte das Gold Roraimas sein, das in diesem Moment nicht mehr abgebaut werden dürfte. Und *wenn* Abbau – dann diszipliniert unter Respektierung der Verfassung. Das heißt: strikte Einhaltung der Menschenrechte, Beachtung des Naturschutzes und staatliche Kontrolle des Abbaus, um dem Staat die Einnahmen in Form der Steuern zu sichern. Wäre das denkbar?«

Die Frage war an Dr. Boehmer gerichtet. Er hatte sich noch Verstärkung geholt: Die Brasilien-Expertin Maritta Koch-We-ser, von Haus aus Anthropologin. Übrigens eine attraktive Frau, die man nie im harten Top-Banker-Geschäft vermuten würde.

»Da muß ich Sie zunächst korrigieren«, begann Boehmer. »Brasilien kommt seinen Verpflichtungen im Moment sehr wohl nach. Insofern gibt es kein Druckmittel unsererseits.«

Ich war perplex und konnte es gar nicht glauben. Aber Maritta Koch-Weser bestätigte Boehmers Worte. Mir war der Wind aus den Segeln genommen. Ich nahm mir vor, die Behauptungen auf jeden Fall gegenzuchecken. Das habe ich später getan. Resultat: Die beiden hatten recht. Das bestätigte mir ein als ›vertraulich‹ eingestuftes Papier einer deutschen Bank.

Vor noch gar nicht zu langer Zeit hatte das aus Banker-Sicht viel schlechter ausgesehen. Brasilien wollte (ab Februar 1987) keine Zinsen mehr zahlen.

Maritta Koch-Weser und Dr. Gerhard Boehmer

»Warum dann also weltweit das Geschrei über den Schuldner Brasilien?« fragten wir uns. »Daß ein Land, welches fünfunddreißigmal so groß ist wie die BRD, mehr Geld braucht als Dänemark, ist ja logisch. Bleibt der berechtigte Vorwurf, daß dieses große Land sich so verschuldet, daß es seinen landesweit erwirtschafteten Gewinn voll für Zinsen wieder rausrücken muß. Es wird also nie ein neues Großprojekt durchziehen können mit eigenen Ersparnissen, sondern nur mit neuen Krediten und so in immer unüberwindlichere Abhängigkeit geraten. Und da liegt das Problem. Brasilien kann zwar die Zinsen zahlen, aber es wird kaum je in der Lage sein, auch noch Geld für die Tilgung aufzubringen, geschweige denn für neue Projekte.«

»Und wenn man schon von Druck spricht«, erklärte Boehmer, »dann haben wir den nur für neue Kredite und nur solange die Darlehen nicht vollends ausgezahlt sind.«

Wir schilderten den Bankern unsere Erlebnisse vor Ort und fragten sie, ob sie nicht andere Lösungen anzubieten hätten. Natürlich betonte Boehmer mit viel Understatement: »Die Macht der Weltbank wird im allgemeinen völlig überschätzt.«

Im Laufe des Gespräches wurde uns klar, daß die große ›Mutterbank‹ genauso gern Kredite vergibt wie eine kleine Dorf-Sparkasse und sie ängstlich bestrebt ist, jedes ihrer Mitglieder, solange es geht zu bedienen, um den eigenen Wohlstand und Einfluß bestmöglich zu pflegen.

»Bescheidenheit hin, Bescheidenheit her«, hatte Wolfgang noch vorher gesagt, »die Weltbank ist ein gewaltiges Instrument. Das ist Tatsache. Man könnte meinen, nur Gott stünde noch über ihr. Aber selbst da bin ich mir nicht mehr ganz sicher. Das einzige, was die Weltbank noch jucken kann, ist eine weltweite, gewaltige öffentliche Meinung gegen ihre Entschlüsse. Der muß auch diese Institution irgendwie Rechnung tragen.«

Doch jede Institution – von der Familie bis zur Weltbank – wird letztlich von Einzelmenschen getragen.

Mit Resten eines eigenen Gedankenguts müßten sich auch Ellenbogenwesen und -firmen im klaren sein, daß man mit bisherigen Denk- und Verfahrensweisen nicht endlos weiter operieren kann, daß die Zeit auf diesem Planeten gekommen ist, wo man umzudenken hat, bevor Katastrophen uns die Mühe des Denkens abnehmen. Wie sagte es der Schriftsteller Peter Rühmkorf? ›Entweder das Schicksal handelt oder du selber.‹

Deshalb saßen wir ja auch hier in der Weltbank und nicht zu Hause vor der Glotze. Wir wollten wenigstens dieses Problem nicht vollends dem Schicksal aufbürden.

Auch Maritta Koch-Weser wollte das Schicksal entlasten. Sie hatte plötzlich gleich mehrere konstruktive Ideen.

»Bei Kreditvergaben spielt die Verfassung eines Landes eine bedeutende Rolle. Wenn sie gut ist, kann das seine Kreditwürdigkeit erhöhen. Wie der gute Ruf beim kleinen Sparkassenkunden. Und gerade Brasilien verweist gern auf seine vorbildliche Verfassung. Ich könnte mir folgendes denken: wenn Ihr Film beweist, daß Brasilien in Roraima seine Verfassung in grober Weise mißachtet, würden Sie ein wichtiges Dokument schaffen, dem bei zukünftigen Verhandlungen eine besondere Bedeutung zukäme.«

»Das wird uns gelingen«, sagten wir überzeugt. »Wir wissen ja, was wir an Material beisammen haben.«

»Dann achten Sie noch darauf, daß jedes Wort, mit dem Sie den Film kommentieren, wahr ist. Der Film ist gut, wenn Sie keine Silbe revidieren müssen. Wenn Ihnen nur eine Ungenauigkeit unterläuft, besteht die Gefahr, daß ihre Gegner den Fehler verallgemeinern und sagen, ›wer weiß, was dann noch alles nicht stimmt‹.«

Sie machte eine kleine Pause. Dann fuhr sie fort.

»Ich persönlich, weil ich Brasilien gut kenne, fände es ferner wichtig, wenn Sie sich eigener Kritik enthielten und nur Brasilianer Lösungsvorschläge machen ließen.«

»Das ist kein Problem«, warf Wolfgang ein, »davon haben wir mehr, als uns an Sendelänge zur Verfügung steht.«

»Das fände ich gut. Denn in allererster Linie ist das Yanomami-Problem ein nationales, ein brasilianisches Problem. Und es gibt ja durchaus nicht nur rücksichtslose Brasilianer. Es gibt genügend verantwortungsbewußter Leute im Land, denen ein sachlicher Film den Rücken stärkt! Wenn Sie einen solchen Film zustande bringen, hätte ich eine weitere Idee, wie Sie damit etwas bewirken könnten.«

Sie legte wieder ein Päuschen ein, knister-knister, und dann kam wirklich ein großartiger Vorschlag! Er war so einfach wie gut, daß man sich hinterher fragte, warum man nicht selbst darauf gekommen war. Oder war er doch von uns? Nein, nein, er war von Maritta Koch-Weser. Obwohl ja gute Ideen bekanntlich immer viele Väter haben, schlechte hingegen nur einen.

»Lassen Sie den Film portugiesisch und wenn möglich englisch synchronisieren. Fertigen Sie dann tausend Videokopien davon an und verteilen Sie sie in Brasilien und dem Rest der Welt. Ich kann Ihnen eine Adressenliste von 500(!) Umweltschutz-Organisationen geben. Sie ist ganz neu und beweist, daß Sie so allein gar nicht dastehen in Brasilien. Bestücken Sie ferner alle Medien damit und die Menschenrechtspolitiker. So werden Sie eine gewaltige innere Diskussion auslösen und Entwicklungen in Gang setzen. Das Ganze muß schnell gehen. Im September sind Wahlen.«

Wir spürten in derselben Sekunde, daß das ein guter Vorschlag war. Am liebsten hätten wir die Frau umarmt und uns sofort an die Synchronisation gemacht. Aber mit Bankern macht man das nicht.

Und Maritta hatte noch einen Nachtisch. »Ich würde Sie auch gern einladen, hier vor der Weltbank einen Vortrag vor einem internationalen Publikum zu halten. Dasselbe sollten Sie vor der UNO-Menschenrechts-Kommission tun.«

Sie sprudelte die Ideen nur so heraus: Wie geschüttelter, warmer Sekt aus der Flasche. Dabei war sie noch immer nicht am Ende.

»Wenn die Menge der illegalen Landepisten im Yanomami-Land von der brasilianischen Regierung bagatellisiert wird, besorgen Sie sich von der NASA Luftaufnahmen, die die Wirklichkeit zeigen.«

Und zuletzt hatte sie noch einen Vorschlag:»Blenden Sie den Artikel 234 der brasilianischen Verfassung in den Film ein, damit jeder Brasilianer sieht, wie weit Dichtung und Wahrheit auseinanderklaffen, wie hoch der ethische Anspruch und wie tief die Realität ist. Ich kann Ihnen ein Exemplar der Verfassung mitgeben.«

Wir hatten plötzlich das Gefühl, die Reise könnte sich gelohnt haben. Nicht nur die nach Washington, auch die zu den Yanomami. Selbst wenn das ZDF den Film nicht nähme oder uns eine schlechte Sendezeit gäbe – wir waren auf nichts mehr angewiesen. Diese Maritta-Aktion allein war schon gut und würde eine Eigendynamik entwickeln.

Aber das ZDF nahm den Film. Dieter Zimmer schaute nur zwanzig Minuten in Wolfs Videos. Dann stand sein Entschluß fest:»Das Material ist so wichtig und so brisant – ich nehme den Film nicht nur, sondern ich gebe Ihnen, wenn irgend möglich, die beste Sendezeit: 20.15 Uhr.«

Wir waren glücklich. Wie wichtig sind doch solche Partner. Und wie wenige gibt es davon. Da waren nämlich auch die anderen, die Zeitungen:»Was, keine Toten im Film? Dann interessiert uns der Bericht nicht«, und so erschien in einer Münchner Zeitung statt dessen eine Diskussion über Verwaltungsprobleme beim Bayerischen Rundfunk.

Doch auf solche Journalisten konnten wir getrost verzichten. Leute, die uns etwas bedeuten, fanden unseren Beitrag und besonders Wolfs Film gut und unterstützten uns. Das ZDF sicherte Wolfgang sogar zu, in Brasilien dürfe der Film *kostenlos* im Fernsehen ausgestrahlt werden, meine Verleger Joachim Jessen und Detlef Lerch nahmen sofort das Buch in Angriff, Horst Schüler (Hamburger Abendblatt) und die Schweizer Sonntagszeitung und die Neue Züricher Zeitung widmeten dem Film eine beeindruckende Farbseite, und dpa hämmerte den Text in jede Provinz.

Und als der Film dann gesendet worden war, ging's gleich weiter. Greenpeace und die Gesellschaft für bedrohte Völker erklärten sich sofort bereit, die Kosten für je eintausend portugiesische und englische Videokopien zu übernehmen. Der World Wildlife Fund (WWF) und Robin Wood stellten sich ideell hinter diese Aktion. Sie zeichneten mit ihrem guten Namen und unterstrichen damit den Ernst der Situation.

Beim Publikum löste der Film Betroffenheit aus. Betroffenheit war die meistgehörte Vokabel, mit der die Zuschauer und Kritiker ihre Gefühle ausdrückten. Viele riefen an. Andere schrieben. Einige offerierten praktische Hilfe.

Wolfgang hatte sein Ziel erreicht.

Nicht jeder, liebe Leserinnen und Leser, kann als Köchin oder Goldsucher ins garimpo von Roraima einmarschieren und weitere Beweise bringen. Dafür wäre es auch bald zu spät. Es muß sofort gehandelt werden. Hier und heute. Was könnten Sie also tun?

– Da wäre vor allem die Möglichkeit, Geld zu spenden. Einmalig oder am liebsten regelmäßig, weil das eine solide kontinuierliche Arbeit ermöglicht. Schicken Sie es an die

Gesellschaft für bedrohte Völker
Postscheckkonto 7400-201
PGA Hamburg
Stichwort »Yanomami«

– Ferner können Sie Mitglied oder
– Förderer bei der Gesellschaft für bedrohte Völker werden. Anschrift:

Gesellschaft für bedrohte Völker
Postfach 2024
3400 Göttingen

– Jugendliche können in Schülerzeitungen darüber berichten, Basare durchführen und die Erlöse über die Gesellschaft für bedrohte Völker der Yanomami-Rettung zuführen. Dazu noch ein Wort mehr:

»Den Yanomami zuführen« heißt nicht etwa, daß das Geld den Indianern gegeben würde für Angelhaken und Turnhosen oder einen Zaun um ihr Territorium. Es wird dringend benötigt für Gerichtskosten, Briefaktionen, Reisekosten, z.B. für Flüge zu hilfreichen Politikern, für Ausstellungen usw.

- Jugendliche könnten ferner ihre Eltern beeinflussen, aktiv zu werden
- Frauen sollten ihre Männer bestärken
- und Männer ihre Chefs oder ihre eigenen Firmen zum Einsatz bringen.

- Sie können in sachlichen Briefen an die Brasilianische Botschaft ihrer Bestürzung Ausdruck geben.

Botschaft Brasiliens
Kennedyallee 74
5300 Bonn 2
Telefon (0228) 37 69 76

- Sie können Ihre brasilianischen Freunde um Einflußnahme bitten.

Unterschätzen Sie nicht die Wirkung solcher Briefe und Meinungsäußerungen. Vor allem, wenn Sie sie als Leserbriefe in Zeitungen plazieren können. Denn negative öffentliche Kritik im Ausland ist die stärkste Waffe gegen alle Diktaturen der Welt, zu denen man auch Brasilien zählen muß.

Dies sind nur Anregungen. Mit etwas Phantasie wird Ihnen noch mehr einfallen. Schicken Sie bei besonderen Anlässen Kopien an die Gesellschaft für bedrohte Völker und an mich:
- Rüdiger Nehberg
  Stephanstraße 62a
  2000 Hamburg 70

Während wir in Washington waren, gab es eine Demonstration amerikanischer Menschenrechtler vor der Botschaft Brasiliens in Washington. Man protestierte gegen den Völkermord an den Yanomami.

Sofort gab es ein großes Dementi. Tenor: den Yanomami geht es gut. Der Protest ist nicht gerechtfertigt.

Gleichzeitig erging an die brasilianischen diplomatischen Vertretungen in aller Welt eine Art ›Diskussionspapier‹. Es sollte den Staatsdienern ›Argumente‹ an die Hand geben, um in Sachen Yanomami und Naturschutz bestehen zu können. Kaum eins der ›Argumente‹ entsprach der Wirklichkeit.

Absender in beiden Fällen: Der neue Präsident der FUNAI, Iris Pedro de Oliveira. Ein würdiger Nachfolger des Herrn Jucá. Auch andere Herren in Brasília waren nicht untätig. Der Kulturbereich sollte einen neuen Akzent erhalten. Das Indianer-Museum stand kurz vor der Eröffnung. Wenn bei den Yanomami kein Wunder geschieht, werden wir in diesem Museum zum 500. Geburtstag Amerikas etwas ganz Besonderes geboten bekommen. Das Ereignis für Touristen und alle Schulklassen: Nämlich den letzten freien Indianer des Kontinents, den letzten Yanomami. Als Kartenabreißer.

Oder ausgestopft. Das spart Lohnkosten.

Und während Sie, liebe Leser, diese eine Schlußseite gelesen haben, sind bereits wieder zwei Flugzeuge bei den Yanomami gelandet. Mit je fünfhundert Kilogramm Menschen oder Material. Denn auch für die Gold-Mafiosi ist Eile geboten. Sie wissen, daß sie auf schwachen Füßen stehen, wenn die Indianer-Lobby Oberhand gewinnt. Jeden Moment könnte ihr garimpo geschlossen werden. Und bis es soweit ist, wollen sie die Zeit nutzen und weiterscheffeln, Brasilien um sein Gold berauben und um seine letzten freien Indianer. Zum eigenen Vorteil, zum Schaden der Nation. Und zu Lasten der Würde dieser Nation. Bis dahin wird es aber weiter ungestraft heißen und geschehen: »Komm, laß uns ein paar Affen schießen.«

Rüdiger Nehberg
Hamburg, Juni 1989

235

Nehbergs Kurzbiographie in Sachen Yanomami

1979	Erstmals von den Yanomami erfahren. Studium erreichbarer Literatur, überwiegend aus dem Völkerkundemuseum Hamburg.
1980	Kontakte zur Gesellschaft für bedrohte Völker, um die aktuelle Situation zu erfahren. Sie wurde als bedrohlich geschildert. Entschluß, vor Ort eigene Erkundungen einzuholen, weil die Angaben der Gesellschaft für bedrohte Völker nicht mit denen des Indianer-Schutzbundes FUNAI (Brasilien) übereinstimmten. Seitdem ständige Zusammenarbeit mit der Gesellschaft für bedrohte Völker.
1981	Marsch durch Deutschland von Hamburg nach Oberstdorf. Ohne Nahrung, ohne Ausrüstung. Gedacht als Training für den geplanten Alleinmarsch zu den Yanomami.
1982	Erster Besuch bei den Yanomami. Allein und drei Monate lang. Feststellung, daß die Warnungen der Gesellschaft für bedrohte Völker begründet waren. Siedler, Goldsucher, Politiker, Militärs ergriffen Besitz vom Yanomami-Land. Erscheinen seines Buches »Überleben im Urwald«.
1983	Marsch von Süddeutschland nach Rom zum Papst. Überreichen einer Bittschrift der Gesellschaft für bedrohte Völker des Inhalts, der Religionsführer möge seinen Einfluß in Brasilien stärker für die Yanomami in die Waagschale werfen. Er sagte es zu.
1985	Zweiter Besuch bei den Indianern. Diesmal fünf Monate lang und mit den Partnern Ulrich Krafzik und Daniel Grolle. Resultat der Expedition: ein ZDF-Film, viele Illustrierten-Berichte, unzählige Dia-Vorträge, Talk-Shows. Ziel: Bekanntmachung der Problematik, Suche nach Hilfe für die Yanomami.

1987/88   Bedrohung der Yanomami nimmt unter FUNAI-
Präsident Jucá bedrohlich zu. Deshalb Überquerung
des Atlantiks im Tretboot. Im Gepäck: Appell der
Gesellschaft für bedrohte Völker an Staatspräsident
Sarney, den Yanomami den in der Verfassung garan-
tierten Schutz zu gewähren.
Buch: »Im Tretboot über den Atlantik«.
ZDF-Film von Wolfgang Brög.
1989   Zusammen mit Wolfgang Brög, ZDF, als Goldsucher im Krisengebiet. Berichte über die Ausrottung
der Yanomami im ZDF-Abendprogramm und im
vorliegenden Buch
Weitere Aktionen in Planung.

Verzeichnis der portugiesischen Begriffe

amargo	bitter
açoŭgue	Quecksilber-Gold-Gemisch
barraca	Hütte
barranco	Goldgrube
bateia	Goldpfanne
boite	Kneipe, Tanzlokal
bolacha	Cracker
cachaça	Zuckerrohrschnaps
cafezinho	eine Art Espresso
caipirinha	Nationalgetränk aus Zuckerrohrschnaps, Limonensaft und Eiswürfeln
cascalho rico	goldreiches Gestein
CCPY(Commissão pela criação do Parque Yanomami	Kommission zur Gründung des Yanomami-Parks
cédula pessoal	Personalausweis
corrida de agua	Wassertreppe
cuia	Schlüssel
dono	Herr, Eigentümer
embora	vorwärts, hau ab
estrangeiro	Ausländer
farinha	Mehl
favela	Elendsviertel, Slum
farmácia	Apotheke
fazenda	Plantage
fazendeiro	Plantagenbesitzer
FUNAI	1. Fundação Nacional dos Indios – Nationale Indianer-Stiftung 2. Funeral aos Indios – Begräbnis für Indianer
garimpeiro	Goldsucher
garimpo	Goldabbaugebiet
gerente	Geschäftsführer

238

maloca	Indianerdorf
mandioca	Maniok
mineiro	Bergmann (auch Name)
ouro	Gold
ouro primário	Gold erster Waschung
peão	einfacher Goldarbeiter
pepita (de ouro)	Goldstück, Nugget
pó de ouro	Goldstaub
rede	Hängematte
remanchim(s)	Kiepe(n)
sindicato	Gewerkschaft
sócio	Gefährte
SPI	Servicío de Proteçãos aos Indios
tapirí	Blätterdach
teçado	Haumesser, Machete
terra virgem	unberührtes Land

Aus der brasilianischen Verfassung
Kapitel VIII – Von den Indianern

Art. 231 – Den Indios werden ihre soziale Organisation, ihre Bräuche, Sprache, Glauben und Traditionen sowie die ursprünglichen Rechte (Ansprüche) auf das Land, das sie traditionell besetzen, zugestanden, wobei es dem Bund obliegt, diese festzulegen, zu verteidigen und für die Respektierung all ihrer Güter zu sorgen.

§ 1 Traditionell von Indios besetzte Gebiete sind solche, die von ihnen auf Dauer bewohnt werden, die von ihnen für die aktive Nutzung verwendet werden, die für die Erhaltung der Umwelt-Ressourcen, für ihr Wohlbefinden und für ihre natürliche und kulturelle Fortpflanzung gemäß ihren Bräuchen, Sitten und Traditionen unerläßlich sind.

§ 2 Die von den Indios traditionell besetzten Gebiete sind bestimmt für deren dauerhafte Inbesitznahme, wobei ihnen ausschließlich der Nießbrauch an den Reichtümern des Bodens und der dort befindlichen Flüsse und Seen zusteht.

§ 3 Die Nutzung der Wasserkraft, einschl. energetischer Potentiale, die Suche nach und Ausbeutung von mineralischen Reichtümern dürfen auf Indio-Gebiet nur mit Genehmigung des Nationalkongresses nach Anhörung der betroffenen Gemeinden durchgeführt werden, wobei (ihnen) die Mitteilung der Ergebnisse dem Gesetz gemäß zugesichert wird.

§ 4 Die in diesem Artikel behandelten Gebiete sind unveräußerlich und nicht verfügbar; die auf ihnen ruhenden Rechte unterliegen keiner Verjährung.

§ 5 Die Verlegung von indianischen Gruppen aus ihren Gebieten ist untersagt, es sei denn,»ad referendum« des Nationalkongresses, bei Katastrophen oder Epidemien, welche die Bevölkerung gefährden, oder im Interesse der Staatshoheit nach Beschlußfassung des Nationalkongresses; in jedem Fall wird die sofortige Rückkehr nach Beendigung der Gefahr zugesichert.

§ 6 Null und nichtig und (folglich) rechtsunwirksam sind Handlungen, welche die Besetzung, die Aneignung und Inbesitznahme der in diesem Artikel bezeichneten Gebiete zum Ziele haben oder die Ausbeutung der natürlichen Reichtümer im Boden, in Flüssen und Seen, die sich in diesem Gebiet befinden, es sei denn, daß ein relevantes Interesse des Bundes gemäß einem Zusatzgesetz besteht; in diesem Falle berechtigt die Null- und Nichtigkeit nicht zu Schadenersatz oder zu Klagen gegen den Bund, außer wenn Verbesserungen sich aus der gutgläubigen Besetzung ergeben.

§ 7 Die Vorschriften des Art. 174, §§ 3 + 4 finden auf die Indiogebiete keine Anwendung.